国家出版基金项目
NATIONAL PUBLICATION FOUNDATION

GUANGDONG PUBLICATION FUNDS
·广东省原创精品出版资金扶持项目·

新兴产业和高新技术现状与前景研究丛书
总主编　金　碚　李京文

通信产业
现状与发展前景

刘戒骄　燕雨林　海　柱　编著

TONGXIN CHANYE
XIANZHUANG YU FAZHAN QIANJING

SPM
南方出版传媒
广东经济出版社
·广州·

图书在版编目（CIP）数据

通信产业现状与发展前景／刘戒骄，燕雨林，海柱编著．—广州：广东经济出版社，2015.5
（新兴产业和高新技术现状与前景研究丛书）
ISBN 978－7－5454－4109－3
Ⅰ．①通… Ⅱ．①刘… ②燕… ③海… Ⅲ．①通信技术－高技术产业－产业发展－研究 Ⅳ．①F407.633

中国版本图书馆 CIP 数据核字（2015）第 123150 号

出版发行	广东经济出版社（广州市环市东路水荫路 11 号 11～12 楼）
经销	全国新华书店
印刷	中山市国彩印刷有限公司 （中山市坦洲镇彩虹路 3 号第一层）
开本	730 毫米×1020 毫米　1/16
印张	14
字数	236 000 字
版次	2015 年 5 月第 1 版
印次	2015 年 5 月第 1 次
书号	ISBN 978－7－5454－4109－3
定价	35.00 元

如发现印装质量问题，影响阅读，请与承印厂联系调换。
发行部地址：广州市环市东路水荫路 11 号 11 楼
电话：（020）38306055　37601950　邮政编码：510075
邮购地址：广州市环市东路水荫路 11 号 11 楼
电话：（020）37601980　邮政编码：510075
营销网址：http：//www·gebook．com
广东经济出版社常年法律顾问：何剑桥律师

“新兴产业和高新技术现状与前景研究”丛书编委会

原　磊　中国社会科学院工业经济研究所工业运行研究室主任、副研究员
陈　志　中国科学技术发展战略研究院副研究员
史岸冰　华中科技大学基础医学院教授
吴伟萍　广东省社会科学院产业经济研究所副所长、研究员
燕雨林　广东省社会科学院产业经济研究所研究员
张栓虎　广东省社会科学院产业经济研究所副研究员
邓江年　广东省社会科学院产业经济研究所副研究员
杨　娟　广东省社会科学院产业经济研究所副研究员
柴国荣　兰州大学管理学院教授
梅　霆　西北工业大学理学院教授
刘贵杰　中国海洋大学工程学院机电工程系主任、教授
杨　光　北京航空航天大学机械工程及自动化学院工业设计系副教授
迟远英　北京工业大学经济与管理学院教授
王　江　北京工业大学经济与管理学院副教授
张大坤　天津工业大学计算机科学系教授
朱郑州　北京大学软件与微电子学院副教授
杨　军　西北民族大学现代教育技术学院副教授
赵肃清　广东工业大学轻工化工学院教授
袁清珂　广东工业大学机电工程学院副院长、教授
黄　金　广东工业大学材料与能源学院副院长、教授
莫松平　广东工业大学材料与能源学院副教授
王长宏　广东工业大学材料与能源学院副教授

总　　序

人类数百万年的进化过程，主要依赖于自然条件和自然物质，直到五六千年之前，由人类所创造的物质产品和物质财富都非常有限。即使进入近数千年的“文明史”阶段，由于除了采掘和狩猎之外人类尚缺少创造物质产品和物质财富的手段，后来即使产生了以种植和驯养为主要方式的农业生产活动，但由于缺乏有效的技术手段，人类基本上没有将“无用”物质转变为“有用”物质的能力，而只能向自然界获取天然的对人类“有用”之物来维持低水平的生存。而在缺乏科学技术的条件下，自然界中对于人类“有用”的物质是非常稀少的。因此，据史学家们估算，直到人类进入工业化时代之前，几千年来全球年人均经济增长率最多只有0.05%。只有到了18世纪从英国开始发生的工业革命，人类发展才如同插上了翅膀。此后，全球的人均产出（收入）增长率比工业化之前高10多倍，其中进入工业化进程的国家和地区，经济增长和人均收入增长速度数十倍于工业化之前的数千年。人类今天所拥有的除自然物质之外的物质财富几乎都是在这200多年的时期中创造的。这一时期的最大特点就是：以持续不断的技术创新和技术革命，尤其是数十年至近百年发生一次的“产业革命”的方式推动经济社会的发展。[①] 新产业和新技术层出不穷，人类发展获得了强大的创造能力。

---

① 产业革命也称工业革命，一般认为18世纪中叶（70年代）在英国产生了第一次工业革命，逐步扩散到西欧其他国家，其技术代表是蒸汽机的运用。此后对世界所发生的工业革命的分期有多种观点。一般认为，19世纪中叶在欧美等国发生第二次工业革命，其技术代表是内燃机和电力的广泛运用。第二次世界大战结束后的20世纪50年代，发生了第三次工业革命，其技术代表是核技术、计算机、电子信息技术的广泛运用。21世纪以来，世界正在发生又一次新工业革命（也有人称之为“第三次工业革命”，而将上述第二、第三次工业革命归之为第二次工业革命），其技术代表是新能源和互联网的广泛运用。也有人提出，世界正在发生的新工业革命将以制造业的智能化尤其是机器人和生命科学为代表。

当前，世界又一次处于新兴产业崛起和新技术将发生突破性变革的历史时期，国外称之为“新工业革命”或“第三次工业革命”“第四次工业革命”，而中国称之为“新型工业化”“产业转型升级”或者“发展方式转变”。其基本含义都是：在新的科学发现和技术发明的基础上，一批新兴产业的出现和新技术的广泛运用，根本性地改变着整个社会的面貌，改变着人类的生活方式。正如美国作者彼得·戴曼迪斯和史蒂芬·科特勒所说：“人类正在进入一个急剧的转折期，从现在开始，科学技术将会极大地提高生活在这个星球上的每个男人、女人与儿童的基本生活水平。在一代人的时间里，我们将有能力为普通民众提供各种各样的商品和服务，在过去只能提供给极少数富人享用的那些商品和服务，任何一个需要得到它们、渴望得到它们的人，都将能够享用它们。让每个人都生活在富足当中，这个目标实际上几乎已经触手可及了。”“划时代的技术进步，如计算机系统、网络与传感器、人工智能、机器人技术、生物技术、生物信息学、3D 打印技术、纳米技术、人机对接技术、生物医学工程，使生活于今天的绝大多数人能够体验和享受过去只有富人才有机会拥有的生活。”①

在世界新产业革命的大背景下，中国也正处于产业发展演化过程中的转折和突变时期。反过来说，必须进行产业转型或“新产业革命”才能适应新的形势和环境，实现绿色化、精致化、高端化、信息化和服务化的产业转型升级任务。这不仅需要大力培育和发展新兴产业，更要实现高新技术在包括传统产业在内的各类产业中的普遍运用。

我们也要清醒地认识到，20 世纪 80 年代以来，中国经济取得了令世界震惊的巨大成就，但是并没有改变仍然属于发展中国家的现实。发展新兴产业和实现产业技术的更大提升并非轻而易举的事情，不可能一蹴而就，而必须拥有长期艰苦努力的决心和意志。中国社会科学院工业经济研究所的一项研究表明：中国工业的主体部分仍处于国际竞争力较弱的水平。这项研究把中国工业制成品按技术含量低、中、高的次序排列，发现国际竞争力大致呈 U 形分布，即两头相对较高，而在统计上分类为“中技术”的行业，例如化工、材料、机械、电子、精密仪器、交通设备等，国际竞争力显著较低，而这类产业恰恰是工业的主体和决定工业技术整体素质的关键基础部门。如果这类产业竞争力不

---

① 【美】彼得·戴曼迪斯，史蒂芬·科特勒. 富足：改变人类未来的 4 大力量. 杭州：浙江大学出版社，2014.

强，技术水平较低，那么“低技术”和“高技术”产业就缺乏坚实的基础。即使从发达国家引入高技术产业的某些环节，也是浅层性和“漂浮性”的，难以长久扎根，而且会在技术上长期受制于人。

中国社会科学院工业经济研究所专家的另一项研究还表明：中国工业的大多数行业均没有站上世界产业技术制高点。而且，要达到这样的制高点，中国工业还有很长的路要走。即使是一些国际竞争力较强、性价比较高、市场占有率很大的中国产品，其核心元器件、控制技术、关键材料等均须依赖国外。从总体上看，中国工业品的精致化、尖端化、可靠性、稳定性等技术性能同国际先进水平仍有较大差距。有些工业品在发达国家已属“传统产业”，而对于中国来说还是需要大力发展的“新兴产业”，许多重要产品同先进工业国家还有几十年的技术差距，例如数控机床、高端设备、化工材料、飞机制造、造船等，中国尽管已形成相当大的生产规模，而且时有重大技术进步，但是，离世界的产业技术制高点还有非常大的距离。

产业技术进步不仅仅是科技能力和投入资源的问题，攀登产业技术制高点需要专注、耐心、执着、踏实的工业精神，这样的工业精神不是一朝一夕可以形成的。目前，中国企业普遍缺乏攀登产业技术制高点的耐心和意志，往往是急于“做大”和追求短期利益。许多制造业企业过早走向投资化方向，稍有成就的企业家都转而成为赚快钱的“投资家”，大多进入地产业或将“圈地”作为经营策略，一些企业股票上市后企业家急于兑现股份，无意在实业上长期坚持做到极致。在这样的心态下，中国产业综合素质的提高和形成自主技术创新的能力必然面临很大的障碍。这也正是中国产业综合素质不高的突出表现之一。我们不得不承认，中国大多数地区都还没有形成深厚的现代工业文明的社会文化基础，产业技术的进步缺乏持续的支撑力量和社会环境，中国离发达工业国的标准还有相当大的差距。因此，培育新兴产业、发展先进技术是摆在中国产业界以至整个国家面前的艰巨任务，可以说这是一个世纪性的挑战。如果不能真正夯实实体经济的坚实基础，不能实现新技术的产业化和产业的高技术化，不能让追求技术制高点的实业精神融入产业文化和企业愿景，中国就难以成为真正强大的国家。

实体产业是科技进步的物质实现形式，产业技术和产业组织形态随着科技进步而不断演化。从手工生产，到机械化、自动化，现在正向信息化和智能化方向发展。产业组织形态则在从集中控制、科层分权，向分布式、网络化和去中心化方向发展。产业发展的历史体现为以蒸汽机为标志的第一次工业革命、以电力和自动化为标志的第二次工业革命，到以计算机和互联网为标志的第三次工业革命，再到以人工智能和生命科学为标志的新工业革命（也有人称之为“第四次工业革命”）的不断演进。产业发展是人类知识进步并成功运用于生产性创造的过程。因此，新兴产业的发展实质上是新的科学发现和技术发明以及新科技知识的学习、传播和广泛普及的过程。了解和学习新兴产业和高新技术的知识，不仅是产业界的事情，而且是整个国家全体人民的事情，因为，新产业和新技术正在并将进一步深刻地影响每个人的工作、生活和社会交往。因此，编写和出版一套关于新兴产业和新产业技术的知识性丛书是一件非常有意义的工作。正因为这样，我们的这套丛书被列入了2014年的国家出版工程。

我们希望，这套丛书能够有助于读者了解和关注新兴产业发展和高新产业技术进步的现状和前景。当然，新兴产业是正在成长中的产业，其未来发展的技术路线具有很大的不确定性，关于新兴产业的新技术知识也必然具有不完备性，所以，本套丛书所提供的不可能是成熟的知识体系，而只能是形成中的知识体系，更确切地说是有待进一步检验的知识体系，反映了在新产业和新技术的探索上现阶段所能达到的认识水平。特别是，丛书的作者大多数不是技术专家，而是产业经济的观察者和研究者，他们对于专业技术知识的把握和表述未必严谨和准确。我们希望给读者以一定的启发和激励，无论是“砖”还是“玉”，都可以裨益于广大读者。如果我们所编写的这套丛书能够引起更多年轻人对发展新兴产业和新技术的兴趣，进而立志投身于中国的实业发展和推动产业革命，那更是超出我们期望的幸事了！

金 碚

2014年10月1日

目　录

第一章　通信产业的特征与分类

一、通信产业的起源和发展

通信是为达致某个目的，发送者通过某种媒体以某种格式来传递信息给收信者的过程。在古代，人们主要通过驿站、飞鸽传书、烽火报警、符号、语言、眼神、触碰等方式进行信息传递。自 19 世纪莫尔斯发明了世界上第一台有线发报机和贝尔发明了电话以来，通信技术飞速发展，电报与电话、固定通信与移动通信、语音通信与数据通信、模拟与数字、窄带与宽带、铜线与光缆等通信技术相继出现。通信技术拉近了人与人之间的距离，提高了通信的效率，深刻改变了人类的生产生活方式。

目前，国家还未对通信产业进行明确分类。根据国家统计局的《国民经济行业分类》和《统计上划分信息相关产业暂行规定》，结合经济活动中与通信有密切联系的产业部门（通信产业链），可以对通信产业进行如下界定，即通信产业主要包括通信设备（产品）制造材料供应业、通信设备零部件制造业、通信设备整机制造业、通信设备制造专业配套业和通信服务业等五个子行业。

当前通信技术正在发生深刻变化，三网融合、下一代互联网、智能终端、信息服务业、LTE、宽带、物联网等新技术不断涌现，应用不断推进。信息通信产业成为维护国家安全、增强综合国力和丰富公民生活的关键组成部分。信息化是国家竞争力提升和经济社会发展的关键要素，是推动国家经济社会发展的重要引擎。信息通信基础设施作为信息化的重要基础和支撑，其建设和利用水平已经成为衡量国家和城市经济社会发展水平、综合竞争力及现代化程度的重要指标之一。

1. 现代通信技术的萌芽和演进

自古以来，人类对于长距离通信的需求就不曾减弱。在未发明电报以前，长途通信的主要方法包括驿送、信鸽、信狗、烽烟等。现代通信技术起源于电报。电报在19世纪初发明，是最早使用电进行通信的方法。电报大大加快了消息的流通，是工业社会的其中一项重要发明。早期的电报只能通过使用架在陆地上的电线通信。最早期的电线属于单线式，需要在地面完成回路，传送距离有限，更不能越过海洋。后来使用了海底电缆，开展了越洋服务。

19世纪90年代，各地仍然通过电线来传送电报。尼古拉·特斯拉等科学家在这个时候开始研究以无线电发送电报。1895年，意大利人马可尼首次成功收发无线电电报。4年后，即1899年，他成功进行英国至法国之间的传送。1902年首次以无线电进行横越大西洋的通信。无线电报的发明使流动通信变得可能，配备无线电电报机的远洋船只，就算在海洋上也能与陆地保持通讯，更能在需要时发出求救信号。20世纪初无线电报业务基本上已能抵达地球上大部分地区。电报主要是用来传递文字信息，使用电报技术传送图片称为传真。

欧洲的科学家在18世纪逐渐发现电的各种特质，同时开始有人研究使用电来传递信息的可能。早在1753年，一名英国人便提出使用静电来拍发电报。他的设想是使用26条电线分别代表26个英文字母，发电报的一方按文本顺序在电线上加入静电，接收的一方在各电线上接上小纸条，当纸条因静电而升起时，便能把文本誊录下来。

首条真正投入使用营运的电报线路于1893年在英国最先出现，大西方铁路（Great Western Railway）将它装设在两个车站之间作通讯之用。这条线路长13英里，属指针式设计，由查尔斯·惠斯通（Charles Wheastone）及威廉·库克（William Cooke）发明。在1837年，两人的这一发明取得了英国的专利。在美国，萨缪尔·摩尔斯在接近同一时间发明了电报，并于1837年在美国取得专利。摩尔斯还发展出一套将字母及数字编码以便拍发的方法，称为摩斯电码。

电报的发明使得长途通信的价格大为下降。最早期电报的传送成本，是依靠目测的摆臂式信号机系统的1/30。之后更随着技术的改良和用量扩大而大幅下降。到了20世纪初，就算是一般普通人亦可负担用电报进行长途通信的费用。当时负责经营电报通信的公司，在各地大城市设置电报局。一般人只要到电报局付款，便能拍发电报到远方的另一个城市，收费按距离及电报字数计算。当另一端的电报局收到电报以后，会有专人把印好的电报派送到目的地。而各大企业和政府多数拥有各自的电报专线。

随着通信科技的发展，电报已不再是主要的通信方法。自从电话网络数字化以后，电报通信变成为数位通信网络内其中一种以文字通信的应用，在传真机普及后被传真所取代。当互联网及移动通信广泛使用后，电报更进一步被电子邮件及短信、微信所取代。现在一般人已不会使用电报通信。传统的电报新闻已由传真、互联网及移动通信工具的短信所取代。只有在一些很特别的旧有应用环境下，才会偶然看见使用电传打字机的电报业务。

2. 光纤通信

光纤通信是指利用光与光纤传递信息的一种方式，属于有线通信的一种。光纤由纤芯，包层和涂层组成，利用纤芯和包层的折射率不同，实现光信号在纤芯内的全反射也就是光信号的传输。光经过调制后便能携带信息。自 20 世纪 80 年代起，光纤通信系统对电信工业产生了革命性的作用，同时也在数字时代里扮演着非常重要的角色。光纤通信具有传输容量大，保密性好等许多优点。光纤通信现在已经成为当今最主要的有线通信方式。其工作原理是将需传送的信息在发送端输入到发送机中，将信息叠加或调制到作为信息信号载体的载波上，然后将已调制的载波通过传输媒质传送到远处的接收端，由接收机解调出原来的信息。

随着时间的推移，从烽火到电报，再到 1940 年第一条同轴电缆正式服役，这些通信系统的复杂度与精细度也在不断进步。但是这些通信方式各有其极限，使用电气信号传递信息虽然快速，然而传输距离太长时会因为电气信号容易衰减而需要大量的中继器。微波通信虽然可以使用空气做介质，可是也会受到载波频率（carrier frequency）的限制。到了 20 世纪中叶，人们才了解到使用光来传递信息，能带来很多过去所没有的显著好处。

与电缆和铜线相比，光纤的传输带宽要大得多。通信容量的大小与光纤的直径没有关系。对光纤通信系统而言，随着终端设备的改进和密集波分复用技术的应用，又给它增添了带宽和传输容量大的优势。与其他传输介质相比，光导纤维中的信号损耗是最低的。在信号传输距离相等的情况下，光缆中用的信号再生中继器要比电缆中的少得多。这就表明通过光纤通信系统可以减少系统的成本，带来更好的经济利益。

光纤常被电话公司用于传递电话、互联网，或是有线电视的信号，有时候利用一条光纤就可以同时传递上述的所有信号。与传统的铜线相比，光纤的信号衰减与遭受干扰的情况都改善了很多，特别是在长距离以及大量传输的情况中，光纤的优势更为明显。然而，在城市之间利用光纤的通信基础建设通常施工难度以及材料成本往往难以控制，完工后的系统维运复杂度很大，成本也居高不下。因此，早期光纤通信系统多半应用在长途的通信需求中，这样才能让光纤的优势彻底发挥，并且抑制住不断增加的成本。

通信产业的发展要求光纤技术如影随形地发展，要尽量实现超长距离的传输。现在已经有通信公司可以运用色散齐理技术，完成 2000 ~ 5000km 的无电中继传输，这在很大程度上提升了传输距离。新的大容量、长距离光纤在长途信号中广泛应用，延长了光信号的传输距离。它不止是在长距离无再生的传输中显示了良好的性能，在海底光缆的长距离通信上表现也非常不错。另外在城域网和局域网中，光纤技术的应用也比较广泛，光网络的发展推进了光缆新结构的出现，使其能够随着具体的使用要求和环境不断完善。现在的全光网路光缆所提供的带宽更宽，能够容纳的波长更长，可以传送的速率更高，并且它安装简单，维护方便，使用时间也比较长。

3．数字通信

数字通信是用数字信号作为载体来传输消息，或用数字信号对载波进行数字调制后再传输的通信方式。它可传输电报、数字数据等数字信号，也可传输经过数字化处理的语声和图像等模拟信号。

数字通信早期的发展历史是与电报的发展联系在一起的。1937 年，英国人 A. H. 里夫斯提出脉码调制（PCM），从而推动了模拟信号数字化的进程。1946 年，法国人 E. M. 德洛雷因发明增量调制。1950 年 C. C. 卡特勒提出差值编码。1947 年，美国贝尔实验室研制出了可供实验用的 24 路电子管脉码调制装置，证实了实现 PCM 的可行性，1953 年发明了不用编码管的反馈比较型编码器，扩大了输入信号的动态范围。1962 年，美国研制出晶体管 24 路 1.544 兆比/秒脉码调制设备，并在市话网局间使用。

数字通信与模拟通信相比具有明显的优点。它抗干扰能力强，通信质量不受距离的影响，能适应各种通信业务的要求，便于采用大规模集成电路，便于实现保密通信和计算机管理。不足之处是占用的信道频带较宽。数字通信在带给人们快速便捷的信息的同时，也能够降低信息的错误率。另外，其实时性很强，投入成本不高，传输质量有保证。20 世纪 90 年代，数字通信向超高速大容量长距离方向发展，高效编码技术日益成熟，语声编码已走向实用化，新的数字化智能终端将进一步发展。

图像通信是传送和接收图像信号或称之为图像信息的通信。它与目前广泛使用的声音通信方式不同，传送的不仅是声音，而且还有看得见的图像、文字、图表等信息，这些可视信息通过图像通信设备变换为电信号进行传送，在接收端再把它们真实地再现出来。可以说图像通信是利用视觉信息的通信，或称它为可视信息的通信。图像通信的基本原理是，模拟图像信号经过编码实现数字化后，再用数字调制实现传输，便会具有数字通信的优点。已调信号经过传输和交换，到达收信端，经解调或解码还原成模拟电信号，再由图像接收末端设备进行电－光转换，形成可视图像。

在图像通信系统中，信源有多种形式：活动和静止图像；黑白和彩色图像；多层次（含灰度）和二值（黑白）图像。图像信息呈现为平面上的亮度分布或光的反射系数的分布，这是二维信号。图像发送末端设备（如电视摄像机、传真机的光－电转换部分等）根据光－电转换原理，把这二维亮度信号按某种扫描方式转换成一维（时间）电信号（模拟信号），它占据从接近直流的低频到最高图像频率的宽频带（如广播电视约占5~6兆赫带宽）。这种信号经过模拟调制或编码后进行数字调制才能长距离传输。

4．通信网络与计算机网络的融合

通信网是一种使用交换设备、传输设备，将地理上分散的用户终端设备互连起来实现通信和信息交换的系统。通信最基本的形式是在点与点之间建立通信系统，但这不能称为通信网，只有将许多的通信系统（传输系统）通过交换系统按一定拓扑结构组合在一起才能称之为通信。也就是说，有了交换系统才能使某一地区内任意两个终端用户相互接续，才能组成通信网。通信网由用户终端设备，交换设备和传输设备组成。终端设备又称用户设备，是指用户与通信网之间的接口设备，可把用户的消息与收发的电信号相互转换。传输系统是传输电信号的信道，包括有线、无线、光缆等线路。交换设备是在终端之间和局间进行路由选择、接续控制的设备。为使全网能合理协调工作，还要有各种规定，如质量标准、网络结构、编号方案、信令（也称信号）方案、路由方案、资费制度等。交换设备间的传输设备称为中继线路（简称中继线），用户终端设备至交换设备的传输设备称为用户路线（简称用户线）。

通信网的功能就是要适应用户呼叫的需要，以用户满意的程度沟通网中任意两个或多个用户之间的信息。

电报、电话相继问世后，工业发达国家先后着手建立电报和电话通信网。电话网发展迅速，到20世纪初在一些国家内已具有相当规模。以后出现的非电话业务，如载波电报、传真电报、用户电报等，大多是以已有的电话网为基础而建立的。随着电子计算机的广泛应用，世界上兴起了数据通信，建起了大量的专用数据网。20世纪60年代末建成了公用数据网。早期的数据网主要是直接使用现有电话网或租用它的部分线路而构成的。由于数据通信使用数字信号，而电话通信使用模拟信号，两种信号对通信网的要求不同，因而在模拟网上传输数据存在着质量差、效率低等缺点。用数字信号进行通信，具有失真小、抗干扰性强等优点，这促进了脉码调制技术的发展，采用这种调制，可把电话、传真、电视的模拟信号变成数字信号进行传输。20世纪70年代中期，世界上开始出现数字化的数据网。新兴的数字网和传统的模拟网已形成了并存和兼容的局面，并逐步向综合业务数字通信网过渡。

计算机网络是指将地理位置不同的具有独立功能的多台计算机及其外部设备，通过通信线路连接起来，在网络操作系统，网络管理软件及网络通信协议的管理和协调下，实现资源共享和信息传递的计算机系统。从整体上来说计算机网络就是把分布在不同地理区域的计算机与专门的外部设备用通信线路互联成一个规模大、功能强的系统，从而使众多的计算机可以方便地互相传递信息，共享硬件、软件、数据信息等资源。简单来说，计算机网络就是由通信线路互相连接的许多自主工作的计算机构成的集合体。

自20世纪50年代起，人们开始努力将彼此独立发展的计算机技术与通信技术结合起来，进行数据通信与计算机通信网络融合的技术研究。20世纪六七十年代以来，计算机科学逐渐与数据通信技术融合，计算机—通信产业在技术、产品和公司等各方面发生了巨大变化，人们可以将具有独立功能的计算机通过通信设备及传输媒体互连起来，在通信软件的支持下，打造出计算机间的信息传输与交换的系统，形成了计算机通信网。20世纪90年代以来，通信网络和计算机网络的融合更加紧密，推动通信技术沿着数字化、宽带化、高速化、智能化、综合化、网络化的方向迅速发展，通信业务种类不断增加，已由传统的电话、传真等基础通信业务发展到数据、图形图像、可视电话、会议电视、多媒体等通信业务，语音、数据、图像等各种信息的接收、存储、处理、交换、传输技术进步很快。21世纪以来，计算机应用已进入更高层次，计算机网络成了计算机行业的一部分。新一代的计算机已将网络接口集成到主板上，网络功能已嵌入到操作系统之中，通信网络与多媒体联机数据库和计算机组成一体化网络的信息高速公路，向人们提供语音、数据、图形图像等快速通信服务，实现信息资源高速度共享。

计算机通信网涉及通信与计算机两个领域，计算机与通信的融合是计算机通信网产生的主要条件。一方面，通信网络为计算机之间的数据传送和交换提供了必要手段。计算机通信革命带来以下这些重要事实：数据处理设备（计算机）和数据通信设备（交换传输设备）之间不再有本质上的区别。数据通信、话音通信和视频通信之间也不存在本质上的区别。单处理器计算机、多处理器计算机、局域网、城域网和远距离网络之间的区别也日趋模糊。另一方面，计算机技术的发展渗透到通信技术中，又提高了通信网的各种功能，形成了能够传输和处理各种类型数据和信息的集成系统。不论是技术本身还是制定技术标准的组织，都被迫向能够完成各种通信的单一的公用网络系统发展，通过这种网络能够简单且统一地访问到全世界的信息源和各种信息。当然，这两个方面的进展离不开人类在微电子技术上的辉煌成就。

延伸阅读

人类通信史上的一些事件

古往今来，人们一直在探索通信的方式。早期，人们通过身体、眼神、手势及山石树木等自然媒体相结合传递信息。后来到了口语时代，人们把语言作为传递信息的工具，借助语言保存和传递人类文明的成果。再后来，发展到文字书写时代，随着生产力的发展，人类对信息记录有了需求，文字随之产生。

唐朝初期（公元600年）已有雕版印刷实物；

宋仁宗庆历年间（1041－1049年），毕昇发明了胶泥活字印刷术；

1450年，日耳曼人古腾堡发明金属活字印刷术；

1837年，美国人摩尔斯发明电报机；

1857年，横跨大西洋海底的电报电缆完成；

1875年，贝尔发明史上第一台电话；

1893年，尼古拉·特斯拉（Nikola Tesla）在美国密苏里州圣路易斯首次公开展示了无线电通信；

1895年，俄罗斯物理学家波波夫（Alexander Stepanovitch Popov）宣称在相距600米的两地，成功地收发无线电信号，研制出无线电接收机；

1895 年，法国的卢米埃兄弟，在巴黎放映史上第一部电影；

1912 年，泰坦尼克号沉船事件中，无线电救了 700 多条人命；

20 年代，马可尼在波波夫改良洛治（Lodge）的接收器后成功发射及接收无线电信号研究结果的基础上，成立世界上第一所收音机工厂并获得专利权，收音机问世；

20 年代，英国人贝尔德成功进行了电视画面的传送，被誉为电视发明人；

第二次世界大战期间，军事上的需求促使通信技术快速进步，带动移动通信的巨大发展。战后，军事移动通信技术逐渐被应用于民用领域；

50 年代，美国和欧洲部分国家相继成功研制了公用移动电话系统，在技术上实现了移动电话系统与公众电话网络的互通；

1955 年，美国为了大战的需要，发行了第一部军用电子计算机；

1962 年，美国发射第一颗人造卫星，开启电视卫星传送的时代；

1969 年，美军建立阿帕网（ARPANET），在美国国防部研究计划署制定的协定下将美国西南部的加利福尼亚大学洛杉矶分校、斯坦福大学研究学院、加利福尼亚大学和犹他州大学的四台主要的计算机连接起来，互联网自此起步；

70 年代中期，为了有效地利用有限的频谱资源，美国贝尔实验室提出蜂窝小区和频率复用的概念，为移动通信系统在全球的广泛应用开辟了道路；

1983 年，美国国防部将阿帕网分为军网和民网，渐渐扩大为今天的互联网；

1992 年，欧洲提出第一个数字蜂窝标准 GSM 基于时分多址 TDMA 方式，GSM 成为欧洲和亚洲实际上的蜂窝移动通信标准；

1996 年，国际电信联盟（ITU）将第三代移动通信系统 IMT20006 正式更名为 IMT2000；

1993 年，美国宣布兴建信息高速通路计划，整合电脑、电话、电视媒体；

2000 年以来，3G、4G、云计算、大数据、智能终端、TD－LTE、宽带中国、移动互联网、物联网等成为通信产业新的关键词；

2013 年 6 月 11 日 17 时 38 分 02.666 秒，神舟十号飞船由长征二号 F 改进型运载火箭（遥十）成功发射，在轨飞行 15 天。航天员王亚平于 6 月 20 日上午 10：04～10：55 为中国青少年演示讲解失重环境下的基础物理实验，这是中国航天员首次太空授课。

二、通信产业的特征和分类

1. 什么是通信产业

通信产业泛指承担信息传递、办理公众通信业务的部门，是人与人之间通过某种行为或媒介进行信息交流与传递的行业。广义上，通信产业属于信息产业，它包括电信产业和邮政产业。其中，邮政产业是利用各种手段以传递实物载体的信息为主的产业；电信产业是指利用有线、无线的电磁系统或者光电系统，传送、发射或者接收语音、文字、数据、图像以及其他任何形式信息的产业。狭义上的通信产业专指电信产业部分。目前从我国的行业管理角度看，通信产业主要指电信行业，本书关于通信产业的知识内容也主要围绕电信产业展开介绍。

知识链接

信息产业

信息产业是指从事信息设备制造以及信息的生产、加工、存贮、流通与服务的新兴产业群体。信息产业分为两大部分，一是信息技术设备制造业，二是信息密集服务业。前者是开发、制造并销售设备和软件，提供信息媒介的产业，它的核心是提供信息技术设备。后者是使用信息设备进行信息搜集、加工、存贮、传递等提供信息服务、培养高级人才以及提供高度专业化信息的产业，它的核心是进行信息服务。

案例

通信产业的演进历程

早期有线通信——现代电信的萌芽

从有线电报过渡到有线电话，标志着现代电信产生。随后的增音机、交换技术、同轴电缆和海底电缆等的出现，使有线通信日趋完善。

无线通信——现代电信的变革

电报和电话发明以后，产业化使之迅速发展，无线通信又促进了现代电信产业的发展与变革。随着晶体管在电信技术中普遍使用以及移动技术的产生和发展，电信产业进入了革命时代。

空间通信——世界电信发展的新里程

从1957年10月4日苏联发射了人类历史上第一颗人造地球卫星，到1998年11月1日由六十六颗低地轨道通信卫星组成的“铱星”系统开始向全世界范围提供个人通信商业服务，标志着电信空间时代已到来，世界电信发展到新阶段。

互联网——20世纪末电信技术的创新

互联网始于1969年，美军将位于四所不同大学的计算机连接起来，随后不断扩大范围、丰富内容，发展成为今天广泛应用的互联网。互联网具有资源共享、超越时空、实时交互的特点和优势。互联网的出现不仅是一次技术创新，更将通信产业的发展推到了前所未有的高度。①

物联网——引领21世纪通信产业新浪潮

21世纪初产生的物联网被视为互联网的应用扩展，应用创新是物联网的发展的核心。物联网在互联网的基础上，不仅广泛应用传感器技术，还具有智能

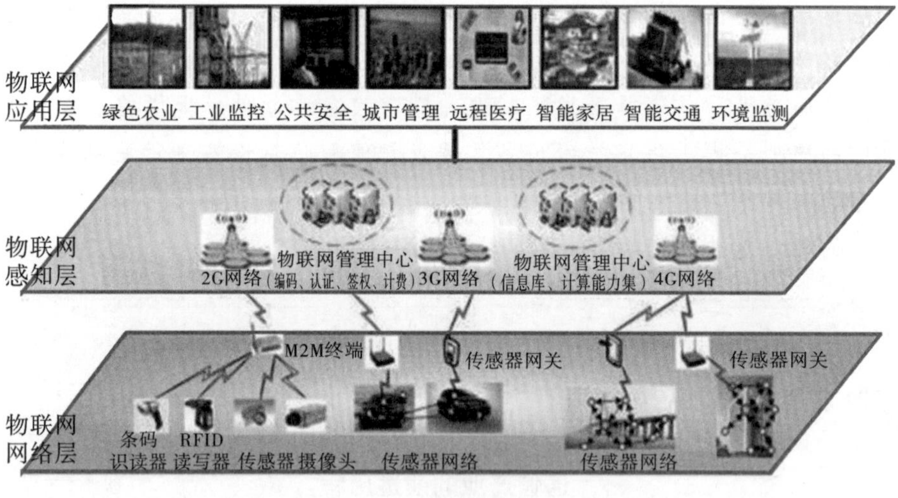

图1－1 物联网体系结构

资料来源：中国移动物联网实验室，国联证券研究所。

① 吴化民．通信产业价值链有关问题探讨．内蒙古大学，2004。

处理的能力。物联网被业界称为继计算机、互联网之后，世界信息通信产业的第三次浪潮，引领着通信产业的新未来。

知识链接

物联网

物联网是新一代信息技术的重要组成部分，其英文名称是“The Internet of things”。顾名思义，物联网就是“物物相连的互联网”。这有两层意思：第一，物联网的核心和基础仍然是互联网，是在互联网基础上延伸和扩展的网络；第二，其用户端延伸和扩展到了任何物品与物品之间，进行信息交换和通信。因此，物联网是通过射频识别（RFID）、红外感应器、全球定位系统、激光扫描器等信息传感设备，按约定的协议，把任何物品与互联网相连接，进行信息交换和通信，以实现对物品的智能化识别、定位、跟踪、监控和管理的一种网络。

据预测，物联网将是全球信息通信行业又一个万亿元级的产业，到2020年之前，全球接入物联网的终端将达到500亿个。在中国，物联网被正式列为国家重点发展的战略性新兴产业之一。除了其蕴含的巨大经济效益之外，物联网还将是中国实施科技创新战略、在全球信息通信领域争取更大话语权和主导权的一个机遇。

2. 通信产业的经济特点

通信产业作为有别于传统产业的新兴产业，有着自身的特点：

（1）规模经济性。

电信公司的初始成本很高，固定成本远大于可变成本，只有当用户数量达到相当大的规模，网上的通话量也达到相当大的量时，电信公司在每个用户、每次通话上的收入才可能大于每个用户、每次通话的平均成本，电信公司的运营才会有效益。即产品成本随生产规模的扩大而降低，只有达到一定规模才会产生效益，这就是通信产业的规模经济性。

（2）范围经济性。

范围经济性是指一个厂商同时生产多种产品或提供多种服务的总支出小于多个厂商分别生产或提供的总支出。例如，一家电话公司要提供传真业务，它

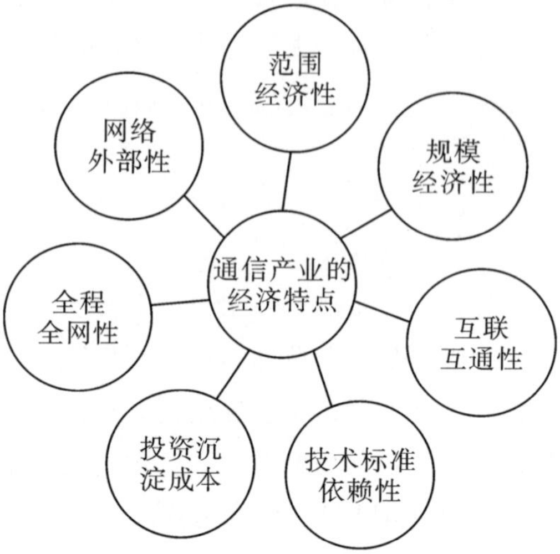

图 1－2　通信产业的经济特点

只要在已有的电话网上增加必要的设施即可；而另一家新公司必须要新建一个网络才能提供该业务。很显然那家新公司的传真业务成本要远大于第一家，这就是通信产业的范围经济性。

（3）网络外部性。

外部性是指一定的经济行为对外部产生影响，造成私人成本与社会成本、私人收益与社会收益之间不一致的现象。电信网具有正的外部性，即边际效用递增：对于电话网络的发话方来说，网络规模越大，网络用户越多，通话的对象越多；对电话网络的受话方而言，收到呼叫越多，得到的信息量越大，其网络效用也就越大。

（4）互联互通性。

互联互通是指在不同通信网络之间建立有效连接，使不同网络的用户之间可以通信，或一个网络的用户可使用另一个网络的服务。通信网络的规模经济使得新进入者的网络必须和已有网络相连接才能生存，同时通信网络具有部分公共物品的特点，互联互通使通信网络正的外部经济性凸显。实现网络的互联互通，往往需要政府的介入，而不会由市场自行完成。

（5）全程全网性。

通信运营业是网络经济，必须在全国范围内拥有统一的通信网络，并保证各部分网络的互联互通。一个地理区域内的电信部门，需要全网的配合才能完成网上全部信息的传递；由于信息传递一般都由两个以上网络通过互联互通完成，因而也必须有一个完善的运营商网间结算的方案。

（6）投资沉淀成本。

通信网络固定资本一旦投入就很难抽回，并且很难移作他用，即具有很强的“沉淀性”。例如，通信网络投资规模和投资成本都很大，如果多家竞争企业在同一用户的房子里部署电话线，或者有若干竞争性企业在较小的地区范围内部署交换设备，就会存在浪费、重复建设现象，由此形成了市内电话自然垄断的基础。①

（7）技术标准依赖性。

对于移动通信产业来说，实现其功能需要各种设备和服务，必须通过技术标准将产业链各环节联结起来，这些技术标准实际上是一个专利技术群。运营商们已经意识到标准的制定对于一个产业的发展具有至关重要的作用。因此，在4G标准的制定方面，运营商们表现出了强烈的主导意识。例如，在欧洲电信标准协会的标准数据库中，移动通信2G时代的主流标准GSM含有3535个专利，诺基亚占有其中的36%，爱立信占有23%，专利日益成为技术标准的组成部分，因此标准被接纳采用就成为利用专利获取优势的主要途径。

标准的激烈竞争从大规模商用的2G时代开始，日益演化成为涉及国家战略和企业竞争的博弈。从历史上看，移动通信每10年左右进行一次更新换代，1G时代美国具有绝对优势，2G时代欧洲逐渐实现了赶超，3G时代美国夺回了一部分优势，同时日本、韩国和中国也开始在这一领域崭露头角，并在设备和终端的制造领域参与国际竞争。LTE（Long Term Evolution）是3G之后新一代的移动通信技术，2010年被国际电信联盟认可。LTE中的两个标准TD－LTE和FDD－LTE分别由中国和欧美主导。LTE包括FDD和TDD两种模式，其中的TDD模式即为TD－LTE。TD－LTE是TD－SCDMA的长期演进技术，我国一直主导推进TD－LTE国际标准。

与3G相比较，TD－LTE采用了更先进的技术设计，能够实现更高的网络性能。在使用20MHz系统带宽和3:1的上下行TDD时隙比例配置的情况下，TD－LTE网络下行峰值速率可以达到110 Mbit/s，平均频谱效率是3G的3～4倍。TD－LTE－Advanced是TD－LTE的增强型技术，最大支持100MHz的系统带宽，峰值速率超过1 Gbit/s。

2012年1月18日，在国际电联（ITU）2012年无线电通信全体会议上，

① 张晖、陈国汉．电信产业的经济特点及其改革重组．中国集体经济，2008（7）。

LTE - Advanced 和 Wireless - MAN - Advanced（802.16m）的技术规范通过审议，正式被确立为 IMT - Advanced（俗称 4G）国际标准。其中，LTE - Advanced 的 TDD 模式即为 TD - LTE Advanced，是我国主导的 4G 技术国际标准。2012 年，TD - LTE 增强型技术 TD - LTE - Advanced 正式成为 ITU 4G 国际标准；国际 TD - LTE 商用起步并呈现加速发展态势；我国启动扩大规模试验，加快推进产业链成熟，TD - LTE 正处于进入规模发展的关键阶段。可以预期，未来这种激烈的竞争仍将持续。

对 UMB 的放弃，标志着美国高通公司将会把更多的精力投入到 LTE 的开发上，也标志着 4G 时期的主流标准将是欧洲与中国的 LTE。构成 LTE 标准的核心基本元素 OFDM/FDMA 技术，分别掌握在高通、欧洲和中国手中，较之 3G 时代的核心基本元素 CDMA 全部由高通垄断，中国、欧洲与美国的实力相比是此消彼长。如果当初没有 TD - SCDMA 这个中国自主制定的 3G 标准以及国家对 TD - SCDMA 的扶持，中国就不可能有发展 TD - LTE 的话语权，更不可能把 TD - LTE 发展成为一个主流的 4G 标准。

延伸阅读

通信产业前沿热点

三网融合——指电信网、计算机网和有线电视网三大网络通过相互渗透、互相兼容，能够提供包括语音、数据、图像等综合多媒体的通信业务。2010 年是我国三网融合政策的破冰之年，三网融合政策的推出既顺应了技术发展的必然趋势，同时具有拉动经济增长、促进就业、提高宽带整体水平、促进文化传媒和信息通信产业发展的重要意义。

3G 发展——3G 即第三代移动通信技术，是指支持高速数据传输的蜂窝移动通信技术。3G 服务能够同时传送声音及数据信息，速率一般在几百 kbps 以上。2010 年，全球 3G 市场稳步增长，尤其是移动宽带业务需求迅速攀升，用户和流量激增，与此同时，我国 3G 市场启动一年多，获得了快速发展，已经逐渐发展成为促进中国移动通信市场发展的新动力，在 2011 年进入良性成长阶段。

TD - LTE——TD - LTE（TD - SCDMA Long Term Evolution）是我国拥有核心自主知识产权的国际 3G 标准 TD - SCDMA（Time Division - Synchronous Code Division Multiple Access 时分同步码分多址）的后续演进技术，是一种专门为移

动高宽带应用而设计的无线通信标准。TD－LTE 作为我国主导的新一代宽带移动通信技术标准，其研发和产业化进程不断加快。已初步形成国内外企业广泛参与的 TD－LTE 产业链，并组织开展了 TD－LTE 技术试验。2010 年 10 月的 ITU（国际电信联盟）会议上，我国提交的 TD－LTE－Advanced 技术提案正式成为 IMT－Advanced（4G）国际标准，这是我国移动通信产业继 TD－SCDMA 成为国际标准后的又一重要里程碑。

移动互联网——移动互联网就是将移动通信和互联网二者结合起来，成为一体。移动互联网被摩根士丹利认为是继大型机、小型机、个人电脑、桌面互联网之后第五个信息产业的发展周期，是当今信息产业竞争最为激烈、发展最为迅速的领域，移动互联网带来的跨界融合甚至改变了通信产业的发展模式，它不仅改变了移动智能终端制造领域，也在深刻改变电信业的游戏规则。我国的移动互联网发展也精彩纷呈，各大运营商均高度重视在移动互联网领域的战略布局。

物联网——物联网是信息通信网络高度普及、互联网应用渗透到各行各业、信息技术逐渐成为各行各业的通用支撑条件下的必然产物，是继人与人之间通信和信息需求得到基本满足之后，向人与物及物与物连接、感知和互动的扩展，从而使人类的经济和社会活动更加智能、便捷、高效，物联网是未来信息通信技术的发展趋势，也是各国战略布局中的重要组成部分。

移动支付——移动支付也称为手机支付，就是允许用户使用其移动终端（通常是手机）对所消费的商品或服务进行账务支付的一种服务方式。我国移动支付业务在政策制定以及标准统一方面取得重大进展，中国人民银行出台《非金融机构支付服务管理办法》，移动支付标准在经过长时间博弈之后将统一在 13.56MHz 频段。三大电信运营商和中国银联积极推广移动支付业务，这些都推动了我国移动支付业务的快速发展。

云计算——广义的云计算指服务的交付和使用模式，指通过网络以按需、易扩展的方式获得所需服务。云计算作为一种业务模式的创新，实现了 ICT（信息通信技术）产业从提供产品到提供服务的巨大转变，将使众多的企业、机构和个人用户告别 IT 信息系统“自给自足”的局面，创造出一个巨大的云服务市场。云计算也将深刻改变社会经济生活的方方面面，未来信息社会的朝阳正从“云朵”之后冉冉升起。

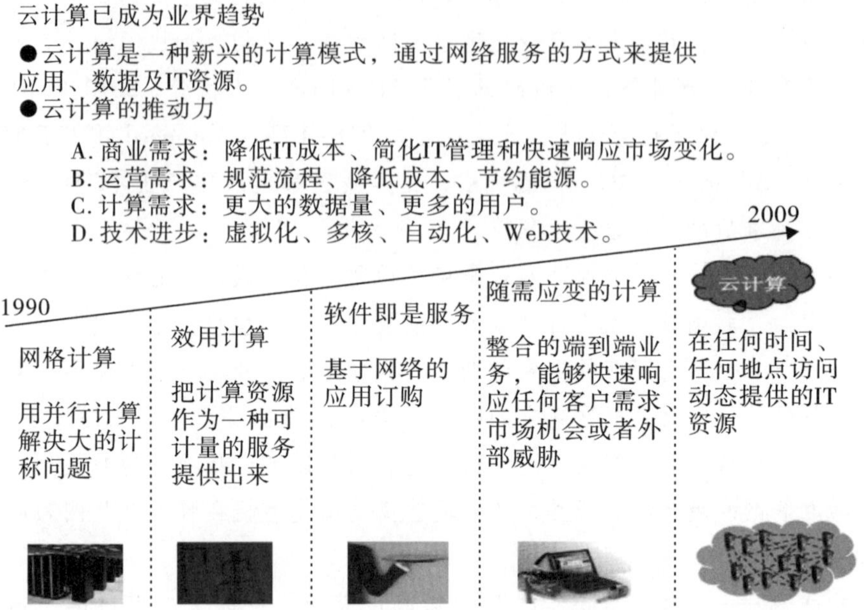

图1-3　云计算的发展

资料来源：IBM中国开发中心。

知识链接

云计算

云计算是用于描述平台以及应用程序类型的一个术语。云计算平台可以根据需要，动态地提供、配置以及取消提供服务器。“云”中的服务器可以是物理机器，也可以是虚拟机器。高级的“云”通常包括其他计算资源，如存储区域网络、网络装置、防火墙及其他安全设备。云计算也指那些经过扩展后可通过互联网进行访问的应用程序。

云计算的核心思想，是将大量用网络连接的计算资源统一管理和调度，构成一个计算资源池向用户提供按需服务。提供资源的网络被称为“云”。“云”中的资源在使用者看来是可以无限扩展的，并且可以随时获取，按需使用，随时扩展，按使用付费。这种特性经常被称为像水电一样使用信息基础设施。

3. 通信运营和通信制造

按业务性质可以将通信行业分为两大类，即通信运营和通信制造，如下图所示：

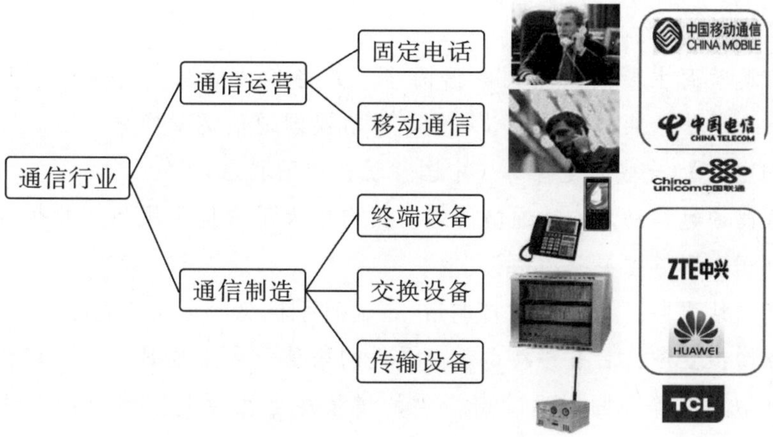

图 1－4　通信产业分类

随着通信技术的不断发展，通信产业还可以进一步细分为以下几类：

通信产业的细分

分类	主要业务功能	代表厂商
通信设备制造商	为运营商提供光纤、交换机及基站等各种通信设备	思科、爱立信、中兴、华为等
设计规划院	根据设备及网络情况进行网络规划和设计	中讯、中通服等
监理公司	负责监督通信设备安装	公诚监理建设等
通信运营商	提供基础电信网络，并将各种信息、服务整合提供给用户	中国移动、中国电信等
代维公司	替运营商、设备商从事做部分维护工作	长实通信等
终端厂商	为客户和运营商提供手机、电话等各种终端	TCL、中兴等
增值业务提供商	为客户和运营商提供彩铃下载、游戏应用等各种增值业务	中兴软创，联创等
工程安装厂商	负责通信设备安装，通信工程施工等	长实通信等

延伸阅读

通信常识普及

通信运营商

通信运营商主要提供基础电信网络，并将各种信息、服务整合提供给用户，在整个通信产业链中居核心地位。目前我国通信运营商分为固定网络运营商（中国电信）与移动运营商（中国移动、中国联通）。

运营商通过移动及本地通信网络向国内广大用户提供服务，并获得持续的收入与利润。服务主要分为两类：

语音通话服务：也就是“打电话”，通过手机及固定电话通话。

业务增值业务：目前移动运营商提供的增值服务主要是短信、彩铃、移动支付、移动上网等，固网运营商提供的增值服务主要是宽带上网、语音增值业务。

通信终端设备

所谓通信终端，是指人与通信系统的接口设备。通信终端设备是通信系统的重要组成部分。人们要进行信息的传递，在信源端，必须要先将原始信息变换成电信号，然后再将电信号变换成符合在通信网中传输和交换要求的传递信号；在信宿端，则要实现反变换，还原成原始信息。这种使原始信息在通信网的传递过程中完成上述变换和反变换的装置就称之为通信终端设备。通信终端设备作为人们享用通信业务的直接工具，承担着为用户提供良好界面、完成所需业务功能和接入通信网络等多方面任务。常见的终端设备有 PDA（掌上电脑）、电话机等。

图 1－5　PDA

通信交换设备

交换就是在用户间有目的地传递信息，在电信领域，交换局用于存放连接电话呼叫的交换机。它可以建立链路并中转语音信息，使电话呼叫能够运作起来。通信交换指的是由交换机提供的服务。在通信网中引入交换设备的意义就在于在降低成本的前提下，保证网络的高可靠性、高性能、易维护、易扩展，最终实现网络的智能化管理。常见的通信交换设备有程控数字交换机、光交换机等。

图1-6 程控数字交换机

图1-7 光交换机

通信传输设备

简单来说，通信传输就是消息的传递。这种消息可以是一串或者一组数据单元，比如二进制数字，通常也称为帧或者块。在一般信息论中，传输被用于表示经由信道的信息通信的整个过程。目前的传输方式基本是以光传输为主。光传输可以看作是一个微缩的通信系统，包括调制解调，接收，发送，传输等过程。就设备而言，主要分为两部分：核心的光交换设备及局端设备光网络。光传输设备厂家主要有中兴、华为、烽火等。

图1-8 光纤调制解调器

4. 有线通信和无线通信

为实现信息的两地传输，需要有传输信道。依照传输媒体的不同，通信可分为有线数据通信和无线数据通信两种形式。它们都是依靠传输信道将数据终端和计算机连接起来，进而共享两个地点之间数据终端的软硬件以及信息资源。有线通信是借助线缆线路传送信号的通信方式。狭义上现代的有线通信是指有线电信，即利用金属导线、光纤等有形媒质传送信息的方式，包括有线电话、有线电报、有线传真等。其特点是受干扰较小，可靠性、保密性强，但建设费用高。无线通信是指利用电磁波信号在空间的传播进行信息交换。美国贝尔实验室于1947年提出“蜂窝式”的概念，这是现代移动通信技术发展的基础，在走向商用化的过程中，众多欧美企业不断进行渐进式改良和创新。

在新的社会环境下，无线通信技术的种类也在不断地更新和完善。现代的无线通信技术的种类划分依据不同，种类也不同。根据信息传输的距离可以分为：无线局域网、无线个域网、无线城域网、无线广域网。在现代技术中，长距离的无线通信接入技术主要有GSM、GPRS和3G，而短距离的无线通信接入技术主要有UWBW和LAN。根据无线通信技术接入方式的不同，可以分为：①WPAN、WIMAX和WWAN移动接入；②LMDS、MMDS固定无线通信技术。我们常说的宽带也有窄带和宽带的无线接入的区别。

随着传统移动通信的发展，无线宽带通信技术不断提升，出现了很多无线宽带接入技术，主要有WLAN、UWB和宽带固定无线接入技术，新技术的产生和普及，让无线通信产业显现出了勃勃生机，发展迅速。WiFi的发展受到了大众群体的认可，这是通信市场的一个新的开拓，使得具有局限性的网线网络通信变为开放性、灵活性的无线网络通信方式。我国研发的TD－SCDMA已经与WCKMA和CDMA2000一起成为当前全球3G技术的三大主流标准。这种技术支持移动数据服务，不同蜂窝之间可以直接进行信号切换，可以传输数据信号和语音信号，同时信号的覆盖面比较广。

三、通信产业链与价值链

1. 通信产业链的构成分析

（1）通信产业链的定义。

产业链是由行业中上下游的企业建立的经济利益相连、业务关系紧密的链式结构体系。通信产业链是指通信行业中的各关联企业，为提高终端客户的通信服务质量，推动通信产业发展而建立起来的产业链式结构，通信产业链包含了从供应商到终端客户的所有主体。

（2）通信产业链的构成主体分析。

随着通信行业的发展，为了满足客户的各种个性化需求，通信产业链的结构从原来的垂直一体化垄断结构转变为现在的开放合作式链条结构，产业链的构成主体也越来越多，产业分工更加细化。通信产业链上包括终端设备制造商、网络设备制造商、服务提供商、内容提供商、电信运营商、终端用户、政府管制机构等构成主体。要促进通信业务的发展，应该充分发挥产业链各环节主体的作用，使整个产业链的利益达到最大化，才能推动整个通信行业的发展繁荣。

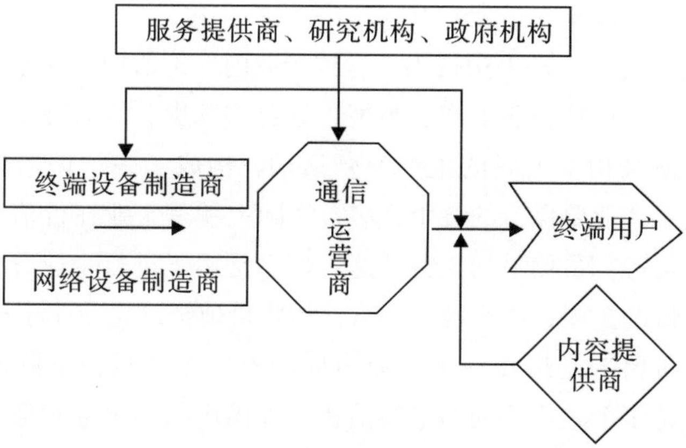

图1－9　通信产业链

下面是各构成主体在通信产业链中的地位分析：

终端设备制造商和网络设备制造商作为通信行业信息传递工具的提供商，位于产业链的最前端。

通信运营商提供信息传递的通道以及平台，位于产业链的中端，在整个产业链中起到了不可替代的主导地位，在整合资源、规范化管理等方面都起到决定性的作用。

内容提供商是随着通信增值服务的发展而产生的，主要是彩信、短信、铃声、图片等服务内容的提供商，在通信产业发展中发挥着越来越重要的作用，在通信产业链中处于后端。

终端用户作为通信服务的使用者，主要是对通信服务提出各项需求，位于通信产业链的末端，客户需求是通信产业发展的重要推力。

服务提供商主要包括系统集成商、技术支持部门、设备分销商、物流服务商等，各类服务商贯穿于整条产业链，也是保证通信产业链连贯稳定的重要组成部分。

研究机构主要进行通信产业中的兼容性、标准化研究以及通信网络设计，保证通信的简单便捷、方便适用。

政府机构根据国家政策来推进产业链的形成与协调，促进通信产业链中各个角色的合作及共同发展。①

2. 通信产业价值链演进

最早提出价值链概念的是哈佛商学院战略学家迈克尔·波特。他在1985年出版的《竞争优势》一书中提出：导致企业内外价值增加的活动分为基本活动和辅助性活动，包括企业生产、销售、进料、发货、售后等多个环节，正是这些互不相同但又相互关联的生产经营活动，构成了一个创造价值的动态过程，即价值链。企业要保持的竞争优势，实际上就是企业在价值链某些特定的战略环节上的优势。虽然最初波特的这一概念是用于进行企业分析，但是随着学术界对价值链的扩展，越来越多的人开始将价值链理论应用于产业领域。

所谓产业价值链是指在一个产业内部的不同企业承担不同的价值创造职能，产业上下游多个企业共同向最终消费者提供产品和服务时形成的分工合作关系。我国通信产业先后经历了传统电信完全垄断、过渡时期垄断竞争和全业务竞争三个时期，产业价值链结构也随之发生演变。

（1）传统的通信产业价值链。

传统通信业务包括通信运营商、用户和终端设备制造商（其中运营商提供网络资源和运营业务，为用户提供端到端的服务）在内的价值链因为通信技术的发展，用户对通信业务需求的变化，以及通信业务的开放而受到挑战，使得产业价值链的外延不断扩大，产业价值链内部也趋于复杂化，进而形成了包括通信产品供应商、运营商、系统集成商、终端制造商、内容及服务提供商、最终用户在内的新价值链。

通信运营商成为新的价值链的核心，这根链条上的每一个元素都紧密联系，互相作用，创造出比单一企业更大的协同效应。

图1－10　传统通信的产业价值链模型

传统的通信价值链只有三部分：设备制造商、网络运营商和最终用户，网络运营商处在中游，上游是设备供应商，下游连着客户；运营商在整个价值链中处于绝对的领导控制地位，通过自己的网络资源，直接为用户提供端到端的服务，并获得全部的业务收入。电信运营商无须考虑和其他内容、应用提供商

---

① 陈少青. 通信产业链与物资供应链分析. 当代通信，2005（17）。

的合作与利益分成，只要遵从政府管制，就享有语音业务的全部收入。

（2）过渡时期的通信产业价值链。

随着数据业务的日益普及和高速发展，通信产业链出现了裂变和延伸。裂变和延伸的结果使得电信运营商与最终用户的空间距离在一定程度上加大。在传统语音时代，电信运营商可以直接为最终客户提供服务，而裂变延长后的产业链上增添了网络内容服务商等环节，形成了过渡时期的通信产业价值链模型。在这条价值链上，电信运营商与最终用户直接接触的机会变得越来越少，这也在理论上增加了电信运营商在第一时间掌握客户需求变化的难度。

图 1－11　过渡时期的通信产业价值链模型

（3）全业务竞争时期的通信产业价值链。

传统的产业大多数是以相对线性的价值链方式运营，产品和服务沿着这一线性价值链从一个参与者流向另一个参与者。随着网络融合的演进，电子商务应用的发展，各参与者之间建立了多个连接关系，传统的价值链模式被打破。

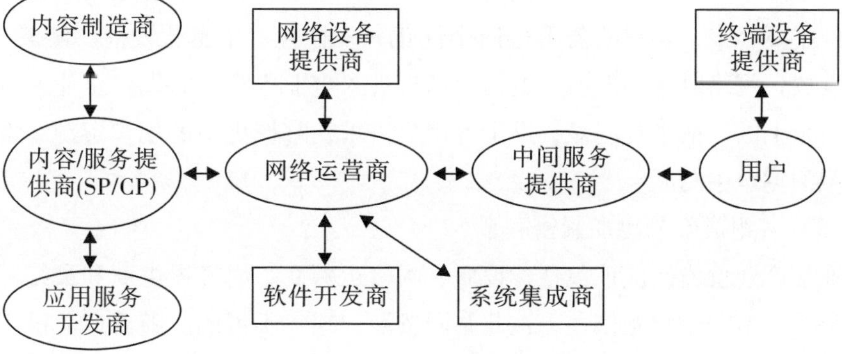

图 1－12　全业务时期的通信产业价值链模型

全业务竞争下的通信产业价值链中，电信运营商提供网络资源、服务提供商搭建平台、内容/应用提供商提供用户所需内容，共同形成一个共生、竞合、多赢的价值链关系。电信运营商在整个产业价值链中处于核心地位而不是领导地位，这就要求电信运营商必须和其他市场主体紧密联系，通力合作。电信运营商和其他众多的合作伙伴共享通信基础网络、客户资源和营销渠道，而众多的合作伙伴则提供先进的服务理念、丰富的应用和内容，体现了各取所长、优势互补、利益共享、风险共担的合作原则。①

3．通信产业价值链的发展趋势

随着通信产业的不断发展，技术的日新月异和高速增长的市场需求带来了我国移动通信产业的巨大变化：传统的移动通信产业价值链正在逐渐发生演变和延伸，它不仅吸引了更多各类型企业的参与，也融合了其他的产业，并最终引起了价值链的分拆与重组，进而形成一个非常复杂的拥有大量信息和资源交互的价值网络。在这个新的价值网络中，传统的运营商、设备生产商的地位和角色正在发生微妙的变化，作为新兴力量的SP/CP提供商正在发挥越来越大的作用。通信产业价值链整个链条的参与主体增多，并且各主体之间的合作关系更为紧密，从价值创造层面来看，原来链条状的价值创造过程正在向网络状的价值创造过程转变。电信运营商跳出单一产业价值链的模式，整合整个产业生态资源内容。整个通信产业价值链呈现出一些新的趋势。

（1）客户至上的观念加强。

作为服务行业，通信业的目标是满足客户的需求，为客户提供满意的服务。传统的电信运营商主要是为个人用户提供简单的语音服务，随着技术的进步、网络融合的演进，客户不仅局限于个人，一些大客户如企业用户也成为运营商的主要客户；客户的需求也向个性化、多样化、丰富化发展。随着3G牌照的发放，网络融合的发展，电信市场将进入全业务竞争时期，全业务竞争时期客户至上的特征更加明显，谁了解用户需求，掌握更多的用户资源，谁就会在激烈的竞争中制胜。

（2）各组成部分更加紧密联系。

通信产业价值链应该包括建设商、网络运营商、内容提供商和最终网络用户。每个环节都是相互依存，彼此共同发展，缺一不可的。随着产业链不断裂变跟延伸，产业链内部结构变得越来越复杂，各组成部分不仅互相促进，也会互相影响和制约。由于用户对产品的要求越来越高，运营商势必要将自己的业务向个性化、多样化方向发展。面对不同的客户、市场，提供不同的服务类别，整个通信产业价值链就更需要沟通与协作。电信运营商可以与设备提供

① 张鸿、万芳芳．基于网络融合下的电信产业价值链趋势分析．西安邮电学院学报，2009（4）。

商、应用服务提供商等加强合作，达到相互之间在技术、信息及资金等方面的共享，以此来促进产业链的整合。

（3）增值业务提供商（SP/CP）崛起。

全业务竞争下的通信产业价值链中，服务/内容提供商（SP/CP）迅速崛起。这是因为人们需求的不再是简单语音业务，而是以数据传输为基础的更为丰富、个性化的业务，这些业务的提供要靠大量的SP/CP。运营商向综合信息提供商的转变，使得电信行业与其他产业联系更加紧密，比如音像公司、出版社可能作为影音、文字内容提供商出现在电信增值业务里，银行、证券公司等金融企业也可能作为个人理财、资产管理的服务商出现在电信增值业务里。顾客需求的日趋多样化和复杂化使SP/CP在产业链上逐渐占据关键的位置。

（4）运营商地位弱化。

在传统的通信产业链中，运营商处于绝对的主导地位。运营商是整个产业价值链的核心以及最主要的驱动力量，运营商拥有网络，直接面对用户，整个产业价值链围绕运营商，通过各个部分的分工合作与密切配合，将服务送达用户手中，从而实现共赢。但随着技术的进步、网络融合和市场的发展，产业链各成员较之以前更直接面向用户，从而具备了影响甚至掌控用户行为的潜在能力，传统运营商的主导地位将受到极大挑战。例如在美国出现了以终端厂商主导产业价值链的模式：传统的设备提供商APPLE（苹果公司）通过开发高端智能终端IPhone手机，与电信运营商AT&T分享电信业务收入，创造了手机制造商主导通信产业链的新模式，对电信运营商造成极大的冲击。①

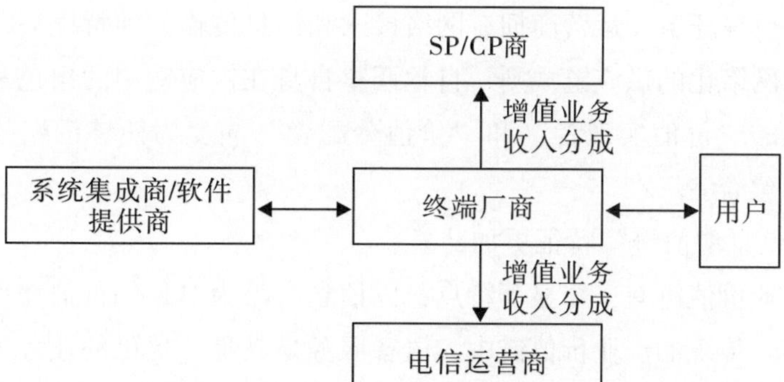

图1－13　终端厂商主导的通信产业链模式

① 李忠全、王良元. 发掘机会迎接挑战. 通信企业管理，2009（3）。

此外，SP/CP 的发展及日益专业化，使其用户资源不断增加，在产业链中的地位大为提升且将会变得越来越重要。运营商也越来越受到以 SP/CP 为主导的产业价值链模式的威胁。面对科技的发展和用户对现代通信的需求，传统通信运营商必须向多媒体信息服务提供商转型，向综合信息服务商转型，为用户提供包括内容、传输等全方位的服务。这样才能留住客户，提高盈利水平。与其他企业相比，通信运营商构造供应链有着天然优势，能够有效弥合价值网上可能存在的缺陷，对于物流也有着实实在在的控制，这是因为无论交易的产品是图片、文字，还是视频、音频文件，其本质都是数据，实际交易后的交付过程都是通过电信网络来发送数据流而实现的。同时，通信运营商还凭借庞大的营业网点实现交易费用的代收代缴，以及通过营销渠道销售预付费卡，再与 SP 进行结算，从而也掌握了现金流。因此，在通信运营商所主导的联盟模式中，信息流、物流和现金流全部被通信运营商牢牢控制，通信运营商在整个产业博弈过程中处于十分有利的位置。当然，一些交易规模很大，且有其他渠道完成交易的 SP 可以对通信运营商发起强有力的挑战，如与“互联星空”合作的网易、盛大网络。但从整体上看，通信运营商是通信价值链整合的主导者，是其中的“价值实现者”和“价值分配者”。而在这整条价值链上，只有掌握了核心技术的运营商才能在平台中长久立足。

通信运营商在供应链上的战略定位为：网络连接和网关服务是运营商的必选环节，但运营商不能只局限于提供网络服务，运营商可根据业务性质有选择地承担其他角色，切入其他价值增幅较大的环节，如应用平台运营、服务集成、业务提供等环节。运营商拥有网络接入和信息传输的独特优势，但同时营商应当遵循网络化的供应链规则，自觉调整自身在供应链中的角色和定位，要从无所不在的“价值实现者”和“价值分配者”演变为能够汇聚各方需求力量的“价值整合者”。

（5）“信息增值链”特征更加凸显。

通信产业价值链有一个显著特点：以信息产品为对象的价值增值链，也即信息增值链。传统的产业价值链中，语音服务是其唯一提供的业务。而发展趋势将是电信运营商变为综合信息提供商，其传输的内容不仅仅是语音信息，还包括文字、图像等信息。信息服务对象不再局限于个人，而是面向政府、企业、个人等各种类型的客户，为其提供政府信息化方案等综合信息服务，信息增值链的特征更加凸显。

延伸阅读

通信产业技术的演化趋势

从世界范围来看，整个通信产业在经历了 E 时代（电子化）、M 时代（移动化）后，正向着 U 时代（无所不在的网络）发展。而就网络的发展趋势而言，其中两个主要的发展方向即为 FMC（固定网络与移动网络的融合）和 NFC（近距离通信技术）。

电子时代的到来，人类通信首先经过了模拟通信，这一时代实现了人与人的远距离通信；进入到计算机数字时代后，人能够与机器进行通信，并且随着"E"时代、"M"时代的不断发展，人与人通信频率越来越快，通信质量越来越好，通信受时间、地点、空间等的限制越来越少；进入到"U"时代，通过给予物（这里的物就不仅仅是机器等终端，而是包括所有的物体）以通信标志，可以实现人与物的通信以及物与物的通信，同时"U"时代也使得人与人通信的限制越来越少，越来越个性化、优质化。一方面，"U"拓展了"E"、"M"时代人与物通信的领域，细化同时又扩大了通信网络；另一方面，又将给人与人之间的通信带来新的冲击，使其个性化、娱乐化。

从目前的电信环境过渡到无所不在的网络环境，大致要经过两大技术阶段，一个阶段是 FMC（固移融合），即将目前的固定网络与移动网络两种类型的网络相融合。另一个阶段是近场通信（NFC）技术，及通信技术结合蓝牙、RFID（射频识别）、NFC 等近距离无线通信技术的广泛应用，完成人与人、人与物以及物与物的连接，最终达到网络无所不在的网络环境水平。①

四、通信产业在国民经济中的地位和作用

1. 具有基础性、先导性、战略性地位

通信产业在国民经济中的地位不断提高，并且发挥着巨大的作用。通信业发展的根本动力在于信息需求的变化，信息需求取决于经济发展水平。国民经济的持续快速增长产生了巨大的通信需求，带动了整个通信产业的发展。而通信产业的发展又进一步促进了国民经济的发展，两者是一种互相促进的关系。

---

① 孔晓波. 通信产业商业模式的生态学研究. 北京邮电大学，2009。

（1）基础性地位。通信网络是国民经济的基础设施，并以其公用性和覆盖的广泛性成为当今社会生产和生活的必要条件。同时，信息资源已成为当今经济社会发展的基础性资源，而通信网特别是因特网是信息获取、传递、处理和应用的主要手段。

（2）先导性地位。通信产业的“先导”作用，既体现在数量方面适度超前于经济的增长，也体现在质量方面对经济效益的优化和提升。信息通信技术的快速进步、网络的快速升级和融合，使通信业超前于国民经济的发展，并促进和带动国民经济的增长。同时，随着通信技术服务能力的大幅提升并向其他行业广泛渗透应用，传统的工业生产和管理方式得以变革，生产效率得以提高。

（3）战略性地位。信息通信技术的迅速发展和广泛应用改变着社会的生产和生活方式，对政治、经济、军事、科技、文化、生活等领域都产生了深刻的影响。在经济全球化和信息化不断发展与融合的背景下，网络通信水平的高低成为衡量一个国家（地区）综合竞争力的主要标准之一，新兴通信网络技术成为不少国家和地区竞相抢占的战略制高点。

2. 对经济发展的拉动作用明显

据测算，通信业每增加 1 亿元投资，10 年内国民收入将增加 13.8 亿元。通信业增值效应非常大，这是因为通信业的产业链条非常长，而且它的扩散效应与波及效应也非常明显。

（1）带动相关产业的发展。一方面，依托通信网络技术自身的产业化，带动了通信设备制造、互联网产业、移动通信业等新兴通信产业的发展壮大；另一方面，通信网络技术的快速扩散也直接或间接地带动了上下游产业如软件业、微电子和计算机制造业、电子商务、电子信息材料产业等的增长，提升了交通、旅游、教育等众多相关产业的发展水平，促进了产业结构质的改善，并通过产业之间的关联乘数效应最终促使经济快速增长。

（2）创造新的就业机会。通信产业在资源利用、投资回报等方面的比较优势将吸引大量人力资源流向这一产业，通信产业本身的快速增长将创造出许多新的就业机会。同时新兴网络通信技术开发应用与国民经济各部门、各行业的渗透融合，还将产生一些新的复合型职业。

3. 促进经济发展方式的转变

（1）推动经济发展向资源节约型、环境友好型方式转变。通信网络技术的扩散应用，带来一种高效率、低消耗、少污染的全新发展模式，通过对传统产业的信息化改造，从而提高这些产业的生产效率，大幅降低物质消耗和交易成本，因此大力发展通信业对经济发展方式向资源节约型、环境友好型的可持续发展模式转变起到推动作用。

（2）促进科技进步。通信业是技术密集型产业，通信产业的发展实质上是通信网络技术不断进步和创新的过程，通信技术所涉及的领域，无论是光通信，还是以移动通信为代表的无线通信、互联网等，均是当今世界最前沿的高新技术，它的发展加快了全球技术创新和技术进步，带动信息产业相关高新技术产业群的腾飞。

（3）促进国民经济向智慧经济转变。进入后危机时代，全球物联网、新一代移动宽带网络、下一代互联网、云计算等新一代通信网络技术迅速发展和深入应用，带动了一批智慧技术和智慧产业的蓬勃兴起，推动传统产业的升级变革，从而提升了国民经济的“智慧”内涵。

第二章　全球通信产业发展状况

当前，全球通信产业已经进入新的大融合、大变革和大转型时期。通信业凭借其技术和市场优势，逐步向终端和内容产业延伸，通过提升客户体验，强化品牌和客户关系，在内容上不断拓展新的媒体，围绕人们的娱乐、社交和商业活动提供业务应用。同时，网络架构逐步向云计算演进并提供宽带、绿色、安全、高效、智能、便捷、低成本的信息服务，[①] 产业融合与竞争进一步深化。全球通信业发展呈现出以下特征：

一、产业发展放缓，新兴市场崛起

最近两年全球经济复杂多变，欧美日韩等发达国家的经济复苏形势并不乐观，再加上国际市场成熟、用户饱和，因此行业收入与利润增幅并不理想。据Forbes公司统计，全球入选福布斯2000强的电信运营商2010年收入总额为13568.46亿美元，比2009年上升2.56%；利润总额为1253.01亿美元，比2009年下降10.52%。

表2-1　入选福布斯2000强的电信运营商总体财务状况及变化率

	收入（亿美元）	利润（亿美元）	总资产（亿美元）	市值（亿美元）
2009年	13230.10	1400.40	25265.50	14009.00
2010年	13568.46	1253.01	27097.59	1712.99
变化率（%）	2.56	-10.52	7.25	26.44

① 殷月明.2011年通信业发展趋势展望.通信世界，2011（1）。

另一方面，包括非洲、中东、部分亚太国家在内的新兴市场却因为用户基数相对较低，发展潜力大而成为投资热土，这些区域内的运营商成长迅速，大力发展以3G及宽带为基础的网络及业务。此外，国际上的电信业巨头也加快进入新兴市场的投资步伐，相继在新兴市场实行战略布局。

延伸阅读

全球电信运营商排行榜

表2－2　全球电信运营商收入排名

2010年排名	公司名称	排名变化	收入（亿美元）	国家
1	AT&T	0	1230.18	美国
2	Verizon	1	1078.08	美国
3	NTT	－1	1069.75	日本
4	德国电信	0	900.84	德国
5	Telefonica	0	791.09	西班牙
6	中国移动	＋2	662.23	中国
7	法国电信	－1	659.16	法国
8	Vodafone	－2	583.46	英国
9	意大利电信	0	420.03	意大利
10	KDDI	0	359.19	日本

表2－3　全球电信运营商利润排名

2010年排名	公司名称	排名变化	收入（亿美元）	国家
1	中国移动	0	168.69	中国
2	AT&T	0	125.35	美国
3	Telefonica	0	108.43	西班牙
4	NTT	＋1	55.32	日本

（续表）

2010年排名	公司名称	排名变化	收入（亿美元）	国家
5	America Movil	+4	53.96	墨西哥
6	中国联通	+1	49.19	中国
7	Vodafone	+1	43.78	英国
8	法国电信	-2	43	法国
9	Verizon	-6	36.51	美国
10	Telstra	+3	32.87	澳大利亚

表2-4 全球电信运营商市值排名

2010年排名	公司名称	排名变化	收入（亿美元）	国家
1	中国移动	0	1997.30	中国
2	AT&T	0	1475.52	美国
3	Vodafone	0	1122.61	美国
4	Telefonica	0	1081.90	西班牙
5	Verizon	0	822.08	美国
6	America Movil	+3	720.87	墨西哥
7	NTT	-1	686.77	日本
8	法国电信	-1	623.9	法国
9	德国电信	-1	562.5	德国
10	中国电信	+1	366.92	中国

数据来源：fortune，2010。

二、各国加快信息化战略，重点建设宽带网络

从2005年开始，以日韩为首的发达国家开始提出国家信息化战略，至2010年年底，全球已有超过84%的国家完成了信息社会世界峰会确定的在2010年之前制定出国家信息通信战略的目标，另外还有至少7%的国家正在制

定这项战略。

在新一轮国家信息通信战略的规划中，宽带和移动成为重点部署的基础设施。其中，发达国家普遍提出超高速宽带及宽带普遍服务的目标，部分国家还提出了4G的频谱规划；而发展中国家则大多数围绕3G与宽带，提出更为务实的ICT发展指标。信息化战略被提升到国家高度，对于运营商而言代表着巨大的发展前景，因为这意味着国家扶持力度的持续加大和ICT发展环境的持续优化。

表2-5　部分国家超高速宽带及普遍服务建设目标

国家	时间	投资规模	目标	速率
芬兰	2008.9	2.91亿美元	2010年实现1M宽带普遍服务	2010年1M
欧盟	2008.11	14.6亿美元	2010年高速因特网覆盖率100%，重点在农村	—
日本	2008—2009	3.95亿美元	改善IT基础设施，向农村推进宽带	—
韩国	2009.2	8.9亿美元	提高国家宽带基础设施速率	2012年1G
新加坡	2008	7.1亿美元	2010年NNG宽带网覆盖60%的住宅，2012年95%的住宅	>1G
英国	2009—2010	—	2012年实现2M宽带普遍服务	2012年2M
美国	2009—2010	72亿美元	2020年普及4M接入，1亿美国家庭享受到100M接入	4M、100M

延伸阅读

美国奥巴马政府的宽带战略

为刺激经济复苏，从2009年开始，美国奥巴马政府采取了一系列的措施刺激和加快美国宽带发展，国家层面的措施包括以下方面：

第一，支持宽带设备的商业性投资。美国政府提高了一些重要设备的财务折旧指标，其中就包括了宽带设备，该项措施加速了宽带设备的折旧，扩大了宽带设备的投资规模。

第二，支持新应用与新技术的研发。政府向国会提议对目前一些需求迫切的宽带技术研发项目进行退税，以鼓励这方面的投资，加速科技研发进程。

第三，政府牵头建立一些有吸引力的内容信息，并通过宽带应用向社会做示范。例如，政府把电子政务摆在政府管理工作中相当重要的位置上，通过宽带电子政务的应用来减少社会资源的消耗，并为公民提供更加优质的服务。

第四，保护知识产权，特别是数字内容的知识产权。完善知识产权保护法，加速关于影视内容和音乐在线服务的知识产权保护法案的制定工作。

第五，为新的内容和在线服务提供免税政策。美国政府延长了互联网的免税期，并在多哈谈判中说服 WTO 延长有关电子商务消费税的免税期限。

第六，增强消费信心以及计算机安全。美国政府加强了与 IT 和电信厂商的合作，以更好地保护高速互联网等重要基础设施的安全。FCC 和美国司法部在打击互联网欺诈、保护隐私以及减少网络犯罪等方面做了大量工作。

第七，保证商品、服务以及观念（Ideas）在互联网上自由畅通。美国认为言论的自由使公民更有理由上网，并认为欧盟向在线交易的商品和服务征收增值税的做法将减缓电子商务的发展。

第八，提高无线频率资源的效率，为宽带发展提供无线频率管理方面的便利条件。为了使新的宽带技术快速发展并进入市场与其他平台竞争，美国政府在对各种无线宽带技术进行频率管理的时候提供了政策上的倾斜。

除以上国家层面的措施外，地方政府也实施了许多措施，其中包括创造有利于宽带发展的地方政策和法规环境、为宽带发展创造集中的需求热点、对国民特别是商业人士进行宽带通信方面的教育、减少阻碍宽带发展的非技术障碍（如寻求取消有关禁止医生通过网络为病人进行诊断的法令）、积极开展新技术试验（如对 FTTH 等技术进行试验，并鼓励应用与服务的创新）。

三、3G 发展规模迅速，已经逐步占据市场，终端操作系统竞争激烈

随着全球 3G 网络建设在发展中国家的开始普及，欧美等发达国家的 2G 用户向 3G 用户转移，再加上用户对全球移动宽带的需求强烈，截至 2010 年全球 3G 用户达到 12.35 亿，增长率近几年也不断上升。

3G 网络的部署和提速将大大促进移动数据业务发展和 3G 业务收入的提高，预计 2011 年全球 3G 业务收入将达到 4000 亿美元，并增长 35%，在移动通信业务收入中的占比将提升到 43%。

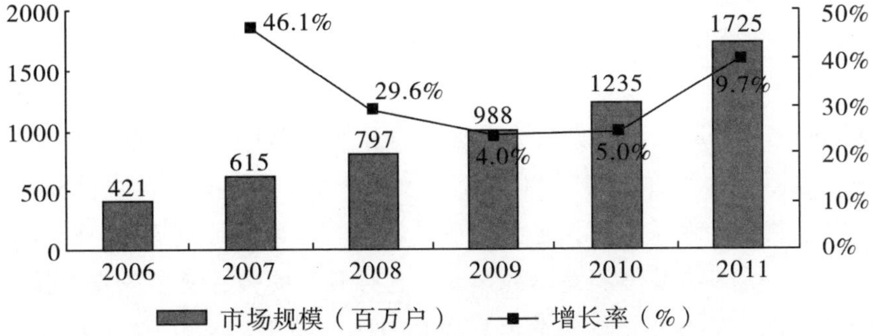

图2－1 全球3G用户市场规模及增长趋势

各类操作终端的竞争促使智能终端成本及价格持续下降，成为推动移动互联网发展的硬件基础。一方面Android（安卓）系统的崛起使赛班、WM（微软手机操作系统）等传统封闭操作系统的垄断性被打破，苹果iOS、Android、BlackBerry（黑莓系统）之间的竞争则使智能手机价格大幅下降，智能手机的入门门槛甚至已经降低到200美元以下。另一方面，平板电脑、电子书等智能终端也大为丰富了移动互联网的终端品种。

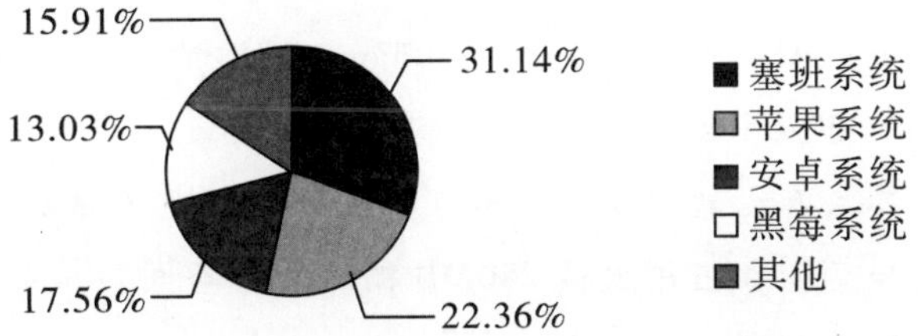

图2－2 全球智能手机操作系统市场份额

延伸阅读

目前应用较广的手机操作系统

手机操作系统一般只应用在高端智能化手机上。从市场容量、竞争状态和应用状况上来看，整个市场仍处于启动阶段。目前应用在手机上的操作系统主要有Symbian、Windows Mobile、Android、IOS和BlackBerry五种。

Symbian（塞班）系统：塞班是一个实时性、多任务的纯16位操作系统，具有功耗低、内存占用少等特点，非常适合手机等移动设备使用。以塞班操作系统为基础的智能手机的用户界面包括开放平台UIQ、诺基亚的S60、S80、

S90 系列。最重要的是它是一个标准化的开放式平台，任何人都可以为支持 Symbian 的设备开发软件。目前使用塞班系统的主要手机厂商是诺基亚、三星、索爱等。

Windows Mobile 系统：微软为手机专门开发的 Windows Mobile 提供的功能非常多，在不同的平台上实现的功能互有重叠也各有侧重。其中，Smartphone 提供的功能侧重于联系方面，包括电话、电子邮件、即时消息等。PocketPC 的功能侧重于个人事务处理和简单的娱乐，包括日程安排、简单多媒体播放。目前生产 Windows Mobile 手机的最大厂商是 HTC，贴牌厂家有 02 XDA，T－Mobile 等，其他还有索爱、三星、LG、Motorola 等。

Android（安卓）系统：是 Google 开发的基于 Linux 平台的开源手机操作系统，包括操作系统、用户界面和应用程序等移动电话工作所需的全部软件，而且不存在任何以往阻碍移动产业创新的专有权障碍。它采用了软件堆层（software stack）架构，底层 Linux 内核只提供基本功能，其他的应用软件则由各公司自行开发。目前 Android 系统不但应用于智能手机，也在平板电脑市场急速扩张。采用 Android 系统的厂商主要包括 HTC、三星、摩托罗拉、索尼爱立信等。

苹果 iOS 系统：iOS 是苹果公司为 iPhone 开发的操作系统。它主要是给 iPhone、iPod touch 以及 iPad 使用。系统架构分为四个层次：核心操作系统层，核心服务层，媒体层，可轻触层。iOS 的用户界面的概念基础是能够使用多点触控直接操作。系统操作占用大概 240MB 的存储器空间。目前 iOS 系统只提供给苹果公司旗下产品使用。

BlackBerry（黑莓）系统：黑莓系统是加拿大 Research In Motion（简称 RIM）公司推出的一种无线手持邮件解决终端设备的操作系统，由 RIM 自主开发。与 Symbian、Windows Mobile 等操作系统相比，BlackBerry 系统的加密性能更强，更安全。安装有 BlackBerry 系统的黑莓机，不单单是一台手机，而是由 RIM 公司所推出的，包含服务器、软件以及终端大类别在内的 Push Mail 实时电子邮件服务。

基于 WCDMA 技术、CDMA2000 技术、TD－SCDMA 技术的 3G 网络，虽然和 2G 网络相比有了较为显著的改进和不可比拟的优点，但是，3G 网络的缺点还是比较明显的。

（1）3G 网络缺少一个全球统一的标准，以至于各个公司都提出了自己的 3G 网络概念，对于波谱频带的开发具有一定的混乱性。

目前国内的三种3G网络标准在语音通话部分仍然使用电路交换模式。电路交换模式对于硬件背板的宽度要求较大，而基于IP报文交换的分组交换模式，可以大幅度地减少这种对于背板宽度的依赖。

（2）3G网络因为仍然采用了部分的电路交换功能实现方式，所以，对于套餐的制定还不够自由，对于行为控制管理也并不理想。而如果能够采用全报文交换模式，使用统一的交换核心，那么我们可以仅调节软件就能实现客户的灵活套餐选择。

（3）3G网络由于仍然使用存在局限的带宽，再加上协议和系统本身的缺陷，对于流媒体的处理还比较有限，以至于目前3G市场上还没有一项让人眼前一亮的流媒体服务。而且，因为3G网络很难实现点对点的流量统计，所以，对于流媒体服务的单独计费，也较难实现。这对带宽要求较大的流媒体服务提供商来说，不算好的消息。

（4）3G传输的传输速率仍然不能让人满意，同家庭宽带同样的飞速增长相比仍有一定差距，更多人回到家或者在办公室等固定场所，还是会习惯性地打开Wi-Fi。

（5）3G网络的安全管理因为缺少一个统一的协议和框架，所以也就同时衍生了算法过于复杂但容易被攻击的缺点。

由于3G网络存在上述缺点和不足，市场迫切需要效率更高、品质更好、成本更低的通信技术，4G通信技术应运而生，并得到极大的发展。

四、更先进快捷的4G技术得到快速发展

通信技术给世界带来巨大的变化，也在人们的生活中掀起了一场革命性的变化。在社会经济水平不断提高的今天，人们在进行信息的交流以及传播时对通信技术提出了更高的要求，更加强烈地去追求那些具有更高效率、更高品质的通信方法，这就成为现代通信技术水平提高和通信系统更迭的一个巨大助力。而之前3G移动通信技术的出现给人们带来了意想不到的体验，但是由于其自身存在的一些技术缺陷并不能确保信息的快速交流和传播，因此4G移动通信系统得以被研究和开发并发展起来，以期可以更好地弥补3G技术存在的不足，尽可能地满足人们越来越多的通信需求。

1. 4G通信技术的定义及含义

就目前来说，因为4G通信技术是一项新兴的事物，因此在移动通信界还

没有具有一致性的界说。我们所谓的4G是指下一代移动通信技术，这只是一个通用的名称。4G通信技术并不是横空出世的，而是在传统通信技术的基础上不断实践、不断演变而成的，它通过新的通信技术来不断优化移动通信网络，为用户提供更好的体验，是基于移动蜂窝数据系统，集3G与WLAN于一体并能够传输高质量视频图像以及图像传输质量与高清晰度电视不相上下的技术产品，可以不依靠电缆直接建立起超高速信息公路，4G网络的下行速率能达到100Mbps，比拨号上网快2000倍，比3G快20倍，上传的速度也能达到20Mbps，这种速率能满足几乎所有用户对于无线服务的要求。有人曾这样比较3G和4G的网速，3G的网速相当于“高速公路”，4G的网速相当于“磁悬浮”。2012年1月18日下午5时，在日内瓦举行的国际电联2012年无线电通信全体会议上，WirelessMAN－Advanced（802.16m）和LTE－Advanced技术规范通过审议，正式被确立为IMT－Advanced（俗称“4G”）国际标准。我国主导制定的TD－LTE－Advanced也同时成为IMT－Advanced国际标准。这是在继TD－SCDMA自主研发成为3G国际标准后，在我国通信发展史上的又一个重要的里程碑，从侧面反映了我国移动通信技术处在世界领先地位，由此可见国家对4G的重视。

第四代移动通信及其关键技术是动态的适应性系统，兼有内建智能化，它将更多地依赖于软件系统，而非硬件系统。集成化，特别是将接入网和其他核心网单元作为一个整体来看待，将是4G的另一个主要特征。4G移动通信业务发展的1P化、分组化、多媒体化、个性化、生成简单化，在未来的业务生成中，将会形成新的业务链，从而形成由运营业、制造业、信息服务业、消费者组成的新的产业链和价值链。4G蜂窝部分提供广域移动性，而WLAN提供热点地区的高速业务，同时也包含家庭和办公室的个人LAN，这样能使得网络的传输速率更高。

作为集3G与WLAN于一体并能够传输高质量视频图像的技术产品，第四代移动通信技术具有非对称的超过2Mb/s的数据传输能力。它包括宽带无线固定接入、宽带无线局域网、移动宽带系统和交互式广播网络。第四代移动通信标准比第三代标准具有更多的功能。第四代移动通信可以在不同的固定、无线平台和跨越不同的频带的网络中提供无线服务，可以在任何地方用宽带接入互联网（包括卫星通信和平流层通信），能够提供定位定时、数据采集、远程控制等综合功能。此外，第四代移动通信系统是集成多功能的宽带移动通信系统，是宽带接入IP系统，并能够满足几乎所有用户对于无线服务的要求。而在用户最为关注的价格方面，4G 与固定宽带网络在价格方面相近，计费方式更加灵活机动，用户完全可以根据自身的需求确定所需的服务。此外，4G 可以在 DSL 和有线电视调制解调器没有覆盖的地方部署，然后再扩展到整个地区。

第四代移动通信系统的关键技术包括信道传输；抗干扰性强的高速接入技术、调制和信息传输技术；高性能、小型化和低成本的自适应阵列智能天线；大容量、低成本的无线接口和光接口；系统第四代移动通信 4G 关键技术管理资源；软件无线电、网络结构协议等。第四代移动通信系统主要以正交频分复用（OFDM）为技术核心。OFDM 技术的特点是网络结构高度可扩展，具有良好的抗噪声性能和抗多信道干扰能力，可以提供无线数据技术质量更高（速率高、时延小）的服务和更好的性能价格比，能为 4G 无线网提供更好的方案。例如无线区域环路（WLL）、数字音讯广播（DAB）等，都采用 OFDM 技术。4G 移动通信对加速增长的广带无线连接的要求提供技术上的回应，对跨越公众的和专用的、室内和室外的多种无线系统和网络保证提供无缝的服务。通过为最适合的可用网络提供用户所需求的最佳服务，能应付基于因特网通信所期望的增长，增添新的频段，使频谱资源大扩展，提供不同类型的通信接口，运用以路由技术为主的网络架构，以傅利叶变换来发展硬件架构实现第四代网信对加速增长的广带无线连接的要求提供技术上的回应，为跨越公众的和专用的、室内的和室外的多种无线系统和网络保证提供无缝的服务。

2. 4G 通信技术的优势

4G 移动通信网络的构成较之前的几代网络来讲相对复杂一些，但大致结构是一致的。构成4G 移动通信网络的主要部分有：物理网络层、中间环境层和应用网络层。而中间环境层有传输、会话等细分层次。物理网络层、中间环境层、应用网络层通过管理和控制网络、入口和出口间数据的传输实现 4G 移动通信技术的功能。通过各层次之间的协调和控制，来做到网络信息的传输以及资源的共享。4G 通信技术是在 3G 通信技术基础上发展起来的。与 3G 通信技术相比，4G 通信技术有着巨大的优越性，因此受到广泛的关注。4G 通信技术的优势体现在：

第一，4G 通信技术的信息传输速率和下载速度更快了，不论用户是静止、低速移动还是在交通工具上高速移动，都比 3G 通信技术的传输速率高很多。下载速度最高可以达到 100Mbps，是目前拨号上网的 2000 倍。上传速度也可以达到 20 Mbps。具有更宽的网络频谱，每个 4G 信道所占有的频谱大约达到了

100MHz，大约是现在的 W－CDMA3G 网络的 20 倍。因此，4G 通信技术可以更好地满足高速数据和高分辨率多媒体服务的需要。

第二，4G 技术更安全，具有强大的抗干扰能力，其修复能力和安全性能也远远高于 3G 技术。此外，4G 技术的通信质量和分辨率也得到了很大的提高，4G 网络可以传输高质量的视频图像，其传输质量和高清晰度的电视不相上下，可以满足多媒体对语音和音响以及其他服务的更高的要求。虚拟三维高质量图像的传输使人们可以远距离观察托儿所孩子的情况，科学家可以从远处监视野生动物的生活，使用 4G 手机观看 3D 视频的效果和在电影院观看 3D 电影的效果一样了。三维的声音、光线和气氛都可传到对端，再生现场情况，从而实现虚拟现实，让人有身临其境之感。

第三，4G 通信技术可以通过智能天线技术来整合通信网络，进而可以使局域网和互联网实现多网合一，人们可以开始使用云通信技术。第四代移动通信技术具有业务自由选择，应用自由切换的强大功能，还可以同步开展大型电子商务，自由收益与消费。4G 移动通信网络充分体现出了移动和无线接入网以及 IP 网络之间的不断融合进步的现状，由此我们可以认为 4G 移动通信系统就是一个全 IP 网络。

第四，4G 通信设备是在 3G 通信设备的基础上开发建设完善起来的，4G 通信技术具有更灵活的操作方式，可以在原有的 3G 系统上采用逐步引入的方法，将 2G、3G、4G 网络合一。4G 移动通信技术还具有强大的兼容性能，能适应其他网络与系统，构成新的互联网区域。因此，在推广使用 4G 技术时，运营商无须投入更多的资金在设备开发建设上，就能很容易地解决 4G 与 3G 的兼容性问题，使得系统可以更好、更方便快捷地切换，降低了升级换代的门槛，降低了成本，现有通信用户可以轻易地升级到 4G，用户的最终使用费用也得以降低，按需求定制服务的收费方式将更加灵活和个性化。

第五，4G 移动通信技术灵活性强，冲破了时间与地点障碍，可以实现随时随地的无障碍网络接入通信技术。终端无处不在，网络无处不在。4G 技术的智能结构设置更加人性化，更高的智能性使得 4G 通信技术提供的服务形式更加灵活多样，内容更加丰富多彩。4G 的通信不再是一个手机和网络之间的通信。在 4G 网络中，手机被赋予了语音之外的其他功能，例如购物、支付等等。同时，其他的日常用品也可以成为终端。例如智能手表、眼镜等。某些移动的物体可以加入射频信号，使它们始终处于受控状态。新的终端在操作上将更符合人们多种多样的使用需求，而不是简单机械的一些功能按键。它还可以通过软件、传感器，实现一些以前无法想象的功能。例如，在不同的环境和时间，通信终端可以以信号的形式反馈给主人相应的信息，终端本身可以做出一些判断，来决定反馈信息的内容。或者，通信终端可以对主人的状况进行采集分析，帮助医生实现远程诊断。4G 系统比 3G 系统有着更好的全球漫游能力，以及开放接口能力。多种多样的终端兼容也是吸引人的一大亮点。4G 的出色服务带动了多种通信终端的出现，例如，具有高速分组通信功能的小型终端、对应配备摄像机的可视电话以及电影电视的影像发送服务的终端，或者是生产与计算机相匹配的卡式数据通信专用终端。这些通信终端让手机用户能够随心所欲地漫游，随时随地地享受高质量的通信。

3. 4G 通信技术发展现状

移动通信技术经历了 2G 到 3G 再到 4G 的过渡，这在给人们带来移动通信方便的同时，也折射出信息发展的迅猛与高速。任何技术的发展都不可能一蹴而就，都需要一个发展的过程，从 3G 移动技术发展到 4G 移动技术同样也需要一个演变的过程，甚至即便 4G 移动技术已经成熟，仍然会与上一代的通信技术同时存在。4G 移动通信技术的发展现状是：

从瑞典在 2009 年推出全世界首个 4G 试商用网络至今，全球 4G 发展已逾三年。放眼全球，当下各国移动通信产业正在整体从第三代向第四代迈进，所有的终端、应用和技术都在围绕 4G 展开，这将促使全球移动通信进入 4G 时代。2012 年，亚洲、欧洲和北美的许多市场对移动网向 4G 的升级投资巨大。据 GSA（Global Mobile Suppliers Association，全球移动供应商协会）估计，到 2012 年年底，全球 50 多个国家将有 119 个商用的 LTE 网，全球范围内 LTE 基础设施投资超过 80 亿美元。据全球移动供应商协会最新统计显示，截至 2013 年 12 月 5 日，全球已有 244 个电信运营商在 98 个国家推出 94 个 LTE 商用网络。预计到 2013 年年末，这一数字将增至 260 个。而全球正在投资兴建 LTE 网络的国家总数已达 143 个，涉及运营商 499 个。

（1）欧美 4G 移动通信技术现状。

目前全球移动通信手机制造商中包括诺基亚、西门子、爱立信等都来自欧洲，几乎控制了全球绝大部分的移动通信市场。根据英国网络测试公司 OpenSignal 在早前发表的报告中指出，在 2009 年全球首次推出 4GLTE 网络的瑞典，是目前全球 4GLTE 网络速度最快的国家，瑞典 4G 网络的平均下载速度为 22.1Mbps，而全球 4GLTE 网络的平均下载速度为 10.4Mbps，技术仍然领先全球。美国的移动通信行业近十几年来一直处于高速发展阶段，全美的移动电话普及率达到50%以上，作为全球第二个推出商用LTE网络的国家，因其主要移动运营商Verizon和AT&T使用的20MHz频谱资源，与大多数运营商采用的40MHz频谱配置不同，使得美国的LTE网络的平均下载速度仅为9.6Mbps，排在全球第八名。美国以高通为代表的电信运营商主要通过研发HMMX和DM-MX技术来达到4G标准，并在收购Flarion公司后，得到其300多项正交频分复用技术方面的专利，使其在4G相关领域领先于其他公司。美国主要关注无线网在4G中的重要作用。

（2）亚太地区4G移动通信技术现状。

亚太地区，特别是以韩国、日本为代表的国家对4G移动通信技术的研发，应该说在国际上起步较早，日本在4G移动通信技术方面的开发一直走在世界前列，具有领先优势。日本在2001年开始着手4G技术研究，在2005年初步形成规模，2007年通过外场试验并开始商用，传输速度为5.3Mbps。日本的DoCoMo公司一直致力于4G移动通信的研究，也得到日本财政的大力支持，后者特别制订了E－Japan发展计划，由日本总务省（MIC）统一部署，各负其责，有条不紊地开展4G的研究、标准化、试验及国际合作等工作，为了抢占未来移动通信市场的先机，日本近几年的财政预算都包括了对4G研究与开发的投入。

韩国一度被称为是“通信门外汉”，但在4G的研发和投入方面也下了大功夫，通过十几年的追赶，2006年韩国已开始提供4G移动服务，证明其在一些关键技术上也取得了一些重要的突破，开始提供特点是点到点传输方面的创新。

在我国香港地区，4G网速为19.6Mbps，在全球排名第二，并且香港大部分网络已推出4G服务。

在国内4G技术的布局也成了3家电信运营巨头企业争抢的头号蛋糕。对于中国移动通信产业发展历程而言，2013年毫无疑问是4G发展元年。2013年7月国务院常务会议首次明确提出“推动年内发放4G牌照”，4G离我们已经越来越近，成了可触的现实。2013年12月4日下午，工业和信息化部正式向中国联通、中国电信、中国移动发放了TD－LTE牌照，也就是4G牌照，国内电信产业正式进入了4G时代。事实上，在正式发牌之前，4G标准制定、基站建设、设备招标、终端采购、用户体验招募等相关部署一直都在紧锣密鼓地推进。虽然本次牌照下发仅启动了210M的带宽，但是，我们可以看到，不论4G

网络是否如民间传说一样只是过渡产品，移动互联网的发展势必会进入到一个新的阶段，中国4G发展开始接受市场的考验。因为访问速度将达到3G的10倍，因此4G得到了各运营商的空前重视，但2012年下半年以来，微信等OTT业务给通信运营商带来了巨大的冲击，挑战了传统的移动通信模式，造成传统收入的锐减，怎样面对这些挑战也成为各运营商在争夺4G的同时要面临的大问题，但辩证地来看，这也可能成为我国移动通信发展的一个方向，用户上网兴趣加大，所产生的流量消费激增，将会直接给运营商带来大幅增加的流量收入，工业和信息化部发布的数据显示，2013年1~6月移动数据累计接入流量57704.3万G，比上年同期增长62.6%，因此各大运营商都在加紧向4G迈进。我国工业和信息化部部长苗圩表示，目前TD-SCDMA网络的基站有22万个，要争取用3年时间，使基站增加至40万个，以便向4G演进。

延伸阅读

4G移动通信技术的关键性技术分析①

1. OFDM——正交频分复用技术

这是4G移动通信技术最为关键与核心的技术成分。其基于具有传输需要的串行的数据流进行一定的分解，形成若干个较低速度运行的并行子数据，将这些并行的子数据流并到各自的彼此正交的子载波中，然后进行数据信息的合成与输出，最终输出的数据有着和串行的数据流一样快的传输速度。这相当于电路中的并联与串联，通过分解到汇合的过程提高移动通信技术的传输速率。该核心技术的优点比较明显，首先其频谱的利用率得到了大大的提高，小码之间的各种干扰明显减少，我们采用了跳频的方式增强了子载波的抗干扰力，最终实现了频谱利用率与误码率之间的平衡获取，但是即使是科技性能好的移动通信技术也有着一定的弊端，那就是整体的功率效率比较低下，而且整个系统比较复杂，难以掌握与操作。

2. 多载波调制技术——MCM技术

在分析4G移动通信技术时我们必须提到MCM技术，MCM是多载波调制技术的英文简称，一般在4G移动通信技术中会采用两种MCM技术，一种是MC——CDMA，一种是OFDM——TDMA。在这两种方式的支配下，4G移动通

---

① 陈语、任栩蝶. 4G移动通信技术要点分析及发展趋势探究. 信息工程，2014（5）。

信技术率先采用了更高级的信道编码新方案，可以自动重发系统请求，及时接收分级数据。即使是在比较恶劣的环境下，都能最大限度地保证移动通信系统的性能发挥。

3. 提高容量与覆盖区域的无线链路增强技术

为了提高通信容量，扩大移动通信覆盖区域，新推出了无线链路增强技术，具体又分为：分集技术，主要通过时间或者是空间来进行分集，也就是我们常说的信道编码技术，除了前两种分集技术，还有通过频率进行的分集与极化实现的分集技术。多线技术，通过多线，一般是 2 ~ 4 根天线进行信息的发射与分集，也可以通过多输入与多输出的技术来接收分集，发射分集。在无线链路增强技术的支撑下，移动通信实现了容量的大幅度提高，覆盖区域变得广阔。

4. 实现无线电台功能软件化的软件无线电技术

什么是软件无线电技术？就是基于数字信号进行处理的技术，通过可以编程的通用硬件平台，它能够利用特定的软件系统，具有无线电台所拥有的某些无线接收功能。主要有前段性的接收功能、中频度的自动处理功能，能对移动信号基带进行有效处理等。通过尽可能地接近天线，利用宽带功能的转换器，完成信息的数字化获取，最终完成了无线电台功能的软件定义化。在软件无线电的干预下，移动通信拥有更大的灵活性与集中性，能使移动通信效能更好地发挥。

5. 核心的网络系统——全 IP 系统

在 4G 移动通信技术中有一个最为核心的网络系统，那就是基于全部系统 IP 的网络。目前 IP 网络使用的是 IPV6 的技术，这是下一代网络的核心性协议，在以后的网络发展与通信技术的革新中将起到举足轻重的作用。采用全 IP 系统有什么好处呢？一方面全 IP 系统可以实现不同网络之间的无缝隙的自由接连，全 IP 网络的整体造价比较低，投资成本比较小，但是能够实现整个网络的集成。它是一个相对独立的网络系统，不同于其他形式的无线接入方案，能自由提供端点到端点的 IP 业务。全 IP 网络具有强大的兼容性能，能够与现有的核心网及 PSTN 结合，具有各种开放的结构，能实现核心网的业务开展、系统控制与数据传输。在采用了全 IP 网络后，所采用的接入协议与核心网络协议是可以分离独立的，互不受牵扯与关联，具有很大的操作灵活性。

6. 智能天线技术

智能天线技术是一种可以适应天线的原理而能够自由移动的通信技术。在实际使用的过程中，采用的是空分多址技术及数字信号的分析与处理技术，能够在特定的条件下产生定向的波光束，在波光束的指引下实现天线主波光束与用户信号到大方向的协调与接应，其余的旁瓣会对准干扰信号到达的方向，两者分工，共同协作，破除移动通信技术的被干扰处境，实现信号质量的改善与移动通信技术传输量的增加。

7. 均衡技术支撑下的多用户检测技术

在以往的移动通信技术中，我们经常会出现多用户混杂的情况，这是在移动通信技术中要着力避免的方面，4G 移动通信技术就引入了多用户检测技术，通过多用户检测技术将那些造成多址干扰的用户信息进行自动检测与分析，无关的用户信息被清除，保证了移动通信的质量，通话效果更好。

4. 4G 通信技术存在的问题

目前，目前通信领域中普遍认为 4G 移动通信系统具有巨大的发展潜力。不过 4G 移动通信系统仍然存在许多问题，主要表现在下述三个方面：

（1）世界通信制式还未统一成为 4G 通信技术面临的重要问题之一。虽然 4G 通信系统具有的兼容性要远优于 3G 通信系统，但是在目前全世界通信制式并没有统一标准的情况下，对 4G 移动通信系统的发展提出了一个巨大的考验。而这一问题只有依靠世界各地各大通信厂商之间的良好沟通和协调才能够得以解决。

（2）4G 移动通信系统的容量还需要进一步扩大。4G 通信系统最为显著的特点就是具有超快的传输速度，不过由于通信系统容量过小，其高速传输在现阶段也只是在理想状态下才能够实现。而在未来的发展中只有不断地增加通信系统具有的容量，才能够真正地实现 4G 移动通信系统的高速传输。

（3）网络基础设施的更新速度无法得到切实保证。到目前为止，世界各地都已经面向 3G 移动通信系统建立了无线基础设施，虽然 4G 通信系统和 3G 通信系统之间的兼容问题已经得到了初步解决，但是仍然会受到现有网络设施更新速度慢的限制。因此只有切实保证网络设施的更新速度，才能够实现 4G 移动通信系统的全面应用。

延伸阅读

4G 产业链分析①

与3G相比，4G的产业链变化不大，可以概括为：产业链纵向不断延伸，不断被延长、细分和开放；横向不断深化分工和扩展协作伙伴，链条上的每个环节都形成了自己独有的市场，一些细分环节的价值被放大，产业链的分工越来越明确，产业链也正向产业网方向转化，价值不断向产业链下游转移。

根据4G发展所属的不同阶段，所受益的产业链环节对应的企业不同。下面将4G发展分成三个阶段，分别讨论4G对产业链厂商的影响。

总体规划期

运营商在这一阶段主要进行4G的前期规划、可行性研究和网络规划设计，产业链上游的网络规划相关企业（网络规划厂商）最早参与到4G发展当中，也是最早的一批受益者。

网络建设期

进行大规模的4G网络建设是这一阶段的主要任务，产业链的主体参与者为处于中游的设备厂商（包括网优、基站、天线等子厂商）及芯片厂商，我国的4G发展正处于此阶段。

设备厂商方面。值得一提的是，由于4G的技术特点——频率较高、带宽大，造成4G信号传播与穿墙能力较弱，而移动互联网时代的到来使得其派生业务如网络游戏、视频等对无线信号的要求更高更敏感，并且4G信号对分布系统的功率要求也更高，运营商必须加大力度进行网络优化覆盖，因此，网络天线设备厂商与网络优化相关厂商在4G设备市场所占的比例将会有所提高。目前我国4G发展处于大规模建设时期，网络优化市场将慢慢升温。

芯片厂商方面。与国外4G芯片市场发展较早成熟度较高相比，国内4G芯片市场还处于起步阶段，这也造成了芯片研发及生产相对落后。从中国移动2013年TD－LTE终端采购的实际情况来看，长期运作海外国际市场的高通是最大的赢家，中国移动采购的终端设备中超过六成采用了高通的芯片，中国的展讯、华为海思等芯片企业份额较低，相关开发动作也较为滞后。值得一提的是近几年高通的重要竞争对手——联发科在2013年12月推出了28纳米制程的

---

① 孟祥龙、沈拓．4G对运营商及产业格局的影响．中国电信业，2014（1）：157。

五模十频（支持 LTE－FDD、LTE－TDD、WCDMA、TD－SCDMA、GSM）的 LTE4G 芯片，并声称 2014 年第一季度将实现终端量产，从中可以看出 4G 芯片市场正向多元化方向发展。相信随着国内政策与市场的不断成熟，国内的芯片厂商将迎头赶上，4G 芯片高通一家独大的局面将一去不复返。

成熟应用期

这一阶段与网络建设期有一定的重合，在这一阶段产业链中下游的厂商是主角，终端厂商、内容厂商、电信运营商以及虚拟运营商在 4G 运营中开始获益。

终端厂商方面。依照通信行业的发展规律，技术的每一次更新换代都是终端厂商市场格局重新洗牌、品牌价值重新塑造的机会。在 3G 时代，苹果与三星借助智能手机飞速发展的时机将诺基亚踩在脚下，长期占据利润的顶端。4G 时代来临后，国内手机厂商将面临新一轮的机会，随着 4G 终端市场的不断成熟，推动 4G 普及的主力军——中低端手机将成为市场的主流，这也是国内手机厂商的重要机遇。当然横在国内手机厂商面前的还有市场份额较低、品牌认知度较低、技术受制于人等难题。

运营商方面。作为 4G 产业链的重要组成部分，运营商也并非高枕无忧，3G 时代遗留的运营商“被管道化”的风险将进一步加大，4G 普及之后内容与应用提供商参与到价值链当中，通过创新的商业模式打破了电信行业原有的产业链，电信运营商逐渐沦为应用和内容提供商的业务管道。

内容/应用厂商方面。4G 对网络速度提升产生的效果明显，App 类应用继续向多媒体化、高清化、实时化方向发展，内容/应用厂商一方面越来越依赖于运营商提供的高速度高质量的 4G 网络，不断为用户提供更优质的内容与服务；另一方面，这些厂商不想与运营商过于亲密，希望可以越过运营商直接与用户产生价值联系，希望运营商下沉成为互联网的基础设施。

4G 对内容/应用厂商提供的应用也会产生相当大的影响，比如：

在线音乐视频类应用。这类应用所提供的内容质量越来越高，随着 4G 的发展，资费降低，用户对这类应用的需求越来越大，这类应用将迎来新一轮的爆发式增长。社交分享类 App。现阶段的图片、音频共享类应用将被视频共享、现场直播类应用所取代，真人秀直播类软件将层出不穷。

手机游戏。4G 网络带来更高的带宽与更低的网络延迟，手机游戏特别是线上的网络游戏将迎来新一轮的爆发式增长，传统的单机游戏画面与内容将进一步丰富，移动终端上将出现“4A”级游戏。

Kik类应用。纯Kik类App会受到冲击，但还会有生存空间，4G网络铺设完成后，基础语音与短信的成本大大降低，运营商会不断降低资费，甚至可能施行语音短信免费策略，这将直接化解掉这类应用的最大优势——免费，Kik类应用面临洗牌。单一定位为Kik类的应用如viber、skype等将会退出市场，微信等社交元素浓厚的App存活概率更大。

云应用。4G的高带宽与低延迟使云应用最终落地，与云相关的应用将在4G的助力下迎来爆发式增长，“轻应用”与“瘦客户端”将实现普及，云应用的实现将极大地影响现有终端的生态系统，产品形态将面临一场新的变革。

移动业务转售企业（虚拟运营商）方面。虚拟运营商作为运营商的重要合作伙伴，有着传统运营商不具备的特点，如个性化的资费套餐、灵活的运营策略等。在4G运营初期，虚拟运营商将是市场拓展的重要力量。在4G时代，虚拟运营商与运营商站在同一条起跑线上，虚拟运营商的特点将有助于其快速圈定客户，在4G市场中占据一席之地。

未来可能会高速发展的产业链细分厂商，像可穿戴设备厂商。可穿戴设备随着4G与智能终端的发展迎来新一轮的增长，将催生更多的应用场景，比如将可穿戴设备与移动医疗相结合，做成手环戴在臂上，当用户生命体征指标异常时，可向用户提前拟订好的名单发送短信，并及时拨打120急救电话。再比如显示场景增强设备，类似于google class的设备在任意一个地点拍照或录像，即可获得用户所需要的商家、地理位置等信息，这些应用在4G网络的助推下皆可实现。

五、通信设备业垄断与竞争并存，中国企业登上世界舞台

近年来，全球通信设备业寡头垄断的特性持续增强。2009年度主要设备厂商的HHI（赫希曼指数，该指数越大行业集中度越高）指数为2283，体现出较为典型的寡头垄断市场特征。在大部分传统行业里，行业集中度提高所导致的往往是竞争逐渐缓和，而在通信设备业里，随着行业集中度的提高，市场结构却出现了垄断和竞争互相强化的态势，呈现出一种竞争性极强的寡头垄断市场结构。思科、爱立信、阿尔卡特朗讯等国际通信设备制造巨头垄断了大部分通信设备方面的专利、标准，但它们之间在世界范围内的竞争也是异常激烈的。

通过几十年发展和壮大，我国通信设备制造业已经具备了较强的自主创新能力和完备的生产制造能力，为我国信息产业发展奠定了坚实的基础。中兴和华为等中国优秀本土电信设备制造企业走上了国际化道路，在世界舞台上展现

了强大的竞争能力。中兴、华为等企业一方面坚持技术与市场并重，一方面坚持自主创新与自有品牌并重。目前中国企业慢慢在全球通信设备市场中站稳了脚跟，越来越多地参与到各国通信建设中。

20 世纪末，移动通信发展迅速，到 2002 年年底全球移动用户数超过了固定用户数。目前，中国、美国、日本占据了世界移动市场的前三位。中国的移动用户数超过了 2.5 亿，美国超过了 1 亿，日本为 8200 万。

六、新的移动通信软件——腾讯的微信迅速广泛流行，深受大众欢迎

2011 年国内互联网发展迅速，微信虽说就其性质而言与微博不同，但是在新浪、搜狐、腾讯开始为微博争夺客户群时，微信的出现却对微博产生了不小的冲击。同时也对国内同类 kik 软件，如米聊、飞信、飞聊等的发展产生了影响。而在用户拓展方面，微信与腾讯 QQ、手机通信录、腾讯微博的连接，拓展了它的传播面。同时推出了 Android、iPhone 和 Symbian 等平台，使得其传播范围更加广泛。凭借着这两个方面，微信在短时间内积累了数量庞大的注册用户。作为一种新兴媒体的微信，用户数从零到亿，只用了短短一年多时间。

微信本身作为一个传播媒介就具有传播信息的基本特点，然而微信并没有仅仅停留在单一的媒介层面，而是不断地更新，不断地兼容整合，形成了一个多媒介的平台，实现了多个媒介产品的整合。微信使智能手机的功能得到最大化利用。微信的出现，打破了传统的单一的文字信息模式，将信息传输模式升级为图片、声音、文字等结合为一体的多元化信息模式，使得移动通信的形式更加多样化。微信拓宽了信息的传播渠道。微信在版本的不断升级中相继推出了扫一扫、查看附近的人等功能，实现了传播渠道的拓展。微信已经实现了手机通信录和腾讯 QQ 好友的联通，同时还整合了腾讯邮箱、腾讯 QQ 等衍生产品。微信的功能主要包括消息发送、语音对讲、二维码扫描、摇一摇和查看附近的人等。微信的语音对讲对应的是手机的麦克风和扬声器，扫描二维码和图片分享对应的是手机高清摄像头，手写输入对应的是多点触屏，摇一摇对应的是重力感应系统，查看附近的人对应的是 GPS 定位。多个版本的客户端的升级，使得微信基本上已经实现了多种手机系统平台的覆盖。

微信具有如下特点：

微信的传输内容更加丰富。微信的最大亮点就是语音对讲功能，这一功能

突破了固有的移动通信模式，从原来的用手指编辑的文字信息发展成为用嘴说的声音符号。形式的变革，让内容更加多样化，图文并茂的信息内容，加强了移动通信的感知体验。

微信的传播范围更广。微信通过定位扩大了朋友圈，让交流不只局限于使用者的朋友圈内，这也是其相对于其他通信软件最突出的特点。通过附近的人和摇一摇等定位功能，让使用者认识到不同的朋友。移动通信的范围变得更为广泛。

微信的功能更加多样化。微信将腾讯公司的其他应用糅合进微信客户端，让使用者在体验通信功能的同时，享受到其娱乐功能带来的不一样的感觉，这种做法加强了微信的综合性，提高了移动通信的质量，让移动通信更多元化。

七、光纤通信技术得到迅速发展

随着社会的发展和人们生活需求的不断提高，通信产业在不断地发展，人们对通信技术的要求也越来越高，由此也推动了光纤光缆的发展。光纤技术问世以来，传输速度与日俱增，光纤通信的技术领域也在不断跨越、进步，不仅技术革新速度快，应用范围扩展速度也异常快速，现已经涉及到诸多领域。尤其是近十年来，网络技术的发展更是加剧了光纤通信行业的发展，且伴随着通信宽带速度的上升，光纤光缆的应用范围也逐渐扩大。全球对于光纤光缆的需求量每年都呈上升趋势，不同的企业对于光纤光缆性能和特点的要求不同，光纤光缆行业为了满足各企业的需求，大力加快研究光纤光缆的技术，开发出质量更好的光纤光缆产品，更好地促进了社会发展。

1. 什么是光纤通信

光纤通信是一种以光线为传媒的通信方式，它主要利用光波实现信息的传送。光纤通信技术最基本的系统组成有三大板块：光的发射、接受和光纤传输。该通信系统可以单独进行数字信号或者模拟信号的传输，也可以进行类似于多媒体信息和话音图像等多种不同类别的信号的混合传输。

光纤就是一种可以传输光能的介质，原理是利用光在玻璃或塑料制成的纤维中的全反射。光纤一般都是由纤芯和包层所组成的。光纤通信是在以高频率光波当作载波的基础上完成的，且光波频率需达到 1015Hz 以上，光纤在传输过程中作为介质存在。

在 1956 年的一篇论文中，首次提出以光纤作为媒体，并且实现信息传输的理论。在这篇论文中，提出了将损耗极低的光纤切实应用于通信技术，降低传输成本。美国公司根据此篇论文进行大胆设想、构思，觉得这种技术一旦研发成功，获得的经济效益空间大，对通信技术的发展而言将是里程碑式的跨越。世界上损耗极低的光纤由此诞生，开启了光纤时代的大门，第一根光纤衰减系数大约为 23dB/km，标志着人类通信技术进入光纤时代。光纤技术在使用过程中，相比传统通信技术存在着诸多优势。损耗、容量、传输、重量等各个方面，都是以往通信技术所无法匹敌的。不受电磁感染，并且不会出现串音的优点，受到诸多行业高端人士垂青，在强大的技术支持、企业资金支持下，光纤技术的发展速度快到令人咋舌。

从光纤技术有雏形开始到 21 世纪，这短短的 20 年时光中，光纤通信的容量提升一万倍之多，传输速度在 10 年不到的时光中，提升数百倍。直至目前，光纤技术仍处在不断发展壮大的状态当中，在各个专业领域之中，都可以看到光纤的身影，有诸多新技术作为后盾，让光纤的使用充满惊喜，通信能力也在不断壮大，因此才有了无处不在的光纤通信。

2. 光纤技术的发展特点

随着科技的发展，光纤技术的发展呈现出以下特点：

（1）网络的发展促使光纤技术有了新的发展特点。网络的不断发展必然会将社会上升到三个世界，即 IP 世界、光的世界和无线世界。光纤网的传送速度快、传送容量大，更有利于加快光的世界的到来。而且网络高速骨干传输技术的发展也要求光纤技术进一步发展。要求光纤技术进一步扩大单一波长的传输容量、加长传输距离、熟练应用 DWDM 技术等技术。

（2）不断出现的新型光纤类型。为了扩大自己的竞争市场，各光纤企业都加快研发速度，期望能够在其他公司前面推出自己的产品。如现在正在研发的可以容纳更多的长距离的光纤产品，这样的光纤产品就可以应用到长途通信技术中去；新型的低水峰光纤，可以加强城域网通信；还有可以应用于局域网的空芯光纤和多模光纤等光纤技术。

3. 光纤通信的技术特点

作为电子信息技术中重要的技术创新，光纤通信是以光波为信息载体，以光纤为传输媒体的通信方式，具有多种优势和特点，主要体现在以下几个方面：

（1）传输频带宽、通信容量大、传输速度快。相比铜线或电缆线，将许多光纤集聚为一体形成的光缆通信容量、传输带宽要大得多。在光纤通信技术中，光纤可容纳的传输带宽高达50000GHz。光源的调制方式、调制特性以及光纤的色散特性确定了光纤通信技术系统的容许频带。光纤通信的容量相当于微波通信容量的几十倍。光纤通信技术的载体是光，其传输信号是非常细的光导纤维，信息传递的最终实现是光电交换的结果。因此，光纤通信的传输速度非常快。

（2）损耗极低、较长的中继距离。石英光纤是目前光纤电缆使用的主要材料，其传输损耗在0～20dB/km以下，远低于其他任何传输媒体的传输损耗，运输效率大大提高，极大地减少了资源浪费。这意味通过光纤通信系统跨越的中继距离将会更长。相信在不久的将来，随着损耗更低的传输媒介的使用，将会使建设系统的成本进一步降低，创造出更大的效益。

（3）良好的保密性。在进行电波传输的过程中，一旦电磁波出现泄漏，极易使电波的传输通道受到干扰，导致传输的信息被人窃听。而光波在光纤中传输时，由于光信号被限制在光波导结构中，泄漏的光信号会被环绕在光纤周围的不透明包皮直接吸收，因此，即使光缆内光纤数量多，相邻近的传输通道之间也不会出现串音干扰。此外在光缆外面，漏出的光波十分微弱，根本无须担心光纤中传输的信息被人窃听，其有着良好的保密性。即使是在光纤转弯的地方也很难发生泄露秘密的情况，加上消光剂的光纤会拥有更好的防干扰效果。

（4）极强的抗电磁干扰特点，绝缘性好。光纤原材料是由石英制成的绝缘体材料，因而光纤具有良好的绝缘性特点，另外，其有着非常好的抗腐蚀与抗电磁干扰的特点。几乎不会受外在因素影响，既不会受到人为释放的电磁的干扰，也不会受到自然界雷电的干扰、电离层变化的干扰以及太阳黑子活动的干扰。它的种种优点使其在军事方面有着广泛而实际的用途，对经济的发展也起着不可估量的作用。

（5）光纤线径的细小性。光纤的制造上变得更加细、轻、柔软，光纤拥有很小的芯径，大约为0.1mm，只有单管同轴电缆的百分之一。细小的直径意味着在信息传输的过程中能够节约更多空间面积，从而节约地下管道的建造成本。另外，此种光纤的重量也比较轻，例如18管同轴电缆1m的重量为11kg，而同等容量的光缆1m的重量只有90g，如此大的重量差距，对航空航天事业的发展起着非常重要的作用，对飞机和人造卫星的升空具有非凡的意义和作用。而此种光纤的制造原料也很普通，在大自然界的沙砾、土石中到处都有石英的存在，低廉的成本更加突显了它的优越性和独特性，使得光纤的广泛利用成为一种可能。

4. 光纤通信技术的现状

单模光纤是目前使用最普遍的，很细的中心玻璃芯决定了其仅能传输单一光，谱宽的窄度与稳定性必须要得到保证。以光纤为介质来传递信息，是光纤接入网技术的传输方式。基于普通光纤，光纤芯与外保护层的结合就形成了通信光缆，没有金属成分。全介质的光缆被普遍应用作为通信用线。随着光纤技术的快速发展，光纤通信也得到了进一步的发展。目前光纤通信技术的一大趋势就是走向高速率大容量，并且光纤通信技术正在不断地被应用到现实生活中，在各种通信系统中也得到了相应的变化和发展。光纤通信已经步入到一个新的阶段，各项技术已经逐渐成熟，主要为：

（1）宽带放大器技术。宽带放大器技术主要是通过对掺饵光纤放大器（EDFA）进行应用，完成 WDE 的处理操作。该技术可以明显减少串扰状况，降低噪声的影响。宽带放大器处理技术可实现 76nm 的放大带宽，明显增加了能容纳的波长信道数。

（2）复用技术。光波分复用技术是在一芯光纤中同时传输多波长光信号的一项技术。复用技术在使用的过程中主要是通过光纤宽带提升对信息应用率，该技术通过对多信通道进行控制及优化，有效改善了 WDE 传输的效果。常见的复用方式包括频分复用（FDM）、波分复用（WDM）、时分复用（TDM）、空分复用（SDM）和码分复用（CDM）。

（3）孤子 WDM 传输技术。孤子 WDM 传输技术在超大容量传输的过程中可以明显改善色散造成的容量及传输距离限制，能够从根本上改善上述信息的传输质量，对通信建设具有至关重要的作用。孤子 WDM 传输技术中孤子抗干扰能力强，能抑制极化模色散，可以利用光纤本身的非线性来平衡光纤的色散增加无中继传输距离。

（4）光纤接入技术。光纤接入技术能够对通信的传输起到十分重要的作用，光纤接入技术通过对高速数据、高保真音乐及互动视频等的有效应用，从根本上改善了当前的各项应用效果。光纤接入技术可以明显改善传统接入范式，提升核心网和城域网的容量潜力，与其他技术相结合，形成 APON、GPON 和 EPON。

第三章　全球通信产业发展趋势

随着社会的不断发展与进步，通信技术不断更新换代，人们的生活和网络已渐渐密不可分。未来的通信网络将更适合人性的需求，更充分地利用人的感官及人工智能；用设备的智能补充人的能力；用更高的通信质量拉近人与人的距离。

一、业务创新、深度融合，提供多彩生活和优质体验

1. *移动互联网：成为通信业务增长的新引擎*

未来移动互联网的增长将源自于两个方面：一是终端的发展，据摩根士丹利预测，到2012年全球智能终端的出货量将超过PC，达到4亿台，庞大的智

图3－1　未来的移动互联网

能终端将成为推动移动互联网发展的强大动力；二是应用的丰富，在终端硬件性能日益提高的基础上，移动电子商务、移动营销、移动阅读和移动社区将进一步活跃和发展，并成为主流的移动互联网业务。面对移动互联网的快速增长，电信运营商、设备提供商、互联网业务提供商等，纷纷以各种形式参与角逐。电信运营商凭借其网络、终端和庞大用户群的先天优势，将迎来移动增值业务的爆发式增长，移动互联网也将成为推动通信业务增长的新引擎。

2. 电信能力开放：推动电信与互联网深度融合

当今世界通信网络融合是信息产业发展的趋势，它包括技术融合、业务融合和终端融合，甚至还包括行业管制和政策的融合。这种电信业为社会提供服务内容的多样化、服务层次的深度化、行业合作领域的联合，也受国际政治、经济、产业结构调整的影响和电信业自身发展规律的制约。纵观当今电信业，合并、联合将是其发展趋势，可能将进入垄断时代，这不是凭空想象出来的，主要是由于受当今电信业技术更新、业务拓展、市场利益的驱动，总体趋势将是电信网、计算机网、有线电视网的技术融合、业务拓展、利益共享，即“三网合一”信息模式，这必将对整个信息产业结构产生重大影响。这种融合是全面的，超越国界的，超越制式的。包括家电、电脑、通信的融合，宽带网络、IP 技术和终端的融合。

目前已有众多的电信运营商（如 Orange、BT、Verzion 等）正在走向电信能力开放之路。通过开放电信能力，建立运营商级的开发者系统平台及应用商店，将电信能力和互联网业务聚合，推出层出不穷的创新应用和业务，为用户提供差异化的通信和互联网体验。电信能力的开放将促进传统电信产业和互联网产业的良性互动，推动两个产业的深度融合与发展，并且成为通信产业转型的重要演进方向。

3. 通信业务综合化：全业务运营商

通信业务发展趋向于综合化即全能业务。针对当今电信业大规模兼并和整合的情况，市场向全新的数码电信市场转移，成为一个能够提供无线、数据、视频以及企业服务的电信寡头和全业务运营商。现在固网运营商、移动运营商都在开拓 3G 网络服务，我国通信业的发展中，移动通信已经超过固定通信成为通信市场的主流。因此，未来通信业的竞争赢家将是移动通信市场。这就要求中国电信等固网运营商要拓展其经营渠道，开展综合电信业务，创造新的利润增长点，从而保证稳定发展。电信全能业务是当今市场经济发展的必然选择，是提升电信业竞争力的必要手段。它将降低电信成本，提高竞争力。对运营商来说，开展全业务竞争有利于优化资源配置，分散经营风险。从消费者需求来看，满足用户个性化、多样性的需求，将使全业务运营商拥有更为广阔的市场拓展空间，有助于规范电信经营秩序，解决互联互通中许多久治不愈的问题，真正实现电信业的有效竞争。

4. 智能终端和智能应用：丰富人们的生活

以智能手机和平板电脑为代表的智能终端正在融合上网本、电子书、掌上游戏机、MID、PND 等设备的功能与技术。随着 Android 开源操作系统的盛行，以及主流芯片厂商成熟硬件平台的快速升级，智能终端的处理能力将日益强大，从而进一步促进智能终端产品和应用的开发。随着无线宽带网络的发展，智能终端将成为移动互联网应用的关键环节，并在 ICT 产业链中扮演越来越重要的角色。未来各种智能终端将会更加智能，从而具备智慧网络终端所要求的感知和执行功能，并形成多样化的末梢网络，为人们的日常生活与工作提供优质服务。

二、宽带网络、云计算创新发展，建设绿色安全的基础设施

1. 宽带网络：打造新一代信息基础设施

宽带接入技术，如 10G PON 无源光网络技术，3G/LTE 的百兆无线接入，移动数据分流；城域/骨干承载技术，如 100G 光通信技术，100G 路由器技术，宽带网络交换技术；IP 和传输融合（T－MPLS/MPLS－TP，MPLS）的技术，如网络加速方案（cache）等宽带技术，在历经多年的技术研究和产品开发后，其产品和系统已基本成熟。预计 2011 年，采用这些技术和新型架构的宽带产品解决方案，将在网络上逐步部署，以配合业务的发展，为基础网络的能力升级，新一代信息网络的构建提前做好准备，确保通信网络向服务于综合信息业务转型，实现通信业的跨越式发展。

2. 云计算：促进电信业务云化

传统静态配置的网络架构已难以适应运营商新时期发展的需要，以云计算技术构建的新颖服务模式将是今后的必然选择。根据 IDc 预测，云计算相关 IT 支出在 2012 年将达 423 亿美元，未来 4 年，全球云计算服务市场的平均年增长率可达到 26%。通过向分布式云计算模式迁移，电信业务将实现“云化”。借助虚拟化、资源共享技术，传统电信网络中的专用平台将被替代。通过计算、

存储资源，运营商提升了资源的利用率和资源使用的弹性，大大提高了业务部署速度和处理能力，在降低总体成本的同时，用户的动态需求也得以满足。未来，业务云化与电信能力的结合将为电信网络提供一个新的发展方向。

3．绿色通信：推动通信发展的新动力

通信业已成为全社会绿色环保和节能减排战略中的重要战场，产业界正通过设计、发明新的部件，开发和优化新的网络架构来实现降低单位能耗的目标。目前，应用于绿色节能的各种新技术、新工艺、新产品、新网络架构与体系正不断涌现。比如，创新的高效功放器件、智能载波/端口关闭技术、基于业务关断载频的节电技术、分布式网络架构、休眠新技术、平台技术等，已经极大地降低了通信设备和网络的能耗。

4．中央处理器（CPU）

CPU 的中文名是中央处理器，它是计算机的核心部位，在计算机的运行中主要负责指令的执行和数据的处理。在 CPU 的内部由上百万个微型的晶体管共同组成了控制单元、逻辑单元和存储单元。CPU 在计算机中主要的功能有以下四个：①指令顺序控制，在计算机系统中程序是按照一定的顺序发生的，必须有严格的顺序要求，才能保证计算机系统安全、稳定地完成工作；②操作控制，计算机内部发出一系列的指令，CPU 可以对指令进行分析，产生相应的控制信号，发送到控制的部位，完成了对指令的操作控制；③时间控制，程序的进行是有时间上的限制的，指令下发后，CPU 就会在规定的时间内完成相应的操作，这样才能保证计算机共组的实时性和有效性；④数据加工，CPU 从存储器中将所执行的指令取出来，通过对指令进行译码，就可以实现计算机系统对指令的微操作，最终对指令的数据进行逻辑的运算和处理。

2012 年 4 月英特尔在北京天文馆正式发布了 IVB 处理器，其具有 22nmIvy Bridge，会将执行单元的数量翻倍提升，在技术上继续采用了 3D 晶体管，在 CPU 的制作上依然是根据摩尔定律来设计的，与此同时 ARM 构架的 CPU 也将提升晶体管的技术，转变成 28nm 的，这无疑是计算机世界新的变革，计算机和移动终端的使用性能都会有很大的提升。以后 CPU 可能出现的发展趋势有以下三个方面：①减小晶体管体积。所有的芯片都是由很多的晶体管组成的，在英特尔最新发布的 32nm 制程的 San－dy Bridge 中的处理器接近有 10 亿个晶体管组成其系统的内部构造，在芯片上晶体管的数量越多，体积越小，越可以提升其自身的使用性能，但是目前的技术依然停留在 32nm 上，所以以后要突破这个技术难关，创造出新的晶体管结构；②降低功耗。英特尔在2013年会推出一款新的3D晶体管技术，会在电脑和手机终端上进行优化和操作，但是由于英特尔Atom的处理器在使用的过程中会比ARM更加费电，所以在很多的移动设备终端上不会使用Atom处理器。虽然ARM的CPU构造更加简单集成，在移动终端上能够减少功耗，但是随着CPU技术的不断进步，在新的晶体管内使用Atom处理器会减少最大负荷时释放的热量，提高系统的使用性能；③提升移动终端的使用性能。在智能手机上已经推出了四个40nm的处理器，运行的速度非常快。在微软发布WIN8的ARM构架处理器设计的同时，英伟达也发布了八核心的ARM处理器的生产计划，所以未来CPU的发展趋势不仅可以满足功耗低的功能要求，而且还能生产出ARM构架的超轻薄笔记本电脑，为用户带来更好的科技体验。

5. 传感技术和传感器

传感器技术可以帮助人们快速获取、分析和利用有效信息。近年来随着通信技术在移动通信、无线通信等方面的高速发展，结合日渐成熟的嵌入式计算技术和传感器技术，具有感知能力、计算能力和通信能力的微型传感器开始在世界范围内出现。传感器技术是当今世界迅猛发展的高新技术之一，它与计算机技术、通信技术共同构成21世纪信息产业的三大支柱技术，受到世界各发达国家的高度重视，作为21世纪重点技术加以发展。随着传感器技术的发展，传感器的种类会越来越多，越来越趋于多功能化、智能化，应用也会越来越广泛，传感器给人类的工作和生活带来的方便也会越来越明显。目前，全球的传感器市场在不断变化、创新之中，呈现出快速增长的趋势。

传感器是传感器系统的一个组成部分，它是被测量信号输入的第一道关口。IEC（国际电工委员会）对传感器的定义是："传感器将输入变量转换成可供测量的信号，它是测量系统中的一种前置部件。"按照Gopel等的说法是"传感器是包括承载体和电路连接的敏感元件"，而"传感器系统则是组合有某种信息处理（模拟或数字）能力的传感器"。国家标准GB7665－87对传感器下的定义是："能感受规定的被测量并按照一定的规律转换成可用信号的器件或装置，通常由敏感元件和转换元件组成。"传感器是一种检测装置，能感受到被测量的信息，并能将检测感受到的信息，按一定规律变成电信号或其他所需形式的信息输出，以满足信息的传输、处理、存储、显示、记录和控制等要求。它是实现自动检测和自动控制的首要环节。

传感器技术的应用前景非常广泛，不仅在农业、工业、军事、环境、医疗等传统领域体现出巨大的应用价值，而且在家居、保健、交通等的新兴领域也具有非凡的优越性。未来可以预见的生活中，传感器网络将完全融入生活、无处不在。但就目前而言，无线传感网络发展仍处于起步阶段，在技术应用上、工程建设上还缺乏经验，远未成熟。

三、扎实推进，走向深入，促进商业模式更趋成熟

1. 物联网：扎实推进迎接产业机遇

物联网仍将延续2009年以来的关注度，并隐含着巨大的创新空间和市场潜力。加快物联网的发展对促进两化融合、调整产业结构、带动经济增长、提升国家整体创新能力具有重大的作用。电信运营商在以往的基础上进一步积极布局，交通、电力等行业也在积极探索和实践。感知层面、网络层面与应用层面的发展，将推动终端、网络、应用平台等的规模化建设。当然，物联网的一些关键技术亟待突破，并需要探索合适的商业模式来促进使物联网产业的健康发展。同时，在公共服务和一些行业/企业领域，通过政府的引导，以应用促发展，实现产业协同并扎实推进。

2. 三网融合：走向深入，推动创新

计算机网络通信、电信网以及广播电视网的融合已经成为一种目标和发展的趋势。上述三个网络相互之间的合作、兼容以及渗透，可以更好地实现全网络范围内的资源共享，更加具有效率和实用性，同时还可以提高网络通信的稳定性，减低运行成本，这些优点使得网络通信的融合成为必然的发展趋势。

随着“三网融合”试验的进行，“IPTV集成播控平台”建设的完成，“三网融合”的发展将逐渐走向深入和成熟。一方面电信的宽带网络建设将继续推进，“光进铜退”将更广泛地推进和部署，以满足IPTV业务的服务要求。另一方面，针对新媒体发展和广电有线网络的演进，能够支持多源、多形式、跨平台传播的业务系统，满足广电有线网络演进的大量实用技术和创新方案，如：有线带宽扩展技术、多信号家庭融合、视频/多媒体信息管理、一云多屏/多云一屏、媒体加速等，将纷纷推出并投放市场，以适应“三网融合”在有线网络上的实施。实现业务发展和保护现有网络资源及投资两者之间的平衡。同时，广电运营商运营模式将逐步建立，针对有线电视网络演进的标准化工作将快速

推进，以适应产业化、规模化的发展。①

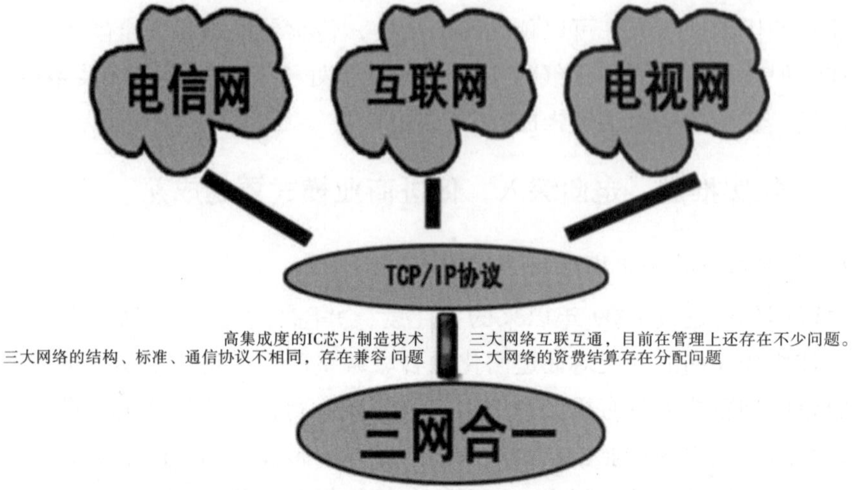

图3-2　电信网、互联网、电视网三网合一

四、大数据通信：通信产业的又一个关键词

数据从一开始就是信息时代的象征，但在过去几年，随着以博客、社交网络、基于位置的服务 LBS 为代表的新型信息发布方式的不断涌现，以及云计算、物联网等技术的兴起，数据正以前所未有的速度在不断地增长和累积，数据量呈现爆炸式增长。

早在 1980 年，著名未来学家阿尔文·托夫勒便在《第三次浪潮》一书中，将大数据热情地赞颂为“第三次浪潮的华彩乐章”。不过，大约从 2009 年开始，“大数据”才成为互联网信息技术行业的流行词汇。美国互联网数据中心指出，互联网上的数据每年将增长 50%，每两年便将翻一番，而目前世界上 90% 以上的数据是最近几年才产生的。此外，数据又并非单纯指人们在互联网上发布的信息，全世界的工业设备、汽车、电表上有着无数的数码传感器，随时测量和传递着有关位置、运动、震动、温度、湿度乃至空气中化学物质的变化，也产生了海量的数据信息。2012 年 1 月，世界经济论坛年会把“大数据、大影响”作为重要议题。3 月，美国政府发布《大数据研究和发展倡议》，拿出两亿美元提升美国利用大数据的能力，其他各国也纷纷从政府数据开放、技

① 殷月明. 2011 年通信业发展趋势展望. 通讯世界，2011（1）

术研究和应用等方面布局，全球大数据产业链加速构建。

当数据规模控制在一定范围内时，以往的技术能够对它进行比较好的管理，一旦到达临界点以后就产生了质变，过去的技术已经满足不了当前发展趋势的需要，需要新的技术来满足新的数量级的需求。于是大数据的概念应运而生。

"大数据"一词目前尚无精确严格的定义。一般认为，大数据是指无法在一定时间内用现有常规软件工具对其内容进行抓取、管理和处理的数据集。业界普遍认为，"大数据"不仅数量大，还具备海量、多样和快速三个方面的特征。网络上每一笔搜索，网站上每一笔交易，敲打键盘，点击鼠标的每一个输入都是数据，整理起来分析排行，它的功能可不仅仅止于事后被动地了解市场，这些搜集起来的资料还可以被规划，引导开发更大的消费力量。

"大数据"是由数量巨大、结构复杂、类型众多的数据构成的数据集合，是基于云计算的数据处理与应用模式，通过数据的整合共享，交叉复用形成的智力资源和知识服务能力。决定大数据大小的指标永远在变，截至 2012 年，大数据中的数据集可以由几十兆字节至数百兆字节的数据组成。这个指标不固定是因为传统数据库管理系统以及 NoSQL 等新型数据库，它们的技术和处理大容量数据的能力在不断地改进。

总的来说，大数据是一个体量特别大、数据类别特别多的数据集，并且这样的数据集无法用传统数据库工具对其内容进行抓取、管理和处理。大数据的特点可以归纳为 4 个"V"———Volume，Variety，Value，Velocity。大数据不仅仅是大的数据，而且数据量大（Volume）、数据种类多样（Variety）、要求实时性强（Velocity）、蕴藏的商业价值大（Value）。第一，数据体量巨大。据 IDC 估计，到 2020 年，全球数据使用量预计将比 2009 年暴增 44 倍，达到 35. 2ZB。目前的信息系统数据处理量大概处于 TB 级别，而未来的大数据处理能力需要扩展到 PB 级别。第二，数据类型繁多。传感器、社交网络、金融交易等都是数据来源，导致数据的类型多种多样，不再只是单一的结构化数据，还包含了大量非结构化数据（图片、文本、视频、声音等）。目前互联网上的非结构化数据已占 75%，未来非结构化数据更将成为主流，处理和分析面临挑战。第三，价值密度低。以视频为例，连续不间断的监控过程中，可能有用的数据仅仅只有一两秒。第四，变化快速。大数据的变化快，并且要求快速处理才能获得应有的价值，这一点也和传统的数据挖掘技术有着本质的不同。

对于数据库和大数据的区别，有人以"池塘捕鱼"和"大海捕鱼"进行类比。“池塘捕鱼”代表着传统数据库时代的数据管理方式，而“大海捕鱼”则对应着大数据时代的数据管理方式，“鱼”是待处理的数据，“捕鱼”环境条件的变化导致了“捕鱼”方式的根本性差异。

大数据将带来新的技术发展。大数据的急剧蔓延使得企业在存储架构方面逐渐面临着史无前例的考验，它给IT企业带来了颠覆性的改革。当前互联网中的数据向着异质异构、无结构趋势发展，图像、视频、音频、文本等异构数据每天都在以惊人的速度增长。不断膨胀的信息数据使系统资源消耗量日益增大，运行效率显著降低。海量异构数据资源规模巨大，新数据类型不断涌现，用户需求呈现出多样性。目前海量异构数据一般采用分布式存储技术。目前的存储架构仍不能解决数据的爆炸性增长带来的存储问题，静态的存储方案满足不了数据的动态演化所带来的挑战。大数据是技术发展打开的新大门，是IT行业发展的必经之点，在“数据科学”领域，大数据管理及处理能力已经成为引领网络时代IT发展的核心。大数据的出现必将颠覆传统的数据管理方式，在数据来源、数据处理方式和数据思维等方面都会带来革命性的变化。相信大数据管理和分析将成为与国计民生紧密相关的研究领域。

五、4G移动通信技术的未来发展

就目前人类移动通信技术的发展情况来看，4G是有史以来最为复杂与技术含量最高的移动通信技术系统，虽然4G凭借着自身的优势逐渐进入人们的生活，但是作为一项新兴的事物，真正蓬勃发展与推广起来还需要克服一定的困难，移动4G并不是完美无瑕的，也会在使用与推广的过程中产生各种各样的漏洞与弊端，这就需要我们加大科技投入，进行深入的产品分析，克服其存在的弊端，逐步进行移动通信技术的发展与改造。今后移动4G的发展方向将是包括网络结构构件、用户自由切换等的新的移动模式，只有4G移动通信技术得到彻底的升级与改造才能实现移动4G技术的真正推广使用，最终实现人类不受限制、不受干扰地自由通信与交流的美好夙愿。

4G移动通信技术未来发展趋势：

1. 广带化的趋势

为了满足第四代移动通信的速率及容量要求，必须研究可以提供最大为150Mb/s传输速率的新的广带无线接入系统。以欧洲为例，就有多个项目在进行移动广带系统研究（如先进移动广带应用系统SAMBA、专业及住宅多媒体广带 MEDIAN CPN/LAN、无线 ATM 网络演示 WAND、ATM 无线接入通信系统 AWACS、卫星移动多媒体通信 EHF SECOMS 以及 ACTS 广带通信联合试验和展示 ACCORD 等)。上述6个项目中，前4个研究的是陆地移动广带系统，第5个研究卫星系统，第6个研究陆地与卫星广带系统综合的问题。除以上项目外，欧洲电信标准化组织 ETSI 还进行了广带无线接入网（BRAN）的研究，并对高性能无线局域网类型进行标准化分类/设置。目前，移动广带系统（MBS）的研究工作仍在全世界范围内进行着，典型的项目有基于 IP 的广带接入无线网络（BRAIN)、无线室内灵活高比特速率 Modem 结构（WIND - FLEX)、自适应广带固定和移动无线接入网络光波束成形天线（OBANET）等。这些项目的共同目标是研究可以增大无线在空中的最大传输容量的技术。

2. 网络互联/综合/重叠的趋势

未来的广带无线接入系统将包括许多互联或综合的子系统，为固定和移动用户提供无缝的广带业务，这些子系统包括上述可提供高速数据速率的各种移动广带系统（MBS)、固定无线接入（FWA）系统、广带卫星多媒体（BSM）以及可支持高速移动的 UMTS 和 GSM 等。随着网络的融合演进以及用户对广带无逢接入的需求，这些系统将基于 IP 不断地互联和综合，互联是为了提供无所不在的覆盖，综合主要指网络功能的综合，使每个子系统都可以提供相同的业务。由于各种网络受其工作频带和技术等因素限制，覆盖范围差异很大，为了满足机场和市中心等人多地区的高容量需求，可以在 UMTS 上重叠创建移动广带系统，使网络呈重叠趋势，并可根据用户应用对速率及 QoS 性能的要求，动态地选择接入网络，在系统资源使用状况发生变化时，还可以灵活地使应用业务在不同的空中接口技术、不同的接入网络间快速切换，前提是用户终端具备多模、多频带操作能力。广带化以及网络互联/综合/重叠的趋势为第四代广带无缝移动通信提供了网络基础。

3. 软件无线电的趋势

为了实现无缝接入和透明业务，用户终端必须是可多模、多频带操作的，而且必须能自动进行模式识别，并可在用户和网络指示下或根据用户及 QoS 要求，自适应地进行模式切换以及相应的一系列操作，这样的终端又称为可配置终端。可配置终端将满足人们对高灵活性、可扩展性以及多功能通信设备的需求，真正实现个人通信的单号码特征（无论在家、办公室、移动中以及其他任何通信环境下均采用同一终端)。目前，对可配置终端的研发主要以软件无线电技术为基础，软件无线电技术被认为是可以将不同形式的通信技术有效联系在一起的唯一技术。

4. 灵活和自适应的发展趋势

4G移动通信具有网络互联/综合/重叠、终端的跨模式漫游、端到端的IP多媒体应用等特性，在许多网络和技术环节上都需要灵活和自适应的解决方案。其中，通用灵活的系统资源管理方法以及跨越不同网络RAT的端到端QoS保证被认为是综合广带多媒体通信的挑战。

（1）灵活的资源管理结构。

不同网络因地域的分布差异及资源管理可扩展性的需要，要求资源管理采用一种分布式结构，可采用固定网常用的智能代理方法。另外，未来移动通信网的运营方法也会朝着网络提供者（NP）及提供者（SP）的格局发展，资源管理不但要解决基于应用的容量分配问题，还要协商和平衡各代表实体的利益和要求。一种基于代理的资源管理结构模型，包含了三个平面，资源代理、用户代理、SP代理和NP代理等位于不同的平面和层次，每一代理都由响应部分（负责快速响应请求）、思考部分（优化小区间分配）和协作部分（用于代理间的协调工作）组成。这个结构模型可为各层次提供通信协调和交互服务，具有可扩展性，可用于未来高度复杂的网络结构和多变的应用要求。

（2）自适应的端到端QoS保证。

4G移动通信综合了多种RAT和网络，但要求网络层采用全IP的方式，实现无所不在的连接，不同的RAT提供无缝的下层业务承载。通常，IP流会跨越多网传输，对于保证端到端的QoS问题，可有用以下两种解决方案。一种是采用无线适配层，另一种是采用自适应终端和QoS代理。不同网络需要的WAL不同，但具有相同的结构和操作模式，一般包括传输/链路层控制机制（负责补偿不同的无线媒体损耗，提高可靠性及网络吞吐量）和业务控制机制（负责根据业务延时要求进行资源优先级分配）。第二种方法采用自适应终端和QoS代理，QoS代理位于无线接入网中，当终端检测到另一种更适合的网络模式时（包括重叠网络结构情况的模式切换和跨多网络时的模式间漫游），通知当前网络中的QoS代理与新网络中的QoS代理进行业务QoS协商，协商完成时，新网络中的QoS代理已通知资源管理控制模块进行相应的资源预留，自适应终端也根据协商的结果，自适应地调整其业务参数，然后进行模式转换（即网间切换），每次切换时进行同样操作可保证端到端的QoS。

4G 移动通信需要实现以下技术突破：

1. 交互型的干扰有效控制技术发展

交互干扰有效控制技术是 4G 移动通信技术的重要基础，交互干扰抑制技术采用交互的办法有效降低了通信设施间相互的干扰，切实保证了通信信号的传输质量和稳定性。

2. 引入多用户自由检测与识别技术

多用户的存在是对移动通信技术的一大挑战，多用户存在导致了各种干扰信息的产生，影响到原有的移动通信信号，继而影响到整个移动通话质量。应引入新的多用户识别技术，通过加大基站和移动电话系统的容量和覆盖范围，减少通信网络基础设施的建设和部署，确保通信服务的质量和最佳通信信号。

3. 具有重构功能的自我愈合型网络技术

4G 移动通信技术在运行时依靠处理器中的智能化处理节点进行故障或基站超载分析，4G 移动通信网络各部分采用基于特有问答的装置，能够对智能处理器中出现的错误进行分析与纠正，及时纠正错误，最终达到自动排除网络断裂与网络移动故障等不良情况，实现维护通信稳定的目的。

4. 微微无线电接收器实现无线功能的稳定化

4G 移动通信技术对移动设备节能有高度的关注，引入了微微无线自动接收技术。整个接收过程采用嵌入式的无线电形式，功耗是采用原有技术损耗的十分之一甚至是百分之一，一般在这两个极限范围内。能耗的减少实现了节能减排，绿色环保。这是 4G 移动通信技术实现节能环保的重要措施和技术。

5. 无线接入网（RAN）技术

4G 移动通信技术具有高速度、大容量、低成本的特点，4G 移动通信 RAN 技术的发展趋势是朝着电路交换与设备分集的方向发展，能够在 RAN 技术的支持下实现 3G、4G、WLAN、固定网络之间的漫游，并支持下一代因特网技术，产生良好的性能。

我国 4G 移动通信技术的未来发展：

随着 3G 在我国的大面积普及，用户在体验 3G 带来的方便的同时，也意识到其存在的缺陷和不足，虽然目前面临着频率资源争夺激烈、移动容量紧张、网络安全面临挑战等多方面问题，但因其本身所具有的优势，使得各大运营商加大了对 3G 的追逐，但因为用户的需求无法满足，因此推动了 4G 技术的发展，从目前移动通信技术的发展趋势来看，由于国家对移动通信产业的投入增加，再加上我国本身具备良好的市场需求环境，我国的4G发展空间很大，未来我国将会加快4G网络的建设，而抓住机遇占领市场是我国通信行业的共识，三大移动运营商都早已着手进行4G移动通信技术的研究和开发，并且取得了一系列的突破，从技术上已能够实现图形影像、视频、语音的高速传输。我国中长期科技发展规划所制定的16个重大专项，宽带无线通信就是其中之一，今年中国移动预计将建成20万个4G基站，投资总额约1800亿，4G终端采购量增幅将达到10倍以上，而中国电信早在2010年举办上海世博会时就开始部署相关网络，成为中国第一个覆盖世博园区的FDD－LIE网络。2012年7月，在工业和信息化部主办的信息化与工业融合成就展上，中国电信展现了其在4G上的研发成果“蓝极光”计划，该计划旨在大幅度提高下一代4G移动通信系统的效率。在未来的发展中，4G移动通信技术除了提升速度外，还会涉及更广泛的领域，包括频谱、资源调配、资源管理和无线传输技术等等，相信4G技术的发展将会让我们的生活产生巨大的变化，4G移动通信技术具有数据通信速度快和通话质量高等优势，4G的分布网络具有比3G更高速、安全、稳定的传输能力，且由于技术的突破，未来4G的通信费率也将降低。移动互联网将“让世界无时无刻不掌握在你手中”，现在随时随地连接网络上网浏览信息，获取信息已成为当代人们的生活习惯，未来4G的目标也就是实现真正的“移动办公”，这个领域也将成为全球各大手机厂商竞争的主要目标，目前已有部分手机厂商正在积极研究，随着移动通信带宽质量水平的提升，手机的数据流量、数据安全将进一步成为人们关注的焦点。

六、卫星通信：与互联网的融合

卫星通信是指利用人造地球卫星作为中继站转发无线电波，在两个或多个地球站之间进行的通信，是宇宙通信形式之一。它包括三种形式：地球站与宇宙站之间的通信；宇宙站之间的通信；通过宇宙站的转发或反射进行地球站之间的通信。通常人们把第三种形式称为卫星通信，而把用于实现通信目的的人造卫星称为通信卫星。通信卫星按其结构可分为无源卫星和有源卫星；按其运转轨道可分为运动卫星（非同步卫星）和静止卫星（同步卫星）。

从通信的本质上说卫星通信属于微波通信的范畴，因为卫星通信所使用的也是微波，其工作频率在1～2G赫兹。卫星通信目前还没有发展到可以使用手持设备与卫星直接进行通信的程度，目前的手持式卫星电话首先要与卫星地面站连接，然后由卫星地面站与卫星进行通信，卫星再与目标卫星地面站建立连接，这样处于同一个或不同的卫星地面站的两人或多人之间就可以在卫星的中继下通信了。由上述可见，一个完整的卫星通信系统必须包括三部分，即卫星、地面站、用户。这三部分之中卫星与地面站所起到的都是中继的作用。卫星负责把一个地面站的信息传送给另一个地面站，地面站则是用户与卫星的接口，也就是说以目前的技术，卫星通信并不是真正的直接与卫星通信，这个“卫星通信”过程需要地面站的中继。卫星通信有500～800MHz的宽度，其频率资源非常丰富。每一颗卫星上都布置了若干个转发器，并且每一个转发器都使用一定的工作频段与地面进行通讯。目前通常使用的卫星通信技术为时分多址与频分多址，随着数字化卫星通信技术的普及，时分多址技术被越来越多地应用在卫星通信过程中。

通信卫星的作用相当于离地面很高的中继站。只有两个地球站都能同时“看”到卫星时，才能经卫星转发无线电信号，进行通信。当卫星的运行轨道属于低轨道，并且只利用一颗卫星进行通信时，那么相距较远的两个地球站便不能同时“看”卫星了。这时，如果要进行远距离通信，必须利用多颗低轨道卫星，这种系统就是通常所说的低轨道移动卫星通信系统；否则，只能采用延迟转发方式，这种系统则称为延迟转发式卫星通信系统。当卫星运行轨道较高时，相距较远的两个地球站便可同时“看”到卫星，并且可将一个地球站发出的信号，经卫星处理后，立即转发给另一个地球站。因此，这种系统称为立即转发式卫星通信系统。

1945年10月英国空军雷达专家A. C. Clarke提出利用人造卫星进行通信的科学设想：在赤道轨道上空，高度为35768km处放置一颗卫星，以与地球同样的角速度绕太阳同步旋转，就可实现洲际间通信。若在该轨道放置三颗这样的卫星就可以实现全球通信，这就是著名的卫星覆盖通信说。

1957年10月，苏联发射了第一颗人造地球卫星SPUTNIK（闪电号），揭开了卫星通信的序幕。1964年8月美国宇航局（NASA）成功发射了第一颗同步卫星SYNCOM－3，通过它成功地进行了北美与太平洋地区间的电话、电视、传真的传输实验，并于次年转播了东京奥运会。

1965年国际通信卫星组织成立（INTE－LSAT），该组织于1965年4月发射第一颗商用静止轨道通信卫星INTELSAT I，开始进行商业通信业务。此后经过40余年不间断地探索、试验，更新换代，到如今通信卫星技术已发展到了第七代，通信容量已达第一代的近千倍。

1970年4月24日，中国发射了第一颗人造地球卫星“东方红1号”。按时间先后顺序排列，我国成为继苏、美、法、日之后，世界上第五个用自制火箭发射国产卫星的国家。“东方红1号”卫星重173千克，卫星上的仪器舱装有电源、测轨用的雷达应答机、雷达信标机、遥测装置、电子乐音发生器和发射机、科学试验仪器等。卫星采用银锌蓄电池做电源，电池寿命有限，卫星运行20天后，电池耗尽，《东方红》乐曲停止播放，卫星结束了它的工作寿命。但是，卫星的轨道寿命没有结束，根据轨道计算，大约能在太空运行数百年。

近几十年，卫星通信技术发展十分迅速。20世纪60年代时，卫星通信只是在军事上得到了应用，到了70年代时，卫星通信的发展达到了顶峰，90年代时，光纤通信诞生了，这对卫星通信造成了冲击，但卫星有它自己独特的特点，如卫星具有多址连接方式、可以按需分配带宽等特点，这些是光纤通信所不能及的，所以卫星通信在偏远地区、越洋通信中被优先选用。卫星通信在无线电通信的历史上写下了崭新的一页，成为现代化的通信手段之一。与其他通信方式相比，卫星通信有其独到之处。一个卫星通信系统中的各地球站之间，是靠卫星连接的。只要这些地球站与卫星间的信号传输能满足技术要求，通信质量便有了保证，地球站的建设经费不因通信站之间的距离远近、两通信站之间地面上的自然条件恶劣程度而变化。

随着卫星通信技术的发展，卫星通信的使用范围越来越广，服务水平也越来越高，虽然卫星通信在发展的过程中遇到了不小的困难，遭受了挫折，但是卫星通信的前景依然让人看好。卫星通信的发展与一个国家的经济、国防发展密切相关，未来卫星通信将沿着数字化、网络化，以及信息化这“三化”方向前进。现在，卫星通信的一个重要发展趋势是将卫星通信技术与互联网技术巧妙地融合起来，既能满足手机等移动用户的手持式设备接入互联网的需求，又能有效地将手持式用户纳入到互联网的范畴之内，从而达到手持设备接入互联网的高潮。目前许多手持设备的移动接入互联网都是依托卫星通信技术才得以最终完成的，包括邮件的推送服务等。随着小型化、智能化、经济化的卫星通信网的形成，移动用户间可以利用卫星进行通信，而不再需要基站。卫星与Internet网相连，可实现卫星互联网技术，利用宽带卫星进行双向传输，并且下载和地面网络反馈的速度将得到大幅提升，同时大大减轻频谱拥挤现象以及抗干扰能力。

按照卫星与地球之间的距离可以将卫星的运行空间划分为三条轨道，分别形成了低轨道卫星通信系统（LEO）、中轨道卫星通信系统（MEO）、高轨道卫星通信系统（GEO）。

1．低轨道卫星通信系统（LEO）

低轨道即指距离地面最近，仅500～2000Km之间的轨道。卫星运行在低轨道的好处是传输的延时最小，而且功耗也最小；卫星运行在低轨道的缺点与其优点是对应的，正因为其位置最低，因此，其覆盖的范围也最小，我国的资源二号与美国的Motorola公司的铱星系统都属于低轨道卫星。低轨道卫星通信一般应用于对实时性要求较高的通信领域。另外在军事上，对实时性要求越高，卫星的位置就要放得越低，放得越低就需要越多的卫星才能将全球覆盖，最低的轨道距离大约需要数百颗卫星，这在数量上是较为惊人的。低轨道卫星为其低轨道的延时短与功耗低付出了覆盖范围小的代价。距离地球越低，覆盖全球就越需要更多的卫星，并且，低轨道卫星也是最不安全的卫星，因为只要是具有大气层反导能力的导弹都可以有效地攻击低轨道卫星，而不需要利用卫星的攻击手段。不幸的是，目前，世界各国研制的反卫星导弹纷纷出炉，因此低轨道卫星的安全问题随着这些反卫星武器的出炉正在逐步成为严峻的问题。由于距离地面最近，导致同一用户同一天时间之内要在数十颗卫星之间频繁切换，虽然这种切换用户是察觉不到的，但是这种星间切换技术对于数十颗卫星之间的协同控制与互换操作来说不仅技术上极为复杂，而且风险也相对较大，而且相对于其他几种轨道方案来讲，这种需要几十颗卫星才能覆盖全球的方案相对成本就要高得多了。

2．中轨道卫星通信系统（MEO）

中轨道即指距地面2000～20000Km的轨道。这种轨道距离介于低轨道与高轨道之间，因此被称为中轨道。由于中轨道延时要大于低轨道卫星，因此，只有那些不太需要实时反馈的应用才会选择使用中轨道卫星。在世界范围内较为典型的中轨道卫星通信应用就是国际海事卫星系统，目前在我国也有数以千计的用户在使用这种中轨道卫星通信系统。中轨道卫星通信系统既有延时较小、传输所需功耗较小的优点，又可以仅用十颗左右的卫星即实现全球覆盖。

3．高轨道卫星通信系统（GEO）

高轨道即指距离地球海平面距离为35786Km的同步静止轨道。这种高轨道的卫星从理论上来讲只需要等距为120度的三颗卫星就可以将全球覆盖。以目前的卫星通信技术的发展来看，这种高轨道同步卫星的通信技术是最为成熟的一种卫星通信技术，从其稳定性、成熟性上来看要优于低轨道卫星通信技术与中轨道卫星通信技术。因此，利用同步卫星建立起全球卫星通信系统已经成了建构全球化卫星通信的一个典型例子。在这方面的最为著名的商业应用是美国沃尔玛公司的全球卫星通信系统。在20世纪80年代，甚至许多国家的军方都没有全球化的卫星通信系统的时候，美国的沃尔玛公司就已经建立了其基于高轨道同步卫星的全球卫星通信系统。相对于前两种低轨道卫星通信与中轨道卫星通信而言，高轨道卫星通信的延时最长、传输所需的功耗最大、星际链路的损耗最大、接收终端要求也最高。截止至目前，还没有针对这种同步卫星开发出可以手持的直接与卫星进行通信的终端，因为接收高轨道同步卫星的信号需要半径长达十几米的天线。随着以后卫星发射功率的逐渐加大，无线通信技术的提高，以及各轨道间卫星中继等功能的相继实现，高轨道同步卫星的手持通信必将能够实现。我们经常在观看新闻节目时会看到电视台对远方的记者进行实时采访的画面，在国内的节目主持人提出问题以后，一般要经过长达一秒至几秒的延时，对方才会听到，这就是高轨道同步卫星通信的较高延时所造成的。也正是因为较高的延时，这种同步卫星目前较常用于军事、气象以及电视信号转播等领域，但却较少应用在语音通信等领域。

延伸阅读[①]：

2013年全球卫星通信产业发展综述

2013年可谓是全球卫星通信产业发展的“转型之年”。前身为政府合作组织的国际通信卫星（Intelsat）公司完成首次公开募股，正式转型为上市公司。多个卫星系统的升级换代取得显著进展，第二代“全球星”星座顺利完成部署，第五代国际移动卫星（Inmarsat－5）和O3b星座成功完成首次发射。几大业务领域平稳中求变革，孕育着新一轮的竞争高潮。各类运营商以创新求发展，暗自酝酿全新的业务转型和市场拓展计划。

2013年，全球共发射了25颗商业通信卫星，其中有24颗卫星成功入轨。2013年2月1日发射的国际通信卫星－27（Intelsat－27）在发射故障中损毁。

另据不完全统计，2013年全球共签订了23颗商用通信卫星的制造合同。其中，波音公司共获得8颗卫星的制造合同，在多家卫星制造商中排名第一。劳拉空间系统（Space Systems/Loral）公司获得了6颗卫星的制造合同，其中包

① 王余涛.2013年全球卫星通信产业发展综述. 卫星应用，2014年（2）。

括为完美天空日星（Sky PerfectJSat）公司制造的日本通信卫星－14（JCSat－14），打破了后者一直向洛克希德－马丁公司采购卫星的传统。此外，轨道科学公司和阿斯特里姆（Astrium）公司也各获得了4颗卫星的制造合同。泰雷兹－阿莱尼亚空间（TAS）公司虽未能收获整星研制合同，但也将配合阿斯特里姆公司，为阿拉伯卫星通信组织（Arabsat）的巴达尔－7（Badr－7）卫星提供有效载荷。

值得一提的是，2013年11月中国航天科技集团公司与香港亚太通信卫星（APT Satellite）公司签署了亚太九号（APStar－9）卫星项目合同，标志着“东方红四号”通信卫星平台成功进军国际成熟运营商市场。

卫星固定通信业务

1. 卫星固定通信领域再掀并购风潮

自从北美市场的频繁并购暂告结束以来，卫星固定通信领域已连续多年未出现大型并购行为。2013年，希腊卫星（Hellas－Sat）公司和墨西哥卫星（Satmex）公司相继被收购，打破了近年来卫星固定通信运营商主要依靠内部增长的单一发展模式。

2013年2月，阿拉伯卫星公司宣布出资2.08亿欧元（约2.81亿美元）收购希腊卫星公司99.05%的股权。阿拉伯卫星公司此次收购不仅吹响了西亚运营商反攻欧洲市场的号角，同时也以实际行动践行了其在2012年提出的“2020年前成为第五大全球运营商”的宏伟战略部署。

2013年7月31日，欧洲通信卫星公司宣布斥资11.42亿美元收购墨西哥卫星公司。作为欧洲通信卫星公司深入推行全球化战略的重要举措之一，此次收购使得该公司一举成为拉丁美洲市场最主要的卫星运营商之一。

此外，新加坡电信（SingTel）公司也曾于2013年5月表示，希望以20亿澳元（约19亿美元）的价格，出售旗下的澳大利亚奥普图斯卫星（Optus Satellite）公司。该消息公布之后，迅速引发了包括欧洲通信卫星公司在内的多家运营商和投资机构的高度关注，但不久之后却以新加坡电信公司决定继续保留奥普图斯卫星公司而告终。

未来，随着更多运营商扩充资源和拓展市场的需求不断增长，大规模的并购风潮可能将再次席卷卫星固定通信领域。

2. 国际通信卫星公司完成首次公开募股

近年来，国际通信卫星公司一直在积极筹划首次公开募股（IPO）的相关事宜。2013 年 4 月 18 日，国际通信卫星公司正式在美国纽约证券交易所挂牌上市。尽管，由于投资环境方面以及国际通信卫星公司自身收入增长放缓和债务总额过高等因素的影响，在减去相关成本之后，此次 IPO 仅为其筹集到约 4.72 亿美元的资金。但是却标志着全球最大的卫星固定通信运营商已成功转型为上市企业。

卫星移动通信业务

1. “全球星”公司进军地面无线宽带领域

2013 年 8 月，已经发射的 24 颗第二代“全球星”卫星全部投入运行，使得“全球星”公司成为全球首个完成下一代星座部署工作的低轨移动星座运营商。在第二代星座的支持下，“全球星”公司因第一代星座故障而严重受限的移动话音业务全线恢复，用户数量稳步攀升。

与此同时，“全球星”公司旗下专攻个人消费市场的子公司——SPOT 公司的业务规模持续增长，并于 2013 年先后推出“SPOT 全球电话”（SPOT Global Phone）卫星移动电话、“第三代 SPOT”（SPOT Gen3）个人跟踪定位设备和“SPOT 追踪”（SPOT Trace）车辆跟踪防盗设备三款全新产品，业务领域得到进一步扩展。

更值得高度关注的是，2013 年 11 月，美国联邦通信委员会（FCC）正式批复了“全球星”公司提出的利用 S 频段卫星移动通信频谱，部署地面低功率无线宽带网络的申请。

目前，美国用于地面 WiFi 无线宽带网络的频谱资源已极为紧张。得到 FCC 的认可之后，“全球星”公司持有的 S 频段频谱已成为炙手可热的珍稀资源，这也使得该公司有可能成为大型电信运营商和媒体公司的收购目标。

2. 国际移动卫星公司发射第五代卫星

2013 年 12 月 8 日，国际移动卫星公司第五代星座的首颗卫星—Inmarsat - 5 F1 成功发射（图 3 - 3），为该公司“全球快讯”（Global Xpress）Ka 频段移动宽带业务的登场拉开了序幕。Inmarsat - 5 星座从 2010 年正式

图 3 - 3 Inmarsat - 5 F1 卫星外形图

公布到发射首颗卫星，仅用了3年多的时间，是国际移动卫星公司有史以来部署进度最快的卫星系统。Inmarsat－5 F1卫星预计可于2014年1月到达预定轨位并接受在轨测试，测试完成后将用于为欧洲、中东、非洲和亚洲地区提供服务。

根据计划，国际移动卫星公司将在2014年继续发射另外2颗Inmarsat－5卫星。因此，"全球快讯"有望在2014年年底前，成为首个可以无缝覆盖全球大部分地区的Ka频段移动宽带业务。2013年10月，国际移动卫星公司又与波音公司签订了第四颗Inmarsat－5卫星的制造合同。该卫星计划于2016年发射，除为国际移动卫星公司补充Ka频段容量之外，也可作为其他3颗Inmarsat－5卫星的在轨备份星，进一步保证"全球快讯"业务的全球连续覆盖。

"全球快讯"业务正式推出之后，可提供最高50Mbit/s的下载速率和最高5Mbit/s的上传速率。同时，"全球快讯"业务还将凭借广覆盖、高带宽的优势，推动国际移动卫星公司的业务领域进一步向航空卫星宽带，以及高清视频、话音和数据通信等企业应用延伸。此外，Inmarsat－5卫星还可兼容美国空军的"宽带全球卫星通信"（WGS）系统，从而有效推动国际移动卫星公司政府用户收入的持续增长。国际移动卫星公司预计：从2014年起，公司总收入将在"全球快讯"业务的推动下，连续三年实现年增长率为8%～12%的快速增长。

卫星广播业务

1. 主流运营商争相演示超高清电视广播

日本政府计划在2014年7月正式启播4K超高清电视频道，以刺激超高清电视机的销量。因此，各主要卫星运营商纷纷开展4K超高清电视广播技术的演示验证，以求在未来的市场竞争中抢占先机。

2013年1月，欧洲通信卫星公司率先试播了全球首个4K超高清测试频道。4月，SES公司在试播4K超高清测试频道的同时，推出"SES超高清电视体验"计划，号召内容提供商和广播公司共同参与发展超高清电视业务（见图3－4）。而于2013年9月在荷兰举行的国际广播大会（IBC）更成为卫星运营商展示超高清电视广播技术实力的最佳舞台：SES公司和国际通信卫星公司分别为本届IBC大会提供了2个4K超高清测试频道和橄榄球比赛的4K超高清实况转播，欧洲通信卫星公司则更为高调地宣布将为俄罗斯NTV＋公司提供索契冬奥会的4K超高清转播业务。

图 3－4　SES 公司在 2013 年 IBC 大会上展示卫星超高清电视传输

尽管主流卫星运营商已相继掌握卫星超高清电视广播的相关技术，但由于超高清电视广播所需的卫星容量远高于高清电视，卫星容量成本的上升使得各大广播公司仍对超高清电视业务持观望态度。此外，用户对于超高清电视业务的需求程度尚不明确——许多用户更换高清电视设备的时间并不长，导致其不会在短期内再次更换超高清电视设备。对此，各大卫星运营商也纷纷表示：只有用户需求才是最终的决定性因素，否则超高清业务恐将重蹈 3D 电视业务的覆辙。

2. 天狼星 XM 公司用户总数突破 2500 万

作为目前全球唯一的大型卫星音频广播运营商，天狼星 XM 公司 2013 年继续保持平稳快速增长。在北美地区汽车销量不断增长的推动下，天狼星 XM 公司的用户总数顺利突破 2500 万大关，业务收入再创新高。

不断推出创新产品与服务是天狼星 XM 公司始终坚持的运营理念之一。2013 年 4 月，天狼星 XM 公司推出“我的天狼星 XM”（MySXM）互联网广播定制业务，并向其所有互联网广播用户免费提供。通过该项服务，用户可根据自身的偏好筛选符合特定条件的广播频道进行收听，每位用户可保存超过 100 个广播频道播放列表。2013 年 11 月，天狼星 XM 公司推出“黑曜石 Plus”（Onyx Plus）卫星广播接收机（图 3－5）。这种新型接收机配有一块彩色显示屏，可作为车载接收机或家用接收机使用，并在原有广播频道的基础上，增加了西班牙语广播频道。

图 3－5 天狼星 XM“黑曜石 Plus”卫星广播接收机

在继续发展音频广播业务的同时，天狼星 XM 公司正凭借其与众多汽车制造商的紧密合作关系以及规模庞大的汽车用户群体，积极开拓“车辆连接”（connected vehicle）领域市场，积极开发全新的“车辆连接”服务平台。

卫星宽带接入业务

1. 卫星宽带接入业务迎来关键转折点

随着以卫讯－1（ViaSat－1）和回声星－17（EchoStar－17，又名 Jupiter－1）为代表的 Ka 频段“高吞吐量卫星”（HTS）全面投入运行，全球卫星宽带接入业务用户数量屡创新高，即将迎来关键转折点。

图 3－6 ViaSat－2 卫星外形图

北美方面，休斯（Hughes）公司和卫讯（ViaSat）公司的卫星宽带接入用户增长显著，并双双于2013年订购了新的Ka频段卫星。2013年3月，休斯公司向劳拉空间系统公司订购了EchoStar－19（又名Jupiter－2）卫星。该卫星将采用下一代系统架构，可形成超过120个点波束，整星吞吐量将达到150Gbit/s，目前计划于2016年发射。2013年5月，卫讯公司宣布与波音公司签订ViaSat－2卫星的制造合同（图3－6）。

与ViaSat－1卫星相比，ViaSat－2卫星的带宽成本将下降一半，同时覆盖范围将达到前者的7倍（图3－7）。卫讯公司称，ViaSat－2卫星计划于2016年发射，届时它也将成为全球容量最大的通信卫星。

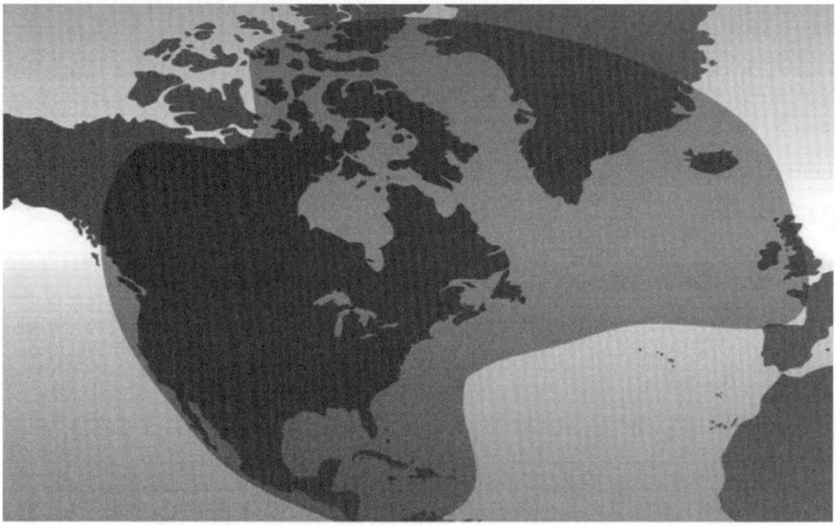

图3－7　ViaSat－2卫星覆盖图

欧洲方面，欧洲通信卫星公司的“双向”（Tooway）业务和SES公司的“SES宽带”（SES Broadband）业务的最高下载速率均达到20Mbit/s，暂时领先于两家美国卫星宽带运营商。

2．首款Ka频段航空卫星宽带业务问世

随着各种智能电子设备和各类社交网络应用的蓬勃发展，人类对宽带网络的依赖程度已达到前所未有的高度。随时随地接入宽带互联网的需求使得航空卫星宽带业务逐渐成为各大航空公司招揽乘客的有效方式之一。特别是在美国联邦航空管理局（FAA）批准乘客在飞行全过程中，自由使用个人电子设备访问WiFi网络的规定出台之后，航空卫星宽带业务已经迎来最佳的发展机遇期。

目前，航空卫星宽带业务仍主要使用 Ku 频段卫星，但随着卫讯公司 Ka 频段航空宽带业务的加入，Ku 频段业务的主导地位正面临全新的挑战。2013 年 7 月，卫讯公司正式获得了 FCC 颁发的 Ka 频段航空卫星终端的运营许可证，为其发展 Ka 频段航空卫星宽带业务铺平了道路。2013 年 12 月，美国捷蓝航空公司（JetBlue Airways）与卫讯公司合作推出全球首款 Ka 频段航空卫星宽带业务——Fly - Fi，该业务可为每次航班上的 50 ~ 70 位乘客同时提供最高 12Mbit/s 的下载速率，比其他美国航空公司提供的航空宽带业务快 8 倍。

此外，卫讯公司还于 2013 年 6 月与波音公司签订了 Ka 频段航空卫星宽带终端的预装协议。在征得用户同意后，波音公司可在飞机出厂前完成航空卫星宽带终端的安装工作，从而避免用户因加装宽带终端而影响航班的正常飞行。

除卫讯公司之外，欧洲通信卫星公司也正计划推出名为“空中接入”（Air Access）的 Ka 频段航空卫星宽带业务。该业务将使用“Ka 频段卫星”（Ka - Sat，现已更名为 Eutelsat Ka - Sat 9A 卫星），并主要为欧洲及地中海地区提供服务，预计可为每次航班提供最高 100Mbit/s 的网络带宽。

延伸阅读

卫星通信系统的关键技术

1. 数据压缩技术

随着科学技术的发展，数据压缩技术已经发展得很成熟，尤其是在数据处理相关领域。数据压缩可以给通信带来很大的方便，例如节约了时间、提高了频带利用率、节约了存储空间等。数据压缩标准有很多，但被人们广泛采用的标准主要是对静止图像进行压缩编码的 ISO 标准以及 CCITT 的 H. 26 标准。而在卫星通信中主要采用的是 MPEG62，该项技术主要是面向对象的，而且在多媒体同步方面发挥了很好的作用，同时它在实时交换、实施表现等方面也做得很完美。

2. 智能天线系统

降雨以及大地对电磁波的吸收从很大程度上导致了高频段的卫星 ATM 网络产生突发错误，而且卫星本身也存在各种限制和随机错误，因此需要通过智能天线的多波束来覆盖到更广的区域，例如，可以采用多波束快速跳变系统，同时在低轨道系统中采用蜂窝式天线来实现跟踪和同频复用功能，星上和同步轨道系统要想构成蜂窝式覆盖图就必须要采用相控阵列天线。

3. 多址接入技术

从接入方式来看，ATM/TDMA 多址接入方式比 FDMA 和 CDMA 更适合星上处理卫星对多址接入的要求，因为此种方式具有信息传输角度较好、网络应用灵活性好等特点。但是，TDMA 方式对速率和发射功率要求很高，这在无形中就增加了解调器的实现难度，同时也增加了对载波功率与噪声功率密度的比值的要求。为了克服上述问题，该领域专家提出了一种新的方式：采用多频质的 TDMA，即 MF - TDMA（Multiple Frequency - TDMA）多址接入技术，它能让 FDMA 与 TDMA 相结合，这样可以降低每个 TDMA 链路的接入速率和调制解调器的工作速率，同时对上行链路的值 C/N0（C/N0 = E/N0 * Rb）的要求也减弱了。

4. 卫星激光通信技术

卫星通信要求速率很高，这就需要采用激光进行通信。卫星通信采用激光可以提升卫星的通信量和保密性，减轻了卫星的重量和大小；在大气层外，没有大气的干扰，通信更加准确，同时也降低了误码率；运用激光可以提升数据的传输速率以及系统的可靠性；同时卫星通信也互不干扰，最主要的是，采用激光通信可以大幅度地降低延时，使信息能够得到及时传输。激光的这些优点都被发挥得淋漓尽致，有专家预测，将激光技术运用到卫星通信中将是很有前途的，对通信行业的发展起到不可替代的作用。

5. 信道纠错编码技术

众所周知，在卫星通信中难免会产生错误，尤其是在卫星通信的过程中。ATM 信元在面对突发事件时会产生很大的错误。在 ATM 信元中，位于 ATM 信头的最后一个字节是信头差错控制（HEC），它主要是通过检测和纠正单比特错误以及检测是否有多比特来保护 ATM 信头。所以，在出现丢失信元或者信元误插现象时，主要是由于 HEC 在多比特发生错误时没有发生作用。因此专家提出了采用交织技术来降低信元丢失率和检测不出错误的概率，以此来保护 ATM 信头、改善信息的传输质量。采用 MF - TDMA 多址接入方式的星上 ATM 系统可为不同的地球站提供不同的 QoS 服务，而不同的 QoS 需要不同的误码率（BER）和信元丢失率（CLR），因此针对不同的业务需要进行不同的编码，使整个系统的灵活性增强。

资料来源：罗文．卫星通信系统的发展及其关键技术．信息通信，2013（1）。

七、第五代移动通信技术（5G）的研究开发拉开大幕

21 世纪移动通信技术和市场飞速发展，无线移动通信网络的数据流量正以每年接近 100% 的速度增长，预计未来 10 年，无线网络的数据流量将增加 1000 倍，联网设备将高达 500 亿台（部）。在新技术和市场需求的共同作用下，世界各国在推动 4G 移动通信产业化工作的同时，已开始着眼于新一代无线移动通信技术即 5G 的研究，力求使无线移动通信的系统性能和产业规模产生新的飞跃。5G 的研发已拉开大幕，成为整个学术界和信息产业界最热门的课题之一，掀起全球移动通信领域新一轮的技术竞争。

5G 是继 4G 之后，为了满足智能终端的快速普及和移动互联网的高速发展而正在研发的下一代无线移动通信技术，是面向 2020 年以后人类信息社会需求的无线移动通信系统。

1. 5G 概念及应用场景

由于 5G 技术过于新颖，学术界和产业界还没有对其进行定义，相关诸如国际电信联盟（ITU）等国际通信标准机构及全球 3GPP、WiMAX 等移动通信论坛也没有给出正式的技术定义，使得 5G 技术至今还没有一个清晰的概念。

目前，国内外专家学者沿用传统的对移动通信技术的划代方式，对 5G 进行初步定义。常见的说法是，5G 就是传输速率达到 10 Gb/s 的下一代移动通信技术。美国著名的《时代》杂志在报道 5G 时也沿用这种说法。

欧盟关于 5G 技术研发的“构建 2020 年信息社会的无线移动通信领域关键技术”（METIS）项目总体负责人，兼爱立信全球研究院大师级研究员 Afif Osseriran 指出，5G 是指通过现有无线技术演进和开发补充性的新技术来构建长期的网络社会，通过集成多种无线接入技术提供极限体验来满足用户不同的需求，是多种新型无线接入技术和现有无线接入技术集成后的解决方案的总称，是一个真正意义上的融合网络。5G 是以用户体验为中心，而不是传统的以技术为中心的新型智能化自主网络。欧盟 METIS 项目描绘的 5G 目标是，使数据流量增长 1000 倍；用户数据速率提升 100 倍，速率提升至 10 Gb/s 以上；入网设备数量增加 100 倍；低功率设备的电池续航时间增加 10 倍；端到端时延缩短 5 倍。在频率分配上，从 2 ~ 6 GHz 的频段中选取 2G 频谱供 5G 使用，同时选择超高频段的频谱用于室内覆盖的场景；所有功能以低成本和可持续发展的方式完成。5G 的关键目的是构建网络社会，除了要满足超高速的传输需求外，

还需要满足超高容量、超可靠性、随时随地接入等要求。

韩国信息技术融合研究所认为，未来5G技术需同时达到“无线传输容量大、低功率化、万物互联”三大条件，并以此作为韩国5G技术发展的主要目标。

我国863计划5G专家组组长尤肖虎认为，5G应该具有超高的频谱利用率和超低的功耗，将与3G、4G无线移动通信技术密切融合，构成新一代无所不在的移动信息网络，满足未来10年移动互联网流量增加1000倍的发展需求。

华为公司技术专家表示，5G是在4G技术的基础上，在吞吐率、时延、连接数量、能耗等方面进一步提升通信系统的性能。

综合上述各方对5G的描述，笔者认为，5G应是一个继4G移动通信技术之后、面向2020年以后人类信息社会需求的新一代移动通信系统，是一个通过技术演进和创新，综合集成多业务多技术的融合网络，能满足未来各种业务快速发展的需求，极大地提升用户体验。

目前，国际电信联盟（ITU）下属的无线电通信部门正在起草关于2020年移动通信的愿景和技术这两个文件，将对5G技术形成一个基本的全球共识。业界预测，5G标准化的正式进程将在2015—2016年间在ITU－RWRC－15上正式启动。

根据METIS的研究，5G技术的未来应用场景主要有：一是超高速传输，为未来的移动宽带用户提供超高速数据网络接入；二是超大规模的用户，为人口高密度地区或场合提供高质量移动宽带服务；三是永远在线，随时随地保障最佳应用，确保用户在移动状态下仍享有高品质服务；四是超可靠的实时连接，确保新应用和用户在时延和可靠性方面符合安全标准；五是无处不在的物物通信，确保高效处理多样化的大规模设备通信，包括机器类设备和传感器连接等。在具体应用方面主要有：机器间通信，如车联网，对车辆自动定位、导航，甚至有自动驾驶功能；人机交互类型，如自动生物识别、带传感器的远程医疗；人与人交互类型，如高速多媒体通信，终端有投影功能，能显示3D图像。

2. 5G技术特征

对于5G的未来愿景和应用，学术界和产业界都进行了相关描述，从这些描述中可以总结出人们对未来5G的技术需求，相对于传统的移动通信网络，5G应具有如下的基本特征。

（1）数据流量增长1000倍。

业界预测10年后，全球移动数据流量将达到2010年的1000倍。因此，5G的单位面积吞吐量能力，特别是忙时吞吐量能力也要求提升1000倍，至少达到100Gb/s/km^{2}以上。

（2）联网设备数目扩大100倍。

随着物联网和智能终端的快速发展，预计2020年后，联网的设备数目将达到500～1000亿部（个）。未来的5G网络单位覆盖面积内支持的设备数目将大大增加，相对于目前的4G网络将增长100倍，一些特殊应用，单位面积内通过5G联网的设备数目将达到100万/km^2。

（3）峰值速率至少达到10 Gb/s。

2020年的5G网络，相对于4G网络的峰值速率，其峰值速率需要提升10倍，即达到10 Gb/s，在特殊场景下，用户的单链路速率要求达到10 Gb/s。

（4）用户可获得速率达到10 Mb/s，特殊用户需求达到100Mb/s。

未来的5G网络，在绝大多数的条件下，任何用户一般都能够获得10 Mb/s以上的速率，对于诸如急救车内高清医疗图像传输服务等特殊需求用户和业务，获得速率将高达100Mb/s。

（5）时延短和可靠性高。

2020年的5G网络，要满足用户随时随地的在线体验需求，并满足诸如应急通信、工业信息系统等更多高价值场景的需求。因此，要求进一步降低用户时延和控制时延，相对于4G网络要缩短5～10倍。对于关系人类生命、重大财产安全的业务，端到端服务可靠性需提升到99.999%以上。

（6）频谱利用率高。

由于5G网络的用户规模大、业务量大、流量高，对频率的需求量大，要通过演进及频率倍增或压缩等创新技术的应用，提升频率利用率。相对于4G网络，5G的平均频谱效率需要提升5～10倍，解决大流量带来的频谱资源短缺问题。

（7）网络耗能低。

绿色低碳、节省能源是未来通信技术的发展趋势，未来的5G网络，要利用端到端的节能设计，使网络综合能耗效率提高1000倍，满足1000倍流量的要求，而能耗保持与现有网络相当的水平。

3. 5G关键技术

目前，5G的关键技术仍处于研究和发展阶段，但业界和学术界认为，5G

的关键技术应该包括如下几个方面：

一是5G无线网络构架与关键技术。5G的核心技术是异构网的融合，相较于之前的3G、4G，需要考虑的是多技术的融合与多业务的应用。因此，5G的网络构架更加复杂，需要对支持高速移动互联的新型网络架构、高密度新型分布式协作与自组织组网、异构系统无线资源联合调配技术等进行研究。

二是5G无线传输关键技术。5G融合了传统的移动通信技术，速率要求达到10 Gb/s以上。因此，要想在现有4G技术基础上提高速率，必须研发新型的无线传输技术，尤其是需要突破大规模业务所涉及的技术瓶颈，包括大规模协作配置情况下的无线传输、阵列天线、低功率可配置射频等新型关键技术。另外，也要关注新型信号处理技术，如：更先进的干扰消除信号处理技术；新型多载波技术；协同无线通信技术，例如小基站（Small Cell）的优化技术等。

三是5G移动通信系统总体技术。5G网络的数据流量大，有关5G业务应用技术、商业发展模式、用户体验模式、网络演进技术、空间接口技术、面向5G频谱应用的信号传播技术、测量与建模等技术也都是重要研究方向。另外，新型多天线技术，例如：有源天线阵列、三维波束赋形、大规模天线等；新的频谱使用方式，例如：TDD/FDD的融合使用、实现频谱共享的认知无线电技术等；高频段的使用，例如：6 GHz以上高频段通信技术等，也要多加关注。

四是5G移动通信测试验证技术。通信技术的进步和发展离不开通信测试技术的进步，5G网络相对于4G而言，是一个新兴的技术，对其进行测试的参数、精度、方式等也都发生了变化。因此，要研究5G移动通信网络的评估与测试技术，建立仿真测试评估平台和传输技术仿真测试评估平台。

延伸阅读

业界目前十分关注的5G关键技术

1. 高频段传输技术

目前的移动通信系统工作频段主要在3 GHz以下，随着用户的增加，使得频谱资源十分拥挤，而在高频段，如毫米波频率范围为26.5～300GHz时，带宽高达273.5 GHz，超过从直流到微波全部带宽的10倍。与微波相比毫米波元器件的尺寸要小得多，毫米波系统更容易小型化，可以实现极高速短距离通信，支持5G容量和传输速率等方面的需求。韩国在28 GHz频段，利用64根天线，采用自适应波束赋形技术，在2公里的距离内实现了1 Gb/s的峰值下载速率。

2. 新型多天线传输技术

多天线技术经历了从无源到有源，从二维（2D）到三维（3D），从高阶多输入多输出（MIMO）到大规模阵列的发展，能将频谱利用率提升数十倍甚至更高，是目前5G技术重要的研究方向之一。引入有源天线阵列，基站可支持128个协作天线。将2D天线阵列拓展成为3D天线阵列，形成新颖的3D－MIMO技术，支持多用户波束智能赋型，减少用户间干扰，加上毫米波技术优势，将进一步改善无线信号的覆盖性能。目前研究人员正在针对大规模天线信道测量与建模、阵列设计与校准、导频信道、用户空分多址（SDMA）、码本及反馈机制等技术问题进行研究，实现绿色节能和提升覆盖能力。

3. 同时同频全双工技术

同时同频全双工技术被认为是一项能有效提高频谱效率的技术，该技术是在同一个物理信道上实现两个方向信号的传输，即通过在通信双工节点的接收机处消除自身发射机信号的干扰，在发射信号同时，接收来自另一节点的同频信号。对比传统的时分双工（TDD）和频分双工（FDD），同时同频全双工可以将频谱效率提高一倍。同时，全双工技术能够突破FDD和TDD方式的频谱资源使用限制，使得频谱资源的使用更加灵活。因此，该技术可有效解决5G对频谱的需求。然而，全双工技术需要具备极高的干扰消除能力，这对干扰消除技术提出了极大的挑战，同时，还存在着邻小区同频干扰问题。

4. 设备间直接通信技术（D2D）

传统的移动通信系统组网方式，是以基站为中心实现小区覆盖，中继站及基站不能移动，网络结构的灵活度有限制。未来5G网络，数据流量大，用户规模大，传统的以基站为中心的业务组网方式，无法满足业务需求。D2D直接通信技术能够在没有基站的中转下，实现通信设备之间的直接通信，拓展了网络连接和接入方式。D2D技术是短距离直接通信，信道质量高，具有较高的数据速率、较低的时延和较低的功耗；通过广泛分布的终端设备，能够改善覆盖，实现频谱资源的高效利用；支持更灵活的网络架构和连接方法，能提升链路灵活性和网络可靠性。目前，D2D正在发展更强的中继技术、多天线技术和联合编码技术等，提高通信效率和质量，将是5G采用的关键技术之一。

5. 密集网络技术

5G是一个多元化、宽带化、综合化、智能化的网络，数据流量将是4G的1000倍。要实现这个目标有两种技术：一是在宏基站处部署大规模天线来获取更高的室外空间增益，二是部署更多的密集网络来满足室内和室外的数据需求。针对未来5G网络的数据业务将主要分布在室内和热点地区，并且，在相对等的条件下，密集网络提升的信噪比增益不低于大规模天线带来的信噪比增益的特点，人们将超密集网络作为提高数据流量的关键技术进行研究。超密集网络能缩短发送端和接收端的物理距离，从而提升终端用户的性能，改善网络覆盖，大幅度提升系统容量，并能对业务进行分流，具有更灵活的网络部署和更高效的频率复用。未来，面向高频段大宽带，将采用更加密集的网络方案，部署高达100个以上的小区/扇区。

6. 新型网络架构技术

为了满足未来大规模、高容量的业务需求，未来的5G网络架构将具有扁平化、低时延、低成本、易维护的特点。目前的业界主要将精力集中在对C-RAN和云架构的研究。

C-RAN是根据现有网络条件和技术进步的趋势，提出的新型无线接入网构架，是基于集中化处理（Centralized Processing），协作式无线电（CollaborativeRadio）和实时云计算构架（Real-time Cloud Infrastructure）的绿色无线接入网构架（Clean system）。其本质是通过充分利用低成本高速光传输网络，直接在远端天线和集中化的中心节点间传送无线信号，以构建覆盖上百个基站服务区域，甚至上百平方公里的无线接入系统。C-RAN架构适合采用协同技术，能够减小干扰，降低功耗，提升频谱效率，同时便于实现动态使用的智能化组网，集中处理有利于降低成本，便于维护，可减少运营支出，能满足未来5G网络的需求。

另外，基于云计算大规模协作的无线网络架构也是5G网络的架构选项。云架构无线接入网络利用光纤分配网络连接云机房的基带处理单元（BBU）和室外的远端射频头（RRH），可以通过BBU“云”方式减少基站机房数量，减少设备特别是空调的能耗；减少小区覆盖以及大规模天线协作，大幅提高射频功率效率；网络动态资源协同调度避免负载时段潮汐效应造成的大量发射功率浪费；集中化大规模协作，变小区间干扰为增益，大幅度提高频谱效率；软件定义无线电技术灵活支持多标准，降低运营成本。

7. 智能化技术

5G的中心网络将是由一个大型服务器组成的云计算平台，通过具有数据交换功能的路由器及交换机网络与基站相连，宏基站具有云计算和大数据存储功能，特别大或时效性强的数据将提交给云计算中心网络处理，基站或终端的形态、数量多，不同的业务采用不同的频段，天线和连接方式多样。因此，需要具有智能配置、智能识别、自动模式切换的功能，实现智能自主组网，未来，智能化技术将是5G网络的关键技术之一。

4. 5G技术面临的问题

要全面满足2020年及以后信息社会对无线移动通信系统的需求，5G网络的发展面临着频率、运营和技术上的挑战。目前，在技术上还需要解决如下的问题：技术与系统融合、频谱效率和容量提升、物联网和业务灵活性、降低网络能耗、终端设备、产业生态。

（1）技术与系统融合问题。

随着芯片技术的更新换代和智能终端的快速发展，无线移动通信业务和技术不断拓展和相互融合。未来的5G网络将是一个集成多业务、多技术的融合网络，是一个多层次覆盖的通信系统。要将多种接入技术、多种业务网络以及多层次覆盖的系统进行综合集成、有机融合、高效利用等，就目前技术而言，还有许多需要解决的问题。

（2）频谱效率和容量问题。

要实现5G网络数据流量大、用户规模大、数据速率高、永远在线的需求目标，必须研发扩展频率、提高容量和空间效率、提升系统覆盖层次和站点密度等各种通信技术。例如，超密集网络技术、多天线技术和多址技术、多输入多输出（MIMO）空间传输技术等新型通信技术，将成为未来5G技术的重要研究方向。新型传输技术的启用和组网方式的创新，将增加设备的复杂度和研发成本，给网络建设和运营维护带来重大挑战。

（3）物联网和业务灵活性问题。

物联网是一个基于互联网、传统电信网等信息承载体，让所有能够被独立寻址的普通物理对象实现互联互通的网络，实现万物互联将是物联网的发展目标，未来5G技术将与物联网相互渗透，为人类提供更加广泛的智能服务。但物联网的应用还面临着系统容量、服务质量（QoS）、传输瓶颈、安全隐患等挑战。5G的用户应用更加广泛，业务范围和业务灵活性也将得到极大提升。在信息速率上，5G既要满足几十个小时甚至更长时间才突发一些小数据包的抄表业务，也要满足3D全息实时会议宽带业务。在延迟上，既要满足对延迟不敏感的下载业务，也要满足延迟5 ms以下的即时控制业务。就应用上，既要满足静止和低速需求，也要满足高铁、航空器等的高速和超高速需求。因此，要想制定统一的通信协议，满足业务灵活性，还面临着诸多挑战。

（4）网络能耗与成本降低问题。

5G 的目标是提供 1000 倍数据流量，并且运营成本和用户成本不能增加，这就意味网络总体能耗和整体成本基本不能提升。因此，5G 网络的端到端比特能耗效率就要提升 1000 倍，而单位比特开销要降低 1000 倍，这给网络架构、空间传输、内容分发、交换路由、网络管理和优化等技术带来了挑战。

（5）终端设备问题。

5G 是一个多技术的集成网络，融合了目前 2G、3G、4G 的技术，并将启用和开发多种新兴技术。5G 终端设备将支持 5 ~ 10 个甚至更多不同的无线通信技术，并且要支持 1 Gb/s 以上的空间速率，待机时间达到现有的 4 ~ 5 倍。因此，要实现低成本多模终端的研发，给终端设备的芯片和工艺、射频技术以及器件、电池寿命等技术研发带来了挑战。

（6）产业生态问题。

传统的 3G、4G 通信系统以网络运营商和技术为主体，未来的 5G 网络将以用户体验和业务应用为主体，当前的网络架构、管控理念并不适用于未来的 5G 产业生态结构和潜在的新兴运营模式。因此，需要发展诸如软件定义网络（SDN）新技术等来满足未来业务的应用需求，解决产业生态结构问题。

5. 5G 发展趋势

当前，全球关于 5G 的技术研究，还处于早期阶段，将来还要经过技术研究、标准化、外场试验等阶段，并最终实现商用部署。不过，尽管对于 5G 的概念和技术仍在探讨，但对于 5G 标准融合的大方向，现在学术界和产业界基本形成了共识。在 2G、3G 时代，不同的通信协议标准之间存在较大的差异。而在 4G 时代，TD－LTE 和 LTE－FDD 在核心网方面已拥有 95% 的相似性，在无线传输方面也有 90% 的相似性。面向 2020 年的 5G 时代，在频谱的使用上将更加高效和灵活，核心技术和系统架构将进一步融合，全球共用一套通信标准将成为 5G 技术的发展趋势。

总之，5G 是面向 2020 年信息社会需求的新一代移动通信系统，学术界和产业界正在对其概念和技术进行广泛探讨，尽管尚未形成统一的标准，但随着信息和网络技术的快速发展，5G 的关键技术将取得实质性的突破，具有更广阔的应用前景，全面提升全球信息化程度，促进经济发展。

八、光纤通信技术的未来发展与展望

在信息科技高速发展的当今时代，光纤通信技术在社会经济、文化以及生产和军事等各个领域都已经得到广泛的应用，极大地影响着社会经济的发展，光纤通信技术已经成为现代化信息时代的必要性存在。光纤光缆技术已经成为促进社会发展的重要力量，也是提高人们生活水平的重要技术支持。当前光纤通信逐渐朝着通信信道容量不断增加、信号传输距离不断延伸、逐步向超高速系统领域靠拢、WDM 和 DWDM 技术得到广泛应用等方面发展。光纤通信技术的发展也会越来越智能化，更好地为你我服务。

1. 光网络智能化

光网络智能化的实现是光纤通信技术中十分关键的研发方向，在光纤通信技术将近 40 年的发展历程中，传输一直占据着主要地位。伴随着计算机技术的连续进步和发展，光网智能化完美地将通信技术与计算机技术结合起来，促使网络技术发生更高层次的发展和进步。现代光网络在实现传输的同时，结合了连续控制技术、自动发现能力和更加完善实用的保护和恢复功能系统，真正实现了光网络的智能化。

2. 全光网络

全光网络是光纤通信技术发展的最高层次，是光线技术发展到顶端的最理想阶段，也是未来通信网络发展的最终目标，也就是说未来的通信网络是属于全光网络的时代。原始的全光网络虽然可以用来实现节点处的全光化，但是在各网络节点处采用的仍然是电器件，这就会阻碍光纤通信容量的稳步提升，所以，全光网络就是光纤通信网络发展的终极目标。此外，全光网还有着极好的开放性、可靠性、透明性、兼容性与可扩展性等，更有着能提供超大容量的带宽、网络结构与组网简单灵活、处理速度高、误码率低等优点。当然，目前来说，全光网络还不能在通信技术中独立发展，仍需要与因特网、移动通信网以及 ATM 网等相融合。

3. 光器件集成化

在光电子器件发展的过程中，追求的就是光器件集成化的真正实现。考虑到全光通信网络实现过程中的关键点，器件的集成十分重要，器件的集成更是全光网络通信技术的核心技术。要将检测器、激光器、调制器和其他类型的集成芯片集成到一个芯片中才能完成光子集成芯片的制造。这些集成是通过不同材料的各种薄膜介质表层上的连续沉积来实现的，主要应用的材料有磷化铟和砷化铟镓等等。这是一种十分复杂的技术，但是由于传统互联网接入技术有限，接入带宽不足，再加上现代互联网多媒体的发展需求，单纯地通过改良设备来扩大宽带，提高速度的做法是很不现实的，我们必须实现光器件的集成，从而保证光纤通信的发展核心坚固扎实。

4．光纤到家庭（FTTH）

光纤通信技术未来一个主流的发展方向就是光纤到家庭，这一点已经得到了国内外的一致公认。FTTH 能够提供给用户的带宽是非常理想的，目前我国的 FTTH 行业已经进入到了高速的规模发展阶段。

5．光缆技术将得到大力发展

由于企业对光缆的性质和功能的不同需求，光缆技术将得到较大的发展，将出现更多的类型和种类。比如防水性能、渗水性能、阻水功能更加完善的“干缆芯”式光缆；主要具有保护环境和防火作用，将被大多数建筑公司应用到房屋建造中去的生态光缆；可以实现长距离、低衰减传输，具备较强的抗水压、抗拉伸、抗冲击、抗气损能力，能够保证海底交通安全的海底光缆；适合在海岸线上、水位比较低的地方安装的浅水光缆，其结构简单，有利于修理和维护，建造、运输、安装的成本更低；为了方便气压安装而研发出来的微型光缆，主要适用于居民区内的综合网络系统；具有很好的防雷性能，而且电磁对其的影响也不大的全介质自承式光缆，即 ADSS 光，主要应用于电力通信网中。

第四章　主要国家通信产业发展状况

一、美国：通信产业高度发达

美国是个高度发达的工业化国家，其通信业也是与时俱进，依靠美国自身的高科技水平和研发能力不断发展和壮大。美国的通信业一直处于世界领先地位。虽然在过去的十几二十年中，由于整个世界经济格局变动，很多原来不太发达的国家的通信产业取得了突飞猛进的发展，但是，从世界通信产业的总体情况来看，不论是质还是量，不论是业绩还是利润，美国仍然位居世界龙头地位。所以，美国通信产业的走向及其目前的状况仍是世界瞩目的焦点。截至2010年年底，美国移动用户共有2.72亿，已经超过了传统的固定电话用户数量，移动通信普及率约80%，其中CDMA用户为1.38亿。从整体发展来看，美国移动通信的发展比较迅速，用户的普及率比较高，运营商之间竞争比较激烈。市场竞争使移动资费低廉，用户可享受更丰富的服务和更高的服务质量。在移动话音业务量和收入趋于饱和的情况下，发展移动数据业务，是未来美国各移动通信运营商的主要发展方向。

1. 宽带无线移动通信发展迅猛

美国宽带无线通信市场进入门槛较低，竞争激烈，近年来新运营商还在不断加入。从2008年美国700MHz频段的拍卖来看，竞拍者除了各无线运营商，还包括有线电视公司、互联网搜索巨头Google、通信器材制造商高通公司、石油公司Chevron等新型竞争者，加剧了宽带无线接入市场的竞争。传统通话业务难觅增长，而内容丰富的数据业务的需求日益增长，移动宽带接入的发展前景喜人。为在新兴数据市场上赢得更多的收入，同时又要继续维持与传统用户的关系，这就促使美国各移动通信运营商热衷于研究/发展高数据传输速率技术，不断建设和升级宽带移动网络，迎合用户的不同需求，以利于在未来的市场竞争中取得优势地位。

图4－1 美国著名的CTIA无线通信展

2. WiMAX的发展得到强力支持

WiMAX是一种新兴的高速远距离传输的无线通信技术，具有覆盖范围广、开放性强、建网成本低、建设周期短等特点，为宽带无线化带来了强劲的动力。WiMAX最大传输速率可达75Mb/s，最大传输距离可达50km，其网络覆盖面积可达其他3G技术基站的10倍。以美国设备制造商英特尔和摩托罗拉为首的WiMAX倡导者近几年在全球各地共投资十几亿美元，组建WiMAX网络和提供相关设备，大力推广这项新的无线网络接入技术。美国第一大移动运营商AT&T和第三大移动运营商Spring Nextel都已开始建设WiMAX宽带无线网络。2007年WiMAX论坛成员已经达到了470家，包含运营商、芯片厂商、设备厂商，具有比较完整的产业链。在美国政府的鼎力支持下成为3G标准后，WiMAX将是无线通信市场强有力的竞争者，也将是下一代高速移动通信技术的首选技术。

案例分析

美国电信巨头AT&T——全业务运营先锋

AT&T是美国历史上最成功也最具传奇色彩的电信运营商，在其百余年的运营中经历了从垄断到拆分再到重新融合的过程。作为美国最大的电信运营商，AT&T 的运营范围涵盖本地、长话、无线、互联网乃至有线电视等，通过全业务运营 AT&T 在美国电信市场上保持着垄断地位，这在很多方面都值得我国的电信运营商借鉴。

提升需求识别能力，有针对地开发创新型业务

在竞争激烈的美国电信市场上，AT&T 之所以能不断推出创新业务，丰富自身业务体系，满足客户的差异化需求，其精准的需求识别能力是主要原因。

采用业务捆绑和资费打包，制定合理的资费套餐

在全业务运营时期，业务种类不断增多，单纯的降低资费显然不能满足客户个性化的需求，不利于利润的增长。AT&T 充分发挥整合优势，推出 AT&TUnity 计划，将 AT&T 所有固定和移动用户归入一个社区，只要支付月租费，网内的固定及移动电话用户都可以无限制拨打或接听其他 AT&T 用户的电话。

通过业务捆绑、资费打包等形式，为客户提供合理的资费套餐组合，不仅使客户享受到了多业务带来的便利，还为客户节省了资费，极大地提升了客户满意度和忠诚度。

加强对终端的掌控，提升定制能力

2007 年 6 月，AT&T 开始在美国市场上独家销售苹果的 iPhone 手机，上市后仅用了 74 天就销售了 100 万部。iPhone 的推出使得通过终端控制产业链成为电信发展的一个趋势，但 AT&T 并没有完全丧失主动权，而是借助 iPhone 的品牌知名度和用户忠诚度，以及苹果对未来 3G 业务良好的应用，获取了一个推广 3G 业务的最佳渠道，以及大量的用户和巨额的利润。

优化升级网络，夯实服务基础

作为全业务运营商，AT&T 不断优化基础网络，瞄准网络 IP 化的发展趋势，在全球范围内加大对 IP 网络的投资力度，通过为各国政府和大型跨国企业提供业内一流的 IP 网络解决方案，拓展新的利润增长空间。

3. 采取终端策略，注重合作共赢，以量取胜，4G 业务得到较大发展

4G 对于用户网络使用体验的改变主要来自于网速的提升，互联网与移动互联网的界限越来越模糊，移动终端也逐渐向智能化、性能化方向转变，作为 4G 网络的入口，智能终端越来越受到运营商的重视，而合作终端厂商的多寡成为撬动 4G 用户市场的重要支点。美国 Verizon 在 4G 运营策略上奉行两条腿

走路的原则：一方面加强网络建设，截至2013年12月，Verizon的网络覆盖率已达到95%；另一方面实施4G终端策略，在网络与资费差别不大的条件下，终端就成为了影响用户选择4G服务的关键因素。到2012年第四季度，Verizon已售出450万部4G终端。

Verizon打造4G终端优势的举措主要有：

提高补贴力度——Verizon将终端补贴重点投入到4G智能手机上。与其他运营商相比，Verizon在智能手机上的补贴要高出很多，低廉的终端售价也成为吸引用户的重要手段，为Verizon带来大量的高ARPU用户。

加强与终端厂商合作——Verizon加强与终端厂商特别是手机厂商的合作，通过与终端厂商的密切合作使Verizon成为全球提供4G终端最多的运营商，仅智能手机就接近40款，其他还包括平板电脑及MiFi上网卡等设备。

Verizon的终端策略对4G业务发展的启示：

一是提前布局终端。按照3G时代的经验及网络成熟的周期来看，一般终端成熟的时间会滞后于网络成熟的时间，在4G网络未成熟的空窗期做好终端规划工作，一方面可以吸引更多的终端合作伙伴，另一方面也为客户培育奠定了基础。

二是以终端为支点做好用户引导。作为用户最直接使用的工具，终端在一定程度上决定着用户对网络的选择（如中国联通与中国电信凭借iPhone抢夺了大量移动高端用户），终端策略不仅影响着用户策略的成败，更是整个4G运营策略的重中之重。

二、法国：融合业务引领全球

当前，全业务经营成为全球电信运营业的发展趋势，与此相应，电信融合业务也成为不可阻挡的潮流。所谓融合，是指网络业务、内容、终端，以及各种电信应用的融合。近几年，法国宽带用户市场发展非常快，宽带市场规模排名欧洲第二，到2010年6月已突破2000万，其中包括1030万批发业务用户和4万新的基于光纤宽带的用户。按照规划，到2016年，法国将实现宽带网络在全国的普及。在此环境下，法国的电信融合业务的发展领先全球。

1. 数字家庭

为了更好地提供业务，法国电信一直在改进覆盖和连接，保证在任何时间、任何地点能够接入到网络，通过对寿命周期的管理，来保证数字家庭能带来若干层面的价值增值。此外还要不断推出新业务，使用户的操作变得更为简单，实现家庭自动化、娱乐化、通信化。

从数字家庭可提供的业务来看，主要有家庭和移动两种。在家庭方面，可提供家庭图书馆业务、音乐、多媒体内容存储、宽带上网、图片共享、网上购买等。移动方面，可实现随时随地 PC 的移动宽带连接，以及远程接入等。

2. UMA（非授权移动接入）业务

在法国，定位为融合业务一部分的 Unik 得到了很好的发展。法国电信于 2004 年就推出了 Business Everywhere 业务。该业务主要通过 UMA 非授权接入网络，为商业、企业用户提供随时随地登录各自办公网络的服务。据法国电信 2007 年度的财务报表显示，2007 年年底该业务的用户数量达到 57.1 万，同比增长 17%；业务营收达到 19.64 亿欧元，同比增长了 2 个百分点。

关键概念

非授权移动接入（UMA）：一种 3GPP（第三代合作伙伴计划）标准，定义了对移动网络和 Wi-Fi 融合的接入。通过传统蜂窝网络获得 GSM 和 GPRS 移动服务的手机利用该技术可自动切换到无线局域网（WLAN）接入点，从而在蜂窝网络信号不好的地方或是家中可以使用无线局域网（WLAN）接入语音网络。

Wi-Fi：一种可以将个人电脑、手持设备（如手机）等终端以无线方式互相连接的技术。Wi-Fi 是一个无线网路通信技术的品牌，由 Wi-Fi 联盟（Wi-Fi Alliance）所持有。Wi-Fi 是一种帮助用户访问电子邮件、Web 和流式媒体的互联网技术，它为用户提供了无线的宽带互联网访问服务。同时，它也是在家里、办公室或在旅途中上网的快速、便捷的途径。

3. 无所不在的内容服务

法国电信首先为用户提供的是话音业务，然后是内容服务，包括音乐、电视、视频、视频点播。此外，用户可以自己创建内容，通过终端提交，这样就使手机用户能够享受到同样的内容。

电视已成为提供宽带 ADSL 必需的内容，独具一格的电视内容，包括足球和运动成为吸引三重播放新用户的工具。此外，电视也成为促进 3G 和新业务发展的主要动力。目前，手机用户可收看很多频道，这些节目通过广播方式来实时提供，此外，还提供电影服务及特定的业务。

三、德国：四支柱发展战略

2001 年，德国电信引入一个全新理念：未来是一个 T. I. M. E. S 时代（T 代表电信；I 代表信息技术和因特网；M 代表多媒体和移动商务；E 代表娱乐和电子商务；S 代表系统解决方案和安全业务），未来的发展是将这五项融合在一起。这个新理念将公司运作分为四个核心支柱部门和一个非核心业务部门。四个核心支柱部门为：T－Online（欧洲最大的因特网业务提供商之一）；T－Mobile（全球移动通信业务）；T－System（IT/电信解决方案）；T－Com（国内固定网和市场营销基础设施）。另一个非核心部门管理德国电信所有投资和不属于四个核心支柱部门活动的运作。

这就是德国电信从 2001 年至今的公司战略——四支柱发展战略。德国电信在四支柱发展战略的基础上，集中全力在全球电信发展最快的部门。一方面，集中确保能够更加直接地处理个别亚市场（原因是有最佳的反应速度）；另一方面，又可以为用户提供一整套业务。德国电信最重要的战略竞争优势在于四个支柱部门之间的交互式运作：消费者因特网、移动、数据/IP/系统解决方案和网络接入业务。

由于德国电信意欲成为业界首席全球运营商，因此其战略中要将这四个核心领域推向国际化。目前 T－Online 已经是欧洲首席因特网提供商；T－Mobile 也跻身于全球首席 GSM 提供商行列；T－System 是欧洲第二大系统（网络）托管中心。德国电信过去两年在国外投资或计划投资大约 700 亿欧元。德国电信在 1995 年开始的第二次改革后，提出“国际化”的经营目标，从而进入以泛欧为基础的全球扩张期。在全球电信业进入不景气状态之后，德国电信不得不转入战略收缩期，2003 年又开始将此战略放在重要位置。

创新是德国电信一直重视的问题。明确产品领域对未来中长期发展很重要；定义关键性能指标可以对集团创新行为有一个综合全面的描述。早在 2004 年 7 月，德国电信就与法国电信达成了关于研究和发展方面的合作协议，进一步提升了德国电信的创新能力。德国电信创新目标包括：降低终端设备、业务和网络功能的复杂性；智能接入/无缝接入：终端设备（如移动电话、PC 电话）和网络（T－DSL、GPRS/UMTS、WLAN）之间的互操作能力；整合寻址能力：M2M 的通信、语音/数据整合或者互联网电话；NGN：通过基于 IP 的业务获得的新收入源。

四、日本：全球最早部署3G网络的国家

日本移动通信2G的时代选择了自主开发的PDC系统，防止了欧洲GSM和美国CDMA制式的侵入，从而保住了日本本土的移动市场。日本是全球最早提供3G的国家，2001年10月份NTT DoCoMo第一个推出基于WCDMA制式的3G服务FOMA（WCDMA的品牌），日本提供3G的移动运营商有3家，分别是NTT DoCoMo、KDDI和Vodafone KK，其中NTT DoCoMo和Vodafone KK运营WCDMA，KDDI运营CDMA2000，截至2009年10月31日，3G用户达到1.48亿户，占移动用户的95.44%，日本已经真正进入了3G时代。

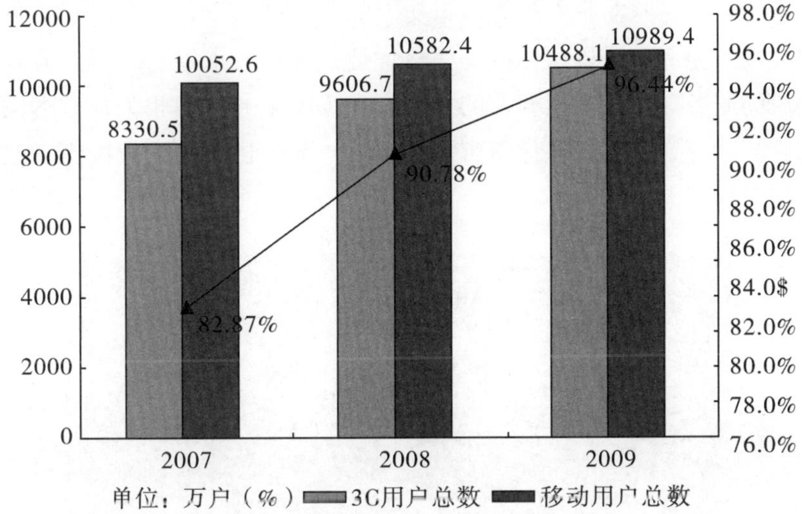

图4－2　日本3G用户发展与渗透率

资料来源：艾媒数据。

1. 手机制造

1994年前，手机的生产者是由服务提供商所选择的特定的手机制造商，通过订立类似于OEM的合同进行生产的。到1994年手机制造放开管制后，任何制造商都可以签约生产，使得手机制造商的数量显著增加。这极大地促进了日本手机制造业的发展，引致手机产品快速升级，向着轻巧化和多功能化两个趋势发展。1996年NTT的“Mova”系列手机就成为当时世界上最小和最轻的手机。随着手机上网功能的实现，围绕网络连接的服务功能不断扩展。

这从一个侧面反映了日本通信产业的迅速成长与其强大的制造业基础是分

不开的。先进的设计能力和制造技术很快使得日本的手机像它的其他电子产品一样，具有小型、轻便和优异的性能和质量，而且日本本身就很先进的视听产品、数码相机等产品技术也很快就被整合到手机上，迅速实现功能扩展。从这一点来看，世界上任何国家都不具备日本这样的条件。在日本强大的电子产品制造业的基础上，无线通信技术的不断创新不仅不会受到制造技术的限制，反而会得到来自其他电子产品技术的启发和推动，这一点对日本的无线通信产业而言也是极为重要的。

2. 手机支付方面

在日本，手机支付服务开始于2004年，目前已有大约4900万日本手机用户不用携带现金，只需带着具有支付功能的手机就可以行遍全国了。日本的手机用户可以把他们的手机用作机场登机凭证、交通一卡通、支付卡等等。这种方便快捷的服务与日本高度普及的ONE TOUCH服务密切相关。日本民众小到去便利店买牙膏、大到登机住酒店等，带上一部手机就能完全搞定，就好像带了一张移动信用卡。

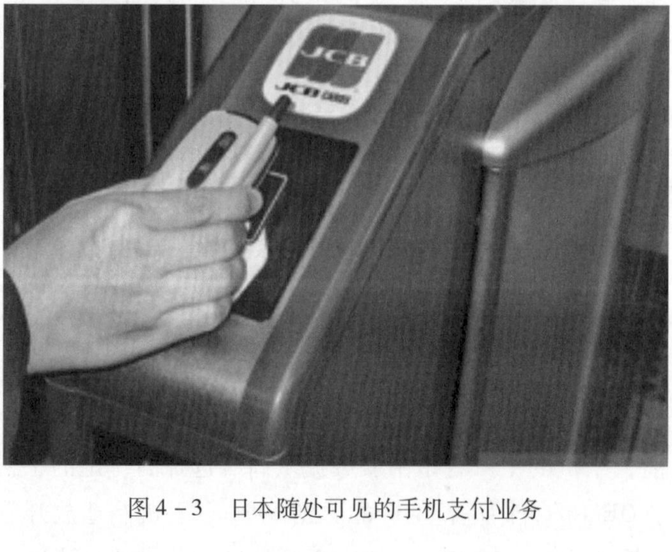

图4-3 日本随处可见的手机支付业务

3. 手机游戏方面

在日本的地铁站、商场街头随处都可以看到年轻人或坐或站，埋头舞动着指尖。据调查，日本有95%以上的手机用户都或多或少地用手机玩过游戏。

在日本3G网络投入商业化运营后，运营商除了对网络环境、终端进行改进外，还提供非常丰富的增值服务，大力推动了手机游戏行业的发展。日本的手机游戏形式新颖，推出了众多拥有绚丽画面和完整游戏功能的作品，吸引更多用户的下载、购买。手机游戏市场一直以来占据着日本移动互联网内容市场的第二大份额。至2009年，手机游戏的市场规模已达到884亿日元。① 目前日本的手机游戏同样分为单机游戏和网络游戏两大阵营，其中有大量我们耳熟能详的经典之作。

图4-4　日本手机游戏市场规模

资料来源：日本总务省数据。

4. 移动数据业务方面

日本3G移动数据多媒体业务分为三大类，即多媒体短信业务、多媒体内容服务业务和数据多媒体浏览业务。其中多媒体信息业务以如下几种最为典型：一是动画邮件，最长可做15秒的录像，速率可达7.5M，同时可把相应的如定位等业务一起综合传输；二是照片邮件，可以拍照，然后传送；三是定位邮件，可以通知其他人自己的位置，通过内容提供商可以提供很好的定位服务。目前对数据业务的需求正在成长，特别是彩屏、游戏、流媒体需求明显增加。3G数据业务的主要用户为25~35岁的青年用户，其次是学生。② 日本的移动用户数于2000年率先超过固定用户数，且成为世界第一个引入3G并开始商用的国家。到2012年为止日本有6 000万以上的3G用户使用移动电话接入互联网，移动互联网已被广泛接受。3G使用户得到声、像、图、文的多种业

① 日本总务省2010年7月公布的数据。

② 陈仕俊．日本3G市场现状及发展预测．泰尔网，2007。

务体验，多媒体服务与应用将会得到广泛推广。

5. 4G 业务部署早、发展快，积累了较多的优势与宝贵经验

日本是 LTE 商用部署较早、发展最快的国家之一，其 4G 网络正式投入运营至今已近三年。

日本移动通信起步较早，其蜂窝移动电话服务始于 1979 年。1994 年前后，日本引入多家运营商竞争机制。早在 2001 年 10 月，日本最大的电信运营商 NTT DoCoMo 就开通了全球首个 WCDMA 商用 3G 网络。2002 年，日本第二大移动通信运营商 KDDI 获得 CDMA2000 的 3G 牌照。2005 年，SOFTBANKMOBILE 获得 3G 牌照。日本 3G 市场“三分天下”的格局由此奠定。

2010 年末，NTT DoCoMo 开始提供 3.9G 商用服务，推动日本进入 4G 时代。据日本总务省统计局数据显示，截至 2013 年 11 月，日本总人口约为 1.27 亿，而当前在网手机用户规模已达 1.4 亿，这一数字甚至超过人口总数。客观来看，日本移动互联网 3G 时代的超前发展备受全球瞩目。经过 3 年商用，其 4G 产业也积累了较强的先发优势与宝贵经验。

（1）日本 4G 网络建设现状。

当前，日本主要电信运营商包括 NTT DoCoMo、KDDI、SOFTBANK MOBILE、E－mobile、Willcom 等几家。在移动通信市场中，NTT DoCoMo 所占市场份额最高，达 44%，其网络覆盖与业务发展情况也较为领先。紧随其后的是 KDDI 旗下的 AU 与 SOFTBANK MOBILE，其市场份额分别达到 28% 与 25%。Willcom 一直专注于 PHS（Personal Handy－phone System，无线市话，俗称“小灵通”）业务发展，专为大型企业员工配备 PHS 设备。此外，E－mobile 市场份额并不大，但其主推的移动 Wi－Fi 业务却已红遍日本。

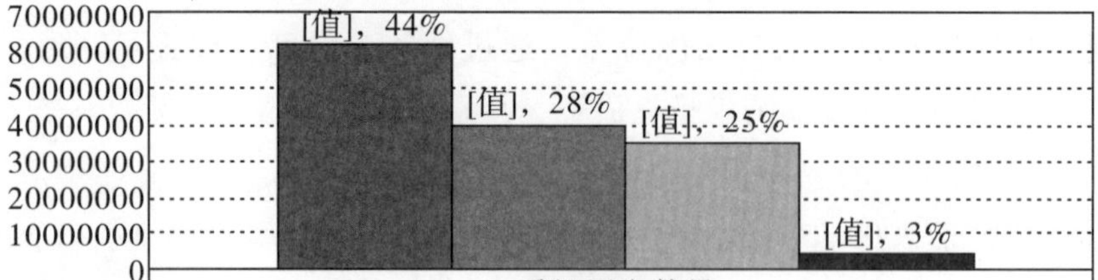

	手机用户数量
NTT DoCoMo	61902500
AU	39394300
SOFTRANK MOBILE	34535200
E-mobile	4258900

图 4－5　日本各电信运营商的手机用户规模及市场份额

截至2013年11月，日本手机用户规模及移动运营商的市场份额情况如下：

其中，NTT DoCoMo是日本首家推出3.9G服务的运营商，当前也占有最大的市场份额。成立至今，NTT DoCoMo已陆续推出了PHS、MOVA、FOMA、Paging、Satellite及Xi六种业务体系，分别采用2G、3G和3.9G等不同频段运行。其3G业务FOMA于2001年推出，3.9G业务Xi于2010年12月推出。自2012年3月底全面停止2G业务以来，它的主营业务由3G业务FOMA与3.9G业务Xi构成，两者比重分别为70.85%与29.15%。截至2013年3月底，其Xi－LTE基站总数已达24400个，网络覆盖率达77%，预计2015年将增至98%。同时，NTT DoCoMo加速实现对机场、火车站、商业区的4G网络覆盖，同期已覆盖国内超过53个主要机场与93个新干线车站等区域。从用户规模来看，近期Xi－LTE用户成长速度非常显著。截至2013年11月，Xi用户规模已达1804.5万。而从网络速率来看，经过多轮升级，截至2013年年中，NTT DoCoMo已在超过130个城市中提供Xi－LTE网络连接，其下行传输速率峰值已达112.5Mbps，这一速率超过其他运营商。

与此同时，日本其他电信运营商也在加紧部署4G网络的建设与商用。其中，与NTT DoCoMo一样，E－mobile和au都采用了FDD技术的LTE网络。而SOFTBANK MOBILE则同时运营了FDD和AXGP（Advanced eXtended Global Platform）两种技术的4G网络。2010年，SOFTBANK MOBILE收购了拥有TDD频谱的PHS运营商Willcom，后建成AXGP网络，该网络可完全兼容TD－LTE网络。2012年2月24日，SOFTBANK MOBILE率先在亚洲实现TD－LTE商用。目前AXGP网络覆盖率已达92%。为了不错失苹果等明星终端带来的利益，SOFTBANK MOBILE从2012年9月起也着手部署FDD－LTE网络。截至2013年3月末，其4G基站在日本已超过21000个，基本覆盖了主要城市区域。

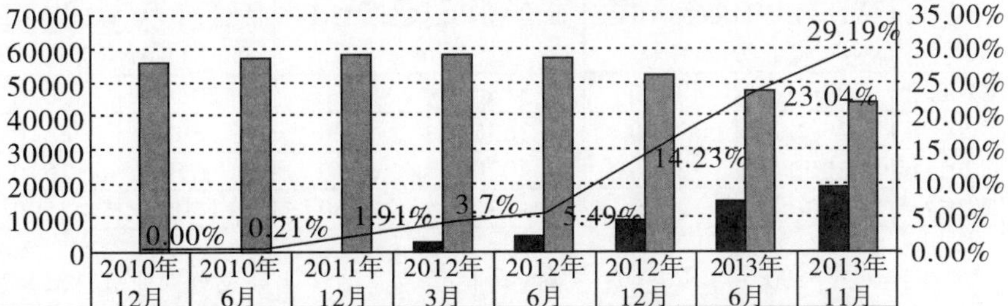

	2010年12月	2010年6月	2011年12月	2012年3月	2012年6月	2012年12月	2013年6月	2013年11月
Xi	1.2	121.4	1139.4	2225	3316.6	8678.2	14198.177	18044.9
FOMA	55572.5	57634	57961.9	57904.5	57079.1	52309.9	47425.1	43857.6
MOVA	1636.3	969.4	523	0	0	0	0	0
Xi（%）	0.00	0.21	1.91	3.70	5.49	14.23	23.04	29.15

图4－6　NTT DoCoMo集团3.9G－LTE用户发展情况（单位：千人）

总之，日本4G网络的建设呈现出百花齐放的局面，多家运营商合力推动了不同技术标准的4G网络建设与商用，当前重点仍是拓展网络覆盖、提升速率。

（2）日本4G业务发展现状。

基础通信业务几近饱和，这是日本4G业务发展的大背景。近年来，日本电信运营商的传统话音业务收入大幅下降，其移动数据业务及新兴增值业务ARPU值则呈逐年递增的态势。移动数据消费取代传统语音通话和短信业务成为移动用户消费的主力军的趋势几成定局，这一趋势在各运营商的营收结构中均有反映。特别是2011年以来，日本智能机的持续渗透与4G网络及业务发展加速了这一结构性调整。因此，在日本3G普及率极高的大环境下，通过发展4G保持用户在网，促使3G用户转网至合约价格更高的4G业务已成为当前日本电信运营商增收的关键。

在日本电信运营商的业务构成中，话音、数据流量、合约设备销售、增值业务运营等是最重要的方向。其中，基础语音与数据业务的收入贡献比最大，但话音等基础业务市场几近饱和；合约设备销售一直是日本电信运营商的重要收入来源，日本民众基本都会通过该渠道来购置或更换手机；同时，增值业务出现了新的趋势，运营商投建并运营应用商店，如NTT DoCoMo的应用商店D－Market等，带来了诸如数字内容销售、应用销售、商业合作，以及其他的新兴业务机遇。

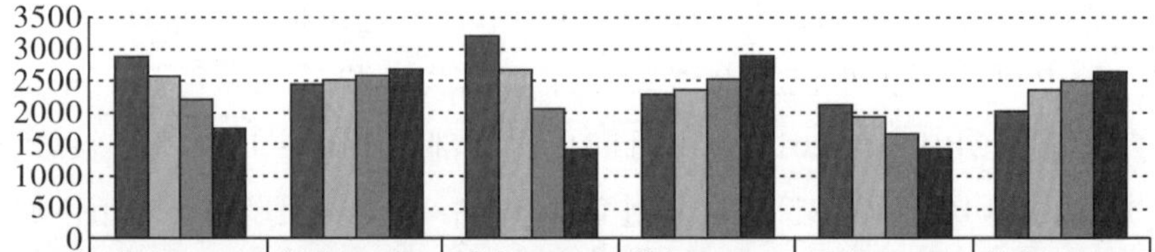

	话音ARPU	数据ARPU	话音ARPU	数据ARPU	话音ARPU	数据ARPU
	NTT DoCoMo		au		SOFTBANK MOBILE	
■2009年	2900	2450	3150	2260	2060	2020
■2010年	2530	2540	3630	2320	1890	2310
■2011年	2200	2590	2020	2510	1650	2510
■2012年	1730	2690	1330	2850	1400	2590

图4－7　2009－2012年日本主要电信运营商话音业务及数据业务ARPU变化情况（单位：日元）

以4G用户规模最大的NTT DoCoMo为例，截至2012财年年末，其营收总额达 44702 亿日元。其中，话音业务收入占 28.51%，数据业务收入占 42.37%，合约设备销售收入占 16.96%，而其他运营收入约占 12.16%。其他运营收入主要包括 D－Market（即由 NTT DoCoMo 直接运营的应用商店，主要包括游戏、购物、视频、动画、音乐、阅读、应用推荐等）、跨屏服务、云服务、地面无线广播电视 NOTTV、DoCoMo 精选（数字内容、手机安全等服务组合）、D－Creator（即 D－Market 子频道，2013 年 5 月上线，以艺术家及工匠原创物品展示与销售为主）、移动医疗、移动教育等。

深入到具体业务层面，客观而言，尽管日本 4G 网络已商用 3 年，目前其业务发展很大程度上仍只是 3G 的深化。运营商所寄望的“杀手级应用”尚未出现，各方依然在移动互联网的振兴之路上探索。当前，各运营商发力点与创新点集中在视频通话、高清影音应用、语音操控及云端助手、可穿戴计算与移动健康管理等方向。如下：

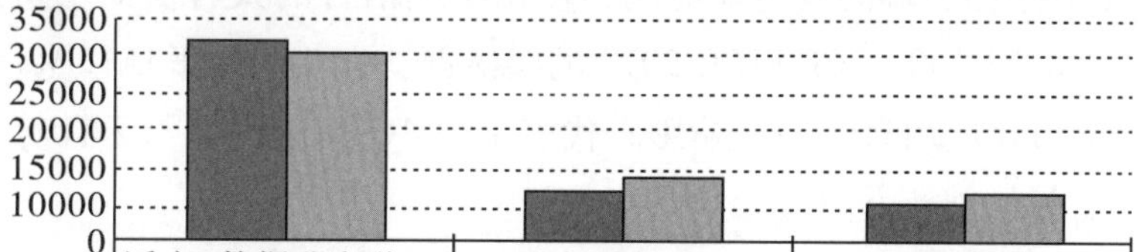

	话音+数据业务收入	设备销售收入	其他运营收入
■2012财年末	31685	7581	5436
■2013财年末（预计）	29900	9860	6640

图 4－8　NTT DoCoMo 集团运营收入情况（单位：亿日元）

①视频通话服务：事实上，视频通话是个老话题。只是受制于移动通信网络等因素，它在 3G 时代迟迟未普及。而 4G 采用的 VoLTE 技术将使视频通话的门槛大为降低。这种架构基于 LTE 网络全 IP 条件下的端到端语音方案，可以支持高清语音、高清视频通话等业务，同时也可实现 2G 和 3G 的语音互通。据 GSA 调研，NTT DoCoMo 正在部署 VoLTE，并有望在日本率先推出商用服务。2013 年 11 月爱立信赢得 SOFTBANK MOBILE 大单，将为其提供 VoLTE 端到端网络解决方案。而 KDDI 也宣布将在 2014 年内正式商用 VoLTE。

②高清影音应用：高清画质影音一直是业界对 4G 的期待重点所在。从日本现状来看，各运营商确实都加大了对高清移动视频领域的投入，但此举却并未带来爆发式的收入提升。具体来看，NTT DoCoMo 在 2011 年发售的 GALAXY Tab 中就预装了视频应用 Hulu，用户定购后可观看多部好莱坞高清大片（720P），包月费用 1480 日元。实测数据表明，即使在新宿等人口密集的区域，

业务体验也非常流畅。此外，D－Market视频频道D－Video增长态势也非常强劲，上线一年后注册用户已超400万。2013年2月，SOFTBANK MOBILE推出视频服务UULA（含6万部影视剧集，640P），包月费用490日元。而Au通过应用精选Smart Pass（该业务将500多个应用打包销售，包月费用390日元）推出Video Pass，并将播放品质由240P提至360P，推动了移动视频业务发展。客观看来，4G确实为移动视频的播放品质与体验带来了较大提升，但同时也造成了巨大的流量压力。因此，日本运营商反倒更乐意将之导向Wi－Fi端，而非一味倚重移动视频业务去拉高ARPU值。

③语音操控及云端助手：在线信息助手，大家也许并不陌生。苹果随iPhone 4S推出的Siri就是一位知名的“语音小秘书”。4G网络扩容与提速预期将对云端信息助手、云端语音服务等创新形成较大促进。2012年3月，NTT DoCoMo推出了基于语音的手机操控界面，其下载量目前已超千万。同期，NTT DoCoMo推出云端同声传译应用，使用不同语言的人可借助手机进行无障碍交流，该应用获得了CEATEC 2012的媒体创新大奖。NTT DoCoMo语音控制界面和云端口译应用只是一个缩影，代表了以4G高速网络与云计算为底层支撑的重要业务的创新方向。

④可穿戴设备与移动健康管理：在全球“量化自我”风潮的推动下，可穿戴设备因苹果、谷歌等互联网巨头的高调介入而被热炒。其中，围绕医疗、健康管理等领域的移动应用有望成为重要突破。2012年NTT DoCoMo与医疗设备巨头欧姆龙（Omron）合资建立了Docomo Healthcare，新公司于2013年4月起提供移动医疗服务，并面向不同人群提供健康管理服务。同时，他们通过运营商渠道发售支持4G网络的可穿戴设备，来帮助移动健康管理服务落地。虽然这些新业务在运营商当前的盘子中占比并不算大，未来潜力却不可小觑。与此同时，电信运营商阵地之外，互联网公司试图越过它们，发展基于开放移动互联网的各种视频及数据服务业务。由于服务本身与物理网络的相关性被逐步弱化，运营商的传统优势领域面临着被侵蚀的威胁。其中，值得注意的动向有二，即跨平台社交应用与移动游戏的发展。跨平台社交应用方面，由韩国互联网集团NHN日本子公司推出的Line表现亮眼。2011年6月推出至今，其全球用户已破3亿。不仅如此，Line通过游戏应用内置付费、表情贴图销售及官方账号或赞助性表情销售等方式已实现规模性盈利，2013年第三季度收入约达191亿日元。移动游戏方面，GREE、DeNA、Gung Ho等公司迅猛成长，已成为全球盈利能力最强的手机游戏公司。4G发展，对上述公司而言亦是利好，

预期将对基于 HTML5、3D 等技术的社交、游戏等业务创新带来重大推动。

总之，在日本基础通信市场趋于饱和的背景下，4G 的商用一定程度上抑制了用户离网，各类移动互联网应用业务（特别是存在带宽瓶颈的应用）得到了大幅提升，诸多创新也在网络升级的同时持续发酵。经过 3 年摸索，日本运营商的 4G 杀手级业务似乎仍未浮出水面，但来自开放互联网的新兴业务成长却十分惊人。日本移动互联网产业链上的各方力量仍在积极谋变、上下求索。

（3）日本 4G 终端发展现状。

与功能机时代日本手机厂商的辉煌成就形成鲜明对比的是，近年来日本智能机的发展并不理想。据日本总务省《2013 年版情报通信白皮书》数据显示，目前日本智能手机的普及率仅有 38.2%，这与日本手机厂商长期听命于运营商的终端定制需求，逐步丧失独立创新能力有着直接关系。事实上，以 iPhone 为代表的智能手机潮流极大地挑战了日本原本牢固的功能手机市场，这一冲击在近两年尤其明显。4G 终端市场的拓展，也是日本当前智能手机发展潮流的重要方向。目前，基于 4G 网络的终端类型非常丰富，智能手机、平板电脑、车载设备、上网数据卡、可穿戴设备等均在市面发售。以占比最大的智能手机为例，三家运营商均引入了支持 LTE 网络的 iPhone5S、iPhone5C；同时，卡西欧、戴尔、HTC、NEC、三星、夏普、东芝、松下、诺基亚、摩托罗拉等厂商均参与了各运营商的 4G 合约机计划，其中不乏华为、中兴等中国手机厂商。

日本移动运营商在售的 4G 终端类型

移动运营商	苹果设备	智能手机	平板电脑	车载设备	可穿戴设备	其他
NTT DoCoMo	√	√	√	√	√	√
au	√	√	√			√
SOFTBANK MOBILE	√	√				√

从各运营商的 4G 终端发展策略来看，引入明星智能终端已成共识。SOFTBANK MOBILE 在 2008 年将苹果手机引入日本，时至今日，iPhone 已成为日本手机市场名副其实的霸主。2013 年 9 月，NTT DoCoMo 宣布引入 iPhone。至此，日本三大运营商均牵手苹果，苹果在日本智能终端市场的地位得以巩固。同时，各运营商与多家手机厂商合作，推出了多款支持 4G 网络的终端机型，用户选择余地很大。更值得注意的是，智能手表、智能腕带、智能医疗终端等可穿戴设备正在走入日本民众生活。依托 4G 网络，这些可穿戴设备可与智能手

机配合，通过云端服务来实现更好的移动生活管理。

传媒观察

案例分析：日韩3G运营的成功经验

日韩3G业务在网络建设与运维、业务管理与创新、产业链整合与协调等方面的发展居全球领先位置，在3G运营方面积累了丰富的经验，对我国3G的发展也有重要的启示。

3G网络建设思路

日韩的3G网络建设比较早，运营商一般采取“统一规划、分步实施”的整体网络部署建设思路。即：首先确保重点区域的网络覆盖，随后要做到分步实施中的有序规划与合理覆盖，以保证网络建设的高起点，避免后期网络扩容中大规模小区域分裂对网络造成的影响。对于已有的2G网络运营商来讲，需要协调好3G网络与现有网络的关系，确保现有移动用户市场资源利用率的最大化。

3G网络运维管理

任何一个成功的运营网络都离不开良好的网络质量，因此，为了保证3G网络的用户能够很好地使用网络，解决用户实际使用过程中可能遇到的问题，日本NTT DcCoMo实现了3G网络与2G网络之间的良好过渡。即：对于语音、短信等基础或低速业务使用可以利用原有的网络接入，对于高速的数据业务由3G网络提供高速接入，一旦离开3G网络覆盖区域，则利用2G网络提供低速接入，从而保证用户使用的连续性。

3G业务精细化管理

第一，打造业务品牌优势。日韩运营商为了避免移动业务的同质化竞争，加强品牌推广，定义独特风格的产品，圈定特定的客户群是建立品牌优势的必然途径。

第二，创新业务内容服务。日韩运营商把握住3G业务的多媒体化、生活化、特区特色化和不断细化等特征，根据消费者的需要迅速引入新服务，快速渗透市场，通过创新业务服务内容来提高和巩固市场地位。

第三，3G业务灵活定价策略。根据不同细分市场，提供灵活的计费方式，特别是在数据业务上采用了包月计费模式，从而成功地吸引了大量用户。

3G产业链整合策略

为了整合3G产业链，日韩运营商要求终端设备厂商的研发以3G业务运营为中心，加强终端的掌控；同时加强对内容服务提供商的争夺，通过主导开发甚至是独立研发满足用户需求的应用服务内容。在终端方面，运营商通过深层次参与，既保证了运营商定制的手机完全符合自己的要求，也降低了手机成本。

延伸阅读

日本4G产业发展的启示

4G商用已3年的日本，其4G发展积累了丰富的经验，主要体现在以下四个方面：

1. 顺势调整定位，应对开放挑战

在功能手机盛行时代，日本曾是全球首屈一指的移动互联网强国。日本运营商一度是全球电信业"膜拜取经"的对象，诸多日本首创的业务创新、商业模式创新都深刻地影响了全世界。诞生于1999年的i－Mode模式便是这一时期的经典产物。用现在的眼光来看，这套体系的核心理念和苹果所构建的"iOS＋iPhone＋App Store"模式高度一致，即由产业链的主导者——运营商负责网络运营、定制终端销售、内容平台分发、收费等关键环节，其他角色则围绕运营商开展业务。而i－Mode推出时，苹果还在生产音乐播放器，谷歌刚刚拿到融资，中国大部分地区连手机都未普及。毫不夸张地说，这一时期日本建起了全世界最超前、运营最良好的移动互联网体系，手机音乐、手机阅读、手机支付、手机游戏、手机广告、手机视频等增值业务均获得了令旁人艳羡的成长。

然而，这一局面在2008年SOFTBANK MOBILE率先引入iPhone后逐渐被改写，苹果模式极大地颠覆了日本运营商所严控把持的移动互联网生态圈，有人甚至将iPhone引入视作日本移动互联网发展史上的"新黑船事件"。在苹果、谷歌等互联网巨头确立全球移动互联网新秩序的同时，日本移动互联网却饱受冲击，运营商基础业务收入日渐下滑，长期沦为运营商代工厂的日本本土手机厂商竞争力严重不足，而增值业务时期的明星SP公司面临巨亏……

激变之下，日本三大运营商先后进行战略调整。其中，NTT DoCoMo较坚持相对封闭的自建体系，重点发展Android体系，同时自建应用商店，并部署了一系列"去管道化"转型举措。SOFTBANK MOBILE凭借苹果引入大获提振，后仍延续该策略求发展。而KDDI则兼顾了iOS及Android体系，并以多种方式参与了新领域投资。总体而观，日本运营商选择了逐步拥抱开放，也努力克服开放带来的阵痛。

2. 加速4G建设，夯实产业基础

如前所述，日本移动互联网正处于开放与封闭的历史对战中，开放势力冲击了辉煌的历史成就，各方都走在振兴的路上。其间，日本运营商一直坚持扛起产业发展重任，坚持对网络基础设施建设的投入与升级。而历史证明，正是由于运营商的持续投入，给新时期日本移动互联网再次勃发筑起了坚实的产业基础。因此，即使处在美国阵营的冲击之下，日本依然诞生了全球盈利能力最强的手机游戏公司。而当下4G是日本电信运营商的战略重点，各运营商都在持续投建4G网络，提升网络覆盖率。在追求覆盖率的同时，各家都在提升网络速度、提高网络服务质量、优化用户体验等方面进行大力投入。可见，日本发展4G，给硬件终端、应用服务等全产业链都带来了战略性、结构性机遇。夯实网络基础，是一切可能性的前提。

3. 精细流量经营，跨界多元探索

夯实网络基础、精细流量经营、跨界多元探索、丰富业务体系，多方探索“去管道化”之路——这是日本在早已饱和的通信市场中摸索出的初步思路。

一方面，数据业务收入贡献比重年年上升，驱动何在？从日本的经验来看，多维度、精细化流量经营是关键。首先，日本运营商所提供的数据流量服务有着非常丰富的产品线和极其精细化的定价策略，核心是满足不同消费者的差异化需求。其中，一个创新案例来自KDDI推出的Smart Pass，该服务将500多个手机应用打包销售，月费仅为390日元。这种“应用市集”模式获得了较好的收益回报，为运营商提供了自建应用商店外的新思路。其次，日本运营商正逐步放弃功能机时代的封闭思路，先后引入了苹果等明星终端，通过“零元购机”等优惠政策大力鼓励用户换购智能机，高度重视智能终端对流量消费的拉动。同时，日本运营商与跨平台社交、手机游戏等新兴业务保持了友好合作关系，并未因其超常规发展而实施打压。总之，通过对数据流量产品的精细规划、对智能终端的大力推广、自有业务与合作业务的同步发展，其在流量经营领域日趋精细。

另一方面，话音和数据业务之外，机会何在？这一点不妨细究一下NTT DoCoMo的新部署。从2010年开始，NTT DoCoMo开始谋求异业拓展，重点向金融及结算业务、多媒体业务、商业服务、医疗与健康服务、云计算与物联网、集成与平台化业务、环保服务、安全、安保服务等扩张。其间，它收购了三井住友银行34%的股份，发行手机信用卡，进军金融界；它与欧姆龙合资，开展移动医疗及健康管理服务，进军医疗界；它与日本麦当劳合资，通过数据挖掘提供精准促销广告，进军营销界……经过几年发展，新业务收入已占到集团总收入的10%以上。NTT DoCoMo的业务扩张，反映了电信运营商对“管道化”问题的忧虑，这和中国情况一致。而日本的经验告诉我们，立足电信主营业务优势向周边产业扩张，是减少管道化威胁的有效途径。

4. 灵活定价策略，解除资费之忧

4G网络条件再好，业务再丰富，倘若资费太高，用户恐怕难以负担。而用户不“埋单”，4G发展就难接地气。细观日本实践，运营商切实重视用户利益，采取灵活的资费策略，降低资费门槛，主张培养用户“无忧”消费习惯，业务发展自然水到渠成。

其中，可借鉴的经验主要有三：第一，为推广4G业务，其套餐价格走亲民路线，与3G套餐价格相比差距并不明显。由于日本3G渗透率非常之高，4G增长基本来自3G用户转网，因此，价格竞争力是促进3G用户转网的重要因素。

第二，4G业务沿袭了“双平面套餐”策略，鼓励用户“无忧”使用移动互联网流量，而不必担心高额账单。事实上，“双平面套餐”是日本电信运营商普遍采用的资费策略。简言之，即同时设置一个较低的资费标准门槛与一个封顶资费标准，而在这两个标准对应的流量消费区间内则按实际使用量结算，无论如何消费，都不会超出封顶价格。由于消除了资费之忧，用户流量消费热

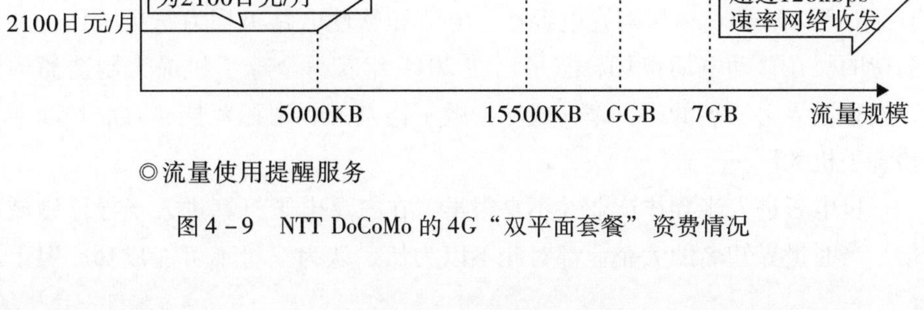

◎流量使用提醒服务

图4-9　NTT DoCoMo的4G“双平面套餐”资费情况

情高涨。

第三，套餐外超额流量消费转由低速传输，用户无需为超额部分多付账单。日本4G套餐通常设有月度流量消费上限，超出套餐流量上限后转向低速网络，无须追加支出。例如，定价为4935日元/月的XiPake－hodai Light套餐，其套餐流量上限为3Gb，一旦超出这个额度，用户可继续使用不高于128 kbps的网络，而无须多掏钱。资费问题永远是用户的关心点，也是4G落地的最后一道坎。日本运营商在这个具体问题上的思考与操作同样值得参考。

综上所述，当前4G建设是全球移动通信产业升级的前沿命题，而产业环境、网络建设、业务发展、资费问题等又是4G落地过程中不可回避的具体课题，各国均无例外。日本近三年的4G商用经验，便是对4G诸多热议、憧憬与质疑的最为现实的回应。

五、韩国：通信制造业借势崛起

韩国是当前信息产业最发达的国家之一，尤其是以手机、半导体等电子信息产品享誉全球。除了帮助韩国实现快速市场渗透和新技术的高速发展，通信产业发展也使三星、LG电子等一批韩国企业成长为全球性的制造企业。

三星集团是韩国最大的企业集团，同时也是世界第二大手机制造企业，在全球3G市场中积累了多年的技术和市场经验。在1992年时，三星的手机业务还面临着品牌繁多混乱，诺基亚等强敌环顾的不良发展环境。借助CDMA在韩国以及全球的部署，三星通过内部调整及专注中高端手机战略的推行，不但在韩国国内市场一举打下一片天地，更顺利进入海外市场与传统巨头一较高下。目前，三星集团拥有多个下属公司及若干法人机构，在近70个国家和地区创建了近300个法人机构及办事处，员工总数达19.6万人，总资产高达1070亿美元，在韩国出口额中占有1/5的份额。目前主要的半导体业务是DRAM、NAND闪存、单片机以及图像感测器，近年来为了扩大市场，也进入了微处理器以及晶圆代工领域。著名的美国苹果iPhone 4的部分主要零件，如苹果A4 CPU、NAND Flash、多层陶瓷电容器、电池和软性电路板均为三星所代工和研发制造的。在移动电话市场，三星已在2011年获得全球手机最大制造商的位置，拥有世界第一名的市占率，成功击败了诺基亚、摩托罗拉、索尼移动通信等传统手机大厂。

三星电子进入半导体产业并不是很早，在三星电子打算进入半导体领域的时候，当时世界知名的大企业都对此不以为然，认为三星不可能成功。但是三星电子就是下定决心，坚持投入，坚持做下去，终于在连续亏损了几年之后打开了局面。现在三星电子已经成为世界上最大的半导体制造商，三星的半导体产品也已经成为韩国出口额最高的产品。

LG 集团是生产电子产品、移动电话和石化产品等的韩国大型集团，员工超过 84000 人，在全球有 112 个营运据点（包括 81 家子公司）。LG 集团 2008 年全球销售额达 447 亿美元，旗下有五大事业体：家庭娱乐、移动通信、生活家电、空调以及企业解决方案。

LG 这个名称来源于 1995 年以前使用的公司名称“Lucky Goldstar”的首字母缩写。在改名之前，公司的许多电器产品是以“Goldstar（金星）”的品牌进行销售的，而其他家用产品使用的则是“Lucky”（乐喜）。在韩国，乐喜品牌因生产家用清洁产品和洗衣店清洁剂而闻名。在韩国社会工业化以前，乐喜甚至就是牙膏的同义词。目前 LG 集团拥有 51 个子企业，涉及化工、能源、电子、电气、金属、机械、建筑、工程、贸易、金融、保险等领域，LG 电子则涉及家庭娱乐、移动通信、生活家电、空调、显示屏、车用信息娱乐系统等。

LG 在 1958 年进入电子行业。目前在电信运营和终端制造上双管齐下，凭借得天独厚的资源优势和对用户需求及业务使用的充分理解，在韩国 3G 产业发展中扮演了重要的“推手”角色。从 1997 年开始，LG 电子就对 3G 进行集中投资，并在 2002 年韩日世界杯开幕式中，成功进行了世界上首次 3G 业务演示。根据 StrategyAnalytics 的最新研究报告显示，2008 年 LG 电子成为全球第三大手机生产商。

事实上，在韩国通信产业发展过程中，三星、LG 等韩国制造厂商都从与高通公司的紧密合作中得到了有力的支持与推动。从 1996 年与三星、LG 等共同推动 CDMA 的商用，到此后十多年间一直不间断地给予合作伙伴产品、技术、市场等多方面的支持，高通与韩国政府、运营商和制造厂商一起，共同促进了韩国移动通信行业的崛起与繁荣。高通始终致力于帮助合作伙伴实现在全球范围内的崛起与壮大，三星、LG 等正是依托高通强大的技术支持，在全球市场的竞争中获得了巨大的优势，并最终实现了由区域性家电生产厂商到全球制造巨头的转变。

当全球范围内 4G 发展如火如荼之时，韩国各大运营商不断根据形势变化调整运营策略，快速实现网络覆盖，以期在最短时间内完成网络布局。其中韩国 SKT 采取取消无限量套餐，网内通话免费的策略，赢得 4G 业务发展的先机。SKT 是韩国最大的运营商，市场占有率达 50%，总用户数约 2500 万。2011 年

7月，其启动4G运营。2013年3月，SKT针对4G用户推出了“与韩国5成用户免费通话”的资费套餐，套餐中网内网外短信全部免费，SKT网内用户之间通话全部免费。新套餐还减少了网外通话时长，取消了3G时代的无限量流量服务，用户使用流量有封顶上限。该流资费套餐一推出便受到广大用户的欢迎，仅3天时间就有20万用户选择了新套餐。SKT 4G用户比例由2013年2月的830万增长到9月的1227万。SKT推出新的资费套餐主要出于两方面考虑：

保护网络资源——在3G时代，为加大用户使用量，SKT为用户提供不封顶、无限量的数据流量套餐。但随着内容不断向高清化、大容量发展，移动互联网流量呈现爆炸式增长，对网络形成的压力越来越大，SKT为节约宝贵的网络资源，优化用户体验，为4G流量套餐设置上限，更符合新形势下的移动数据业务发展。

流量经营需要——以流量为核心设计资费，突出流量资费的重要性，淡化资费套餐中的话音资费的重要性，以低廉甚至免费的语音短信资费组合吸引更多的新用户使用4G服务。

SKT的资费套餐计划为4G业务发展提供了两点启示：

一是合理利用网络资源。在4G运营初期，网络资源稀缺，网络性能不足以支撑无限量流量使用，如果盲目推出无限量套餐，会造成网络拥堵，进而影响用户体验，影响用户发展。

二是让渡利润。升级4G之后，网络运营成本以及语音和短信成本进一步降低，即使4G资费与3G资费持平也可以带来更高的收入，可以将语音与短信的资费进一步降低甚至免费赠送，以吸引更多的用户使用4G服务，扩大用户规模。

六、英国快速建设4G网络，完成网络布局全面覆盖用户

EE（全称Everything Everywhere）是Orange和T－Mobile在英国的网络合并后成立的合资公司，旗下主营业务为4G业务与移动宽带业务。2013年年初其获得4G运营牌照，在4G建设90天后，网络就覆盖了英国总人口数的45%，6月份用户数达到50万，9月份已覆盖英国117个城镇，英国总人口数的50%可以享受到EE的4G服务，而用户数也达到了100万，比预定计划提前4个月完成年度目标。截至2013年12月底，EE的4G用户数突破120万，网络覆盖全英境内的120多个城镇，网络覆盖率达到60%。预计EE到2014年年底网络覆盖率将达到98%。EE快速建网策略为其带来了可观的收益：一是快速提升

客户增长率。EE 在短时间内建成了英国覆盖最广的 4G 网络，使用户直观体验到了 4G 给生活带来的变化，在短时间内吸引了大批用户，一跃成为英国 4G 运营商的领头羊。二是高利润率。EE 凭借快速实现网络覆盖带来的资源优势，设计出了利润率较高的资费套餐，其资费单价水平比 Orange 的 3G 资费单价水平高 10%，比竞争对手的 3G 资费高 20% ~40%。

EE 选择快速建网的原因主要有两点：

一是新晋品牌，竞争激烈。沃达丰等运营商给 EE 带来了巨大的竞争压力，作为新诞生的品牌，相比沃达丰、和黄等运营商，EE 品牌认知度较低，用户不买账，品牌无法产生带动效应。而 4G 作为新生事物，用户对其认识也不多，品牌效应不明显，最快速地让广大用户体验到 4G 的性能，就可以树立自己的品牌，在市场竞争中占得先机。

二是英国固网宽带快速发展。在 4G 牌照正式发布之前，英国已经开始实行“国家宽带网络计划”，对全国进行宽带提速。如果此计划完全实行，则“网速快”这一重要的 4G 卖点将不复存在，为赢得更多消费者的选择，必须在最短的时间内建设一张覆盖全国的 4G 网络。

EE 快速建网的启示：

一是优先建设网络，在最短时间内为用户提供可触摸的产品与服务。在最短时间内使用户对 4G 产生直观的印象比任何宣传都有效。

二是资费设计有的放矢、弃短就长。在 4G 时代，随着网络速度的不断加快，用户对流量的需求越来越大，资费套餐中语音支出的比例越来越小，流量经营的重要性日益突出，运营商纷纷放弃 3G 时代的无限量套餐计划，并且压低语音资费，将运营重点转向流量经营。

第五章 通信技术的应用现状与前景

在经济全球化的影响下，世界各国实现了经济、文化和技术等多个层面的交流，带动了科学技术的飞速发展。在当前的形势下，信息化和数字化技术的飞速发展，使得信息成为影响企业发展和社会进步的关键，通信技术也因此得到了跨越式发展。可以毫不夸张地说，移动通信技术的发展，正在逐渐改变世界。移动通信技术特别是4G 技术在各个领域得到广泛应用。

一、4G 无线通信技术在油田专网建设中的应用

1. 案例分析①

结合我国某大型油气田的数字化建设，对4G 无线通信技术在其专网建设中的应用进行了分析。

2. 概况

该油气田总面积达到5015 平方公里，探测储量过10 亿吨，当前年产量达到2000 万吨以上，极大地带动了当地经济的发展。在发展过程中，为了顺应信息化时代的要求，提高油田的数字化水平，确保信息和数据传输的及时性和准确性，进一步提高油田的产量，经过分析和探究之后，经营者决定应用4G 无线通信技术，对油田专网进行改造。

3. 专网结构

专网就是专有网络，属于系统内部的专用型网络，通常情况下只针对该系统提供服务，但是也可以与公网进行连接。该油田专网目前使用的是3G 通信

---

① 李默颖.4G 无线通信技术背景下油田专网建设分析. 硅谷2014 年（3）。

技术，不仅数据传输速度较慢，存在很大的滞后性，而且在对图像资料进行传输时，容易出现数据损坏或者清晰度不足的现象。因此，使用4G无线通信技术进行改造，可以说是一种必然趋势。

（1）数据采集系统。数据采集系统主要是通过设置在油井井口的采集设备，如RTU、传感器等，对油井的状态进行数据采集，以便进行分析。该系统主要由采集设备、无线传输系统、交换机以及监控设备组成。其基本工作流程为：选择适当位置，架设传感器→通过传感器等对油气井的数据进行采集和整理→利用无线传输系统，将数据传输到监控中心→监控中心的工作人员对数据进行实时展示和分析。

（2）数据传输系统。为了确保数据传输的高速性和有效性，数据传输系统采用的是一套260M的LTE无线宽带通信系统，架设在全IP网络的基础上，使得组网方式更加灵活，核心技术采用自适应编码调制、自适应重传等，使得系统的覆盖范围极为广泛，可以轻松覆盖整个油田区域，而且数据传输的可靠性和安全性强，传输速度快，对于数据量较大的数据包也可以实现轻松传输，频谱适应性强。同时，该数据传输系统还可以在主站与监控模块之间，构建稳定、安全的数据传输通道，实现工作人员对于设备的远程管理和操作。

（3）监控系统。监控系统对于整个油田的生产安全和稳定有着十分重大的意义，需要特别重视。为了切实保证监控系统在数据收集、传输和处理上的即时性和有效性，在实际应用之前，首先对其进行了实验，以检验4G无线通信网络的性能以及设备自身的性能。系统采用LTE无线传输网络，在油田区域内选择了两个试验点，与原有的数据采集系统进行了对接，以减少资金的投入。

监控系统包括核心设备、网管服务器、基站和交换机等，结合实验点的实际情况，在现场进行了系统架设，并对安装的质量进行了测试，结果显示系统的信号覆盖良好，可以满足实验要求。

使用相应的设备，对系统的数据传输速度以及容量进行测试，测试结果如下：

系统的工作频率在223～235 MHz之间，采用载波聚合技术和ODFM技术，对其进行调制，最终频谱效率在2.5bps/Hz以上。如果相应的接入设备带宽为1MHz，则数据传输速度可以达到1.84Mbps，与原有的数据传输速度相比，更加快捷，数据传输的质量也更高。

通过对试验结果的分析，发现与设计结果存在一定的差异，经过对比，发现主要是由于主站软件的性能较差，难以满足TCP传输的要求。因此，对接口转换程序进行了替换，从而使得系统的通信速度得到了进一步提高。

4. 结束语

实验最终结果表明，使用4G无线通信技术对油田的专网进行改造，可以极大地提高专网中数据传输的质量和速度，使得通信系统在整体上更加适合未来油田对于新设备和新技术的应用，以及数据的采集、传输和处理，为数字化油田的建设奠定了坚实的基础。

二、电力通信中光纤通信技术的应用

我国应用光纤通信已有几十年的时间，光纤通信技术在电力系统中经常使用，促进了电力通信技术的发展。电网安全运行的关键和电力安全的支撑就是电力通信，电力工业的快速发展对电力通信系统提出了更高的要求。光纤通信技术的重量很轻、容量很大、损耗很低、抗干扰能力很强，尤其是光纤通信的光波分复用和光交换作用，满足了数字化发展的要求，也使电力综合通信的能力得到了提高，所以，光纤通信技术在电力通信中得到广泛应用，可是随着时代的发展，依然要不断加强对光纤通信技术的开发和研究。

1. 在电力通信中应用光纤技术的重要性

（1）在电力通信系统中，网络具有复杂性。

电力系统中的通信需要使用各种不同的设备，可是设备不同，接口的方式和转换的方式也就不同了，例如，用户线的延伸、中继线的传输等。除此之外，各种通信手段在电力系统中使用，增加了电力通信系统的复杂性。

（2）电力系统传输信息实时性强。

电力通信系统中传输的信息有继电保护信号、话音信号、电力负荷检测的信息和图像等，这些信息的量不大，可是实时性很强。

（3）电力通信系统通信的范围很广。

电力通信系统的主要服务对象有发电厂、供电局、变电站、电管所等，所以电力通信系统的通信系统非常的广，对光纤技术提出了更高的要求。

（4）电力通信系统要求可靠性和灵活性较高的通信。

电力系统对人们的生产和生活有很重要的影响，它的重要任务就是维持电力供应的稳定。为了维持电力通信系统的正常运作，就要避免间断或者突发情况的发生，所以要应用具有较高灵活性和可靠性的电力通信，为了满足这种需求就要应用光纤通信。

（5）为了满足电力通信系统的需求，通信技术要有很强的抗冲击能力。

电力系统如果突然发生故障，就会波及很大的范围，造成通信的业务量短时间内增加很多，所以电力通信系统要求通信技术具备很强的抗冲击能力，为了满足这种需求，就要应用光纤通信。

2. 电力通信中经常用的光纤

在我国，电力通信系统是不同的，想要建设一个光纤通信网是非常困难和复杂的，时代的发展对电力通信提出了更高的要求，在通信网中也就要求更加先进的光纤。目前经常用的电力通信光纤有光纤复合地线、光纤复合相线等。

（1）光纤复合地线。

光纤复合地线指的是电力传输线路中的地线中具有一定的地线作用和光纤优点，同时可靠性强，是不需要进行特殊维护的管线单元。不过，想要应用光纤复合线需要很大的投资，它主要应用于建设新线路和更新旧线路。主要作用就是防止输电线路被雷击中，同时也可以通过地线中的光纤进行信息传输，将地线架空。

（2）自承式光缆。

自承式光缆主要分为两种，即金属自承式光缆和全介质自承式光缆。全介质自承式光缆的质量很轻、直径很小、结构是全绝缘的，尤其是它的光学性能非常稳定，能够降低停电造成的损失，这种光纤非常特殊；金属自承式光缆具有简单的结构、较低的成本，应用于电力系统时不需要将短路电流和热容量考虑在内。

（3）光纤复合地线。

光纤复合地线指的是输电线路中的一种电力光缆，这种光缆将光纤单元复合在输电线路的相线中。光纤复合地线将电力系统的线路资源进行充分利用，防止和外界发生矛盾，这是电力通信系统应用的一种新型光缆，对解决架空线路受限问题非常有效，也可以防止发生雷击事件，除此之外，在使用光纤复合相线以后，地线绝缘的运行更加稳定，也节省了电能。

3. 对电力系统光纤通信网的维护

目前，电力系统中广泛应用光纤通信技术，而光纤通信技术不断加大网络规模和网络结构的复杂性。良好地维护电力系统光纤通信网是电力系统更加安全和可靠的保证。第一，要提高电力系统工作人员的专业技能和综合素质，需要对他们进行全面的培训；第二，积极引进先进设备，更新技术和设备，维持光纤通信网络的正常运行。

4. 电力通信中光纤通信技术的发展方向

（1）光接入网。

最近的几年，网络技术不断地创新和发展，网络的交换和传输不断地更新换代。将来，网络的发展趋势就是智能化网络，具有网络主宰、高度集成、数字化的特点。目前网络的接入主要是通过双绞线，虽然双绞线具有较好的传输质量，可是和光纤还是存在很大的差距。如果应用光接入网，管理和维护网络的成本就会降低，甚至可以建立光透明网络，实现真正的多媒体。

（2）使用新型的光纤。

现在，IP 的业务量不断增加，电信网络也要不断地创新和发展，光纤正是其发展的基础。现在的信号传输都是远距离的，并且有很高的质量要求，原来的单模光纤已经不能满足发展的要求，所以对光纤进行开发和研究是电力系统发展的需要。目前，随着不断提高的干线网要求和不断发展的城域网建设，两种新型的光纤已经得到社会各界的认可，这两种分别是非零色散光纤和无水吸收峰光纤。因为光纤的先进性，它们的应用与发展也会非常广泛。

（3）光联网。

光联网以后光网络具有很大的容量、很多的网络节点、很大的网络范围，同时网络的透明度也会增加，有效地将不同的信号连接起来，提高了网络的灵活性。除此之外，网络的恢复速度会加快、恢复时间会缩短，也不会影响电力系统的正常运行。很多发达国家已经投入资金、人力和物力在光联网之上，我国也将逐步迈向这条路。光联网将会在将来的通信中发挥巨大的作用，促进电力通信的发展。

科学技术不断发展，同时在电力通信中得到了更加广泛的应用，光纤通信技术的发展也是迅猛的，它使得电力通信的质量和速度大大提高。而且，光纤技术在最近几年已经延伸到了很多家庭、企业、政府部门维持了电力通信的持续发展。

三、通信技术在铁路交通系统中的应用及发展趋势

通信系统就好比是铁路交通的神经系统，能实时反映铁路交通状况和对其采取有效的控制和命令等。随着科技的发展，通信技术在铁路交通系统中得到了越来越广泛的应用。铁路通信网要与铁路交通高速化的建设步伐相适应，大

力建设技术更加先进、功能更加完善的通信网络，使之在国民经济的发展中发挥更大的作用。

1. 铁路通信技术概况

铁路通信技术就是通信手段在铁路运输中的应用。铁路通信技术在铁路系统中一般不是单独存在的，而是与行车系统、安全系统、维修系统相互结合在一起形成一个有机整体。在铁路系统中通信技术主要是指传输和监控铁路系统中的各个环节，将实时的数据传输给指挥中心，通过“人机对话”模式对数据进行分析、管理和控制，以制定相应的应对策略，为调度指挥中心的指挥人员提供科学、有效的技术参考，为铁路指挥的最终决策提供依据。

2. 通信技术在铁路系统中的应用

（1）有线通信技术。

有线通信技术在铁路系统中主要是用在固定的站与站之间、固定的设施之间的通信，有着传输速度快、传输质量高、成本低、安全性好等特点。有线通信技术是一种较为成熟的光纤通信技术。在铁路通信之中，光纤技术是信息传递系统的核心，在铁路通信的发展中扮演着重要角色。从最初的光纤技术开始，不断转换，克服原本存在的诸多难题，一点点进行改善，力求最大化地促进通信时代的前进步伐。市场需求的不断增加，将成为推动光纤技术发展的最大力量。下面根据 PDH、SDH、DWDM 三个光纤技术发展阶段，分别阐述光纤技术如何在铁路系统中得到应用。

①PDH 光纤。

铁路光纤通信在上 1980 年开始进入研究，而在两年之后，开始在北京进行了长达 15Km 的试验。在此过程之中，设置了一条四芯短波光纤，让二次群系统进入开启状态。在大秦铁路的重载双线里，采用八芯光缆，二芯以 35Mb/sPHDH 为设备，构建成局线通信网络系统。配置为 9Mb/SPHDHd 的二芯设备，将要和 PCM、D/B 设施构建沿铁路形成的通信网络。此次应用，将我国第一个光缆数字化系统构建成功，将铁路信息通信从最开始的小同轴模式转换为光缆数字模式，这次光缆系统的落建完成，为中国通信技术的改革提供了良好的技术开端。

②SDH 光纤。

实现 SDH 光纤技术之后，可以让铁路通信的发展再上台阶。这是一种能够将数字体系同步的技术，可以将信息进行高速传输，信号固定于帧结构之中。

复用之后可以在光纤上输送，其传输速率被称之为STM，不同分级的传输速率也是各有不同。STM－1的速率为145.23Mb/s，而STM－3的速率为1562Mb/s，STM－23的传输速率是6952M b/s。相比PDH光纤技术，优势也较为明显，具体如下：比特率统一，接口标准也是统一进行，不同厂家的出厂设备都可以相互进行使用，改善了以往使用时所遇到的局限，这点是最为实用的，在平常的使用过程中，就会看到诸多便捷。

之前的网络还没有自愈概念，在SDH光纤之中，首次将自愈网络切实应用到光纤运行之中，SDH的设备形成环网模式，这样的组成模式具有极高的自愈保护功能。在传输过程中，如果遇到信号故障之时，也可以通过自愈环网进行自动恢复，并且确保通信处于正常状态。

③DWDM光纤。

宽带具有单模光纤、损耗极低等主要特性。宽带将这些特性进行利用，致力于得到最高的使用效果，它采用不同波段进行信息传输，并且将这些不同波段的载波合并在一条光纤中进行传输。在同样的信息传输之下，可以节省光纤数量，也不耽误使用效果，切实符合现今对光纤通信的要求。在铁路通信之中，这项改善对通信质量的提升可想而知。DWDM技术的使用，能够将光纤传输所产生的数据流量上升至500Gb/S。在如此庞大的信息传输容量之下，对传输质量的使用也是在安全安装状态中进行的，切实满足用户对网络运行的需求。

DWDM使用IP、ATM、SENT进行数据传输，传输数据速度可以达到110Mb/s到2.4Gb/s，在此基础上完成数据传输。在一个激光轨迹里，可以采用不同速度对数据进行传递，这也是DWDM的特性之一。

这项光纤技术最大化地实现了数字传输制定的国际标准，在一条管线之中，承载诸多信息，并且具有良好的兼容性，这点非一般技术可以与之媲美。形成最为灵活的网络运行方式，形成组网，可以在外界各种故障发生之前，进行自我防御，也可以自我修复。在降低成本的同时，将网络容量最大化，满足各种全新业务的拓展需要，为整个通信行业都带来全新的跨越。

（2）无线通信技术。

由于在铁路系统中列车是铁路运输的主体，而列车的通信主要是在行进过程中进行的，所以无线网络技术在这一范围内得以广泛应用。常用的无线通信接入主要是在列车即将出站或行将进站的这一小区段里进行，实现管辖区域内列车车长、司机与站内调度室管理人员之间的实时通话功能；而在列车行进区间基于节约资源和减少频率干扰的考虑则不进行无线通话。这就使得无线通信技术在铁路系统中的应用较为局限，随着时代的发展，已经不能满足铁路现代化建设的进程，因此必须建设更加先进的、与铁路快速发展相适应的无线通信系统。这一无线通信系统需要完成列车与调度室之间、调度室与指挥中心之间、指挥中心与列车之间的通话功能。

（3）集群通信系统。

集群通信系统是由具有信道共用和动态分配等技术特点的集群通信系统组成的集群通信共网，为多个部门、单位等集团用户提供专用指挥调度等通信业务。集群通信系统结合了现代化的计算机技术、网络技术、通信与微处理技术、程控交换技术等，集通信、交换、控制于一体。

在铁路系统中，采用集群通信技术可以最大程度地节约频率资源，降低损耗，弥补了传统无线通信技术的缺失，尤其适合应用在铁路车辆调度、指挥以及抢险应急灯的控制等方面，由于此系统采用动态频率，因而很好地解决了通信频率的分配问题。但是这一技术不能与公共网络进行有效融合，容易受到干扰而使信号不强，甚至有信息丢失现象，在指挥中心与列车之间的双向数据通信过程中很难做到数据的原真性和保密性，因此其应用有一定的局限性。

3. 铁路通信技术的发展趋势

（1）网络结构的优化。

根据铁路信息化建设的要求，要使铁路通信实现通用化的要求，并提高信息容量和数据传输速度。要在有线通信网络、无线网络和集群通信网络的基础上，采用先进的网络技术如 IP 技术构建覆盖全国的通信网络，采用信息一体化技术，实现各指挥中心和调度室之间的信息共享。鉴于当前无线通信技术的缺点，可以采用具有远程监控能力的光纤直放技术，这一技术是将传统的模拟信号转化为数字信号，然后进行光传输，由于数字信号的可靠性和传输信号的“零衰减”，使得信号的可靠性得以提升，同时又具有节能模式，可降低运营成本，故可作为铁路通信技术发展的可靠性选择。

（2）与公共网络系统融合。

当前的铁路通信网络一般独立于公共网络而存在，这样不仅浪费资源，还使得铁路通信的速度提不上去。而如果铁路通信网与公共网络能得到有效融合，对铁路通信领域的改变将是革命性的。因此，铁路通信网络与公共信息网络相融合应是一种发展趋势。当前的铁路通信技术不论是传统的无线技术还是集群技术都有自身的缺陷，不足以与公共网络融合在一起，因此必须开发新的通信技术才能实现这一目标。

（3）铁路系统现代化监控系统的建设。

为进一步提高铁路运输的质量和提高运行的安全性，就必须要对铁路系统的各个环节实施有效的监控，对重点环节和重要设备要进行实时监控。未来的铁路监控系统要结合各种现代化技术，如计算机技术、传感器技术以及遥感技术等，需要建设一整套的视频监控系统，主要功能是实现重点线路视频监控的全面覆盖、实现对各车站购票旅客密度的实时监控以及对各信号楼、各作业区域的全天候视频监控，将实时数据和影响反映到计算机显示屏幕上。除此之外要对存在安全隐患的部位进行报警并制定改进方案，使铁路系统的每一个环节均安全、有效地运行。

铁路通信系统的建设是关乎国计民生的大事，可有效提高铁路运行效率、使行车更为安全。随着动车、高铁等的大力建设，当前铁路通信技术正在朝着信息化、数字化的方向快速发展，因此需要在已有的工作基础上，通过充分优化通信网络，与公共网络进行逐步融合以及发展现代化的监控技术，为铁路的运输提供更高质量的服务。

四、超宽带无线在通信技术领域的应用

由于移动通信与计算机互联网的巨大发展，无线网络已经成为移动通信技术与计算机互联网结合的必然产物，是人们实现随时随地自由传递信息的主要方式。所以，利用有限的频谱资源传输更多的信息是人们对信息传输容量与质量日益增长的需求和对无线通信技术的发展的要求，与此同时超宽带技术也引起了人们的注意，已逐步成为无线通信领域研究、开发的一个新热点。

1. 超宽带无线通信的概念

超宽带无线通信（Ultra Wide Band，UWB）技术，是一种出现于20世纪末的新型无线通信技术，该技术的发展潜能极大，是能够给无线局域网LAN与个人局域网PAN的接入技术与接口卡带来高带宽、低功耗的无线通信技术。所谓的无线通信，指的是一种通过电磁波信号在自由空间中传送功能，来达到信息互换的通信手段，近年来在信息通信领域中，应用最广、发展最快的就是无线通信技术。超宽带（UWB）通信系统主要指的是运用脉冲作为信息载体进而实现的一种通信方式，与传统的基于载波的通信系统比较，超宽带系统将信息

承载于低占空比的基带脉冲之中，其系统中不存在传统意义上的载波。

2. 超宽带技术特点

超宽带无线通信系统与常规的通信系统具有本质上的区别，作为一种特殊的无线通信技术，UWB 将是能够给无线局域网 LAN 与个人局域网 PAN 的接入技术与接口卡带来高带宽、低功耗的一种无线通信技术。超宽带技术的特点主要表现为：

（1）强大的抗干扰功能。

在发射 UWB 信号的过程中，会把极弱的无线电脉冲信号分别散发到频带上，而这时该设备的噪声比一般的设备更小。这主要是由于接收器可以还原已经接受到的信号能量，而在对其实施解扩的过程中出现扩频增益，所以，和蓝牙等设备相比较，在码速相等的情况下，UWB 抗外界干扰的功能更为强大。

（2）传输速率高。

UWB 的传输速率很高，其能最低能够达到几十兆比特/秒，最快能够达到几百兆比特/秒，与蓝牙相比，UWB 的传输速率将能够达到蓝牙的 100 倍，与 IEEE 802. 11a 及 IEEE 802. 11b 相比，其速率也较高。

（3）带宽非常宽。

UWB 所应用的带宽大于 1G 赫兹，甚至达到了几 G 赫兹，而且它还能够与现代的窄带通信系统在同一时间内共同运作，两者之间不会发生干扰。现今的频率资源是非常紧缺的，处于一种供不应求的状态，UWB 的运用是时域无线电资源的一大创新。

（4）频谱使用频率高，系统容量大。

由于其不要求使用正弦载波信号，在此期间不需要通过其他的过程，就能把冲激序列发射出去，所以，UWB 系统具备十分宽广的频谱，比较低的功率，能够很高效地与其他系统共同工作，并且不产生排斥与干扰现象，可以提升频谱使用效率。

（5）发射功率低。

因为 UWB 系统信号的扩频效果十分优良，所以只需使用较低效率的全向天线，就能够达到用不高于 1mW 的发射功率，实现上千米通信的目的。

（6）保密性优良。

UWB 的保密性体现在两点，具体为：a. 通过跳时扩频，信号接收器在拥有已有发送端扩频码的情况下，可以解开信号发射所要传播的数据；b. UWB

系统信号的发射功率谱密度相当低，使用老式的接收机不能够对发生出的信息进行接收。

3. 在通信技术领域中超宽带无线的具体应用

因为UWB通信所采用的带宽十分宽，这就相当于一个完整频谱的运用，而且其可以和其他应用同时存在，所以，在通信技术的应用领域内，UWB的使用范围极为广泛，例如在个域网、无线传感网、智能交通系统、成像等当中，都能够使用UWB。

（1）个域网中UWB的应用。

UWB能够在既定的范畴内以较高的传输速率、较低的功率来传递信息，这一点明显优于蓝牙，UWB可以为用户供应速度极快的无线外设访问功能，使用户能够快速地进行视、音频与文件的传输，所以，在个域网内应用UWB是极为适合的。例如，利用UWB，就能够在家中或办公室中，通过无线的手段将视频摄像机中的内容转移到个人电脑内，然后将编辑好的视频传送至电视上，供家人与亲友浏览；通过UWB能够以极快的速度实现不同设备之间的数据转换，例如电脑与手机之间的数据传送、音频在MP3和电脑之间的转移等等。

（2）无线传感网中UWB的应用。

因UWB拥有功耗小和成本低等优势，所以，在无线传感网中能够运用UWB技术。在诸多的应用中，传感器一般是运用在一些较为特殊的地方。通常情况下，传感器采用不是有线传送信息的手段，而是采取无线传送的方式。应用于无线传感网内的通信技术，必须满足两个要求，即功耗小和成本低。由此可见，在选择无线传感网通信技术时，最为理想的方案无疑就是UWB技术。

（3）智能交通信息中UWB的应用。

由于UWB具备搜索、定位的功能，因此可以利用该技术制造一种雷达，以用来达到防障碍物、防碰的目的。将这种雷达安装在汽车上，就能够避免汽车与其他障碍物碰撞。这样的话，驾驶汽车将变得十分轻松，当汽车的四周出现障碍物时，雷达就会发出警报，告知司机；另外，在停车时，该设备就是司机最好的助手。同时，利用UWB还能构建智能交通管理系统，该系统是由一些车载装置、数个站台装置所形成的无线通信网，其中，利用UWB就能够实现两种装置通信的目的。比如站台方对移动汽车的定位搜索、速度测量等。

（4）UWB的成像应用。

UWB 拥有一定的楼层作用与穿透墙作用，所以，在成像系统当中同样可以使用 UWB 技术。通过 UWB 能够制造出各种雷达，例如穿墙雷达。以穿墙雷达为例，可以将这种设备使用在警察的防暴活动抑或者是战场当中，对一些敌人的位置加以定位；又如地面穿透雷达，在矿产的勘测过程中，人们就能够采用这种设备来寻找矿产的具体位置，抑或者是用这种设备来寻找由于各种灾难而被掩埋的人员。

与传统的无线通信技术相比较，超宽带无线通信技术可以实现的速率远远超过传统的无线通信技术，另外，超宽带无线通信的功耗较低，其信号的功率谱密度也非常低，安全性良好，可以更好地满足现代移动设备的需求，相信 UWB 技术具有广阔的应用前景，将会为社会带来更大的便利。

五、多媒体通信技术在中国气象服务体系中的应用

从目前多媒体技术和通信技术的发展来看，两者在技术研发和应用领域上都有一定的交叉，基于现实需要，多媒体技术和通信技术已经融为一体，形成了具有一定特点和优势的多媒体通信技术，这成为通信技术的发展的重要趋势。多媒体通信技术可实现语音、图像和数据等综合信息的远距离传输，实现异地交流的亲切感和临场感，为人们提供一种简单而有效的协同工作手段。

案例分析①：结合中国气象局全国天气预报电视会商及电视会议系统（以下简称“电视会商系统”），分析多媒体通信技术在中国气象服务体系中的应用。

随着中国经济和社会的快速发展，气候变化和气象灾害对中国社会和经济发展的影响也越来越大，社会对高质量气象服务的需求急剧上升。专业服务领域也不断拓宽，覆盖面不断扩大。目前，气象科技服务领域已拓展到交通、工业、农业、能源、旅游和水文等上百个行业和部门，而且还在向经济社会的多领域延伸。同时中国气象局也需要高质量的业务服务支撑体系，以更好地服务社会。

中国气象局全国天气预报电视会商及电视会议系统于 2001 年开始建设，该系统基于多媒体通信技术，以国家气象信息中心电视会商系统主控机房为控制中心，覆盖全国 31 个省（区、市）、13 个局大院会场及南京信息工程大学、

---

① 梁小雨，陈永涛，黄珣，纪俊云. 多媒体通信技术在中国气象服务体系中的应用. 气象与环境学报，2014。

民航等用户，具备传送音频、视频和计算机 VGA 画面的功能。系统支持标清视频信号，分辨率最大达 4CIF（704 ×576）。作为中国气象局重要的实时业务系统之一，电视会商系统自 2003 年 7 月正式投入业务使用以来，承担定期召开各类天气会商/会议、远程培训及其他各类突发天气事件和重大活动气象服务的应急会商连线任务。标清电视会商系统实现连续运行，服务范围越来越广泛，使用越来越频繁，尤其在每年汛期、重大灾害性天气及重大活动气象保障期间，系统使用更频繁，在气象业务中发挥较大作用。随着系统使用压力增大，系统设备的老化程度提升，系统的运行稳定性开始暴露出问题，故障率逐渐增加。同时，标清电视会商系统提供的功能及视频效果已不能满足日益增长的业务需求，电视会商系统亟待升级改造。2010 年中国气象局采用最先进的多媒体通信技术建设高清电视会商系统，建成后的电视会商系统视频分辨率达 1080P（1920 ×1080，逐行），系统的运行能力和可靠性均有较大提升，较大程度地提高了电视会商系统服务水平。下面将从系统构成、系统功能、技术应用及系统比较等几个方面，对电视会商系统进行全面介绍。

1. 系统构成

高清电视会商系统结构如图 5 –1 所示，由 1 个国家级高清电视会商系统控制中心、16 个国家级会场和 31 个省级高清终端组成。国家级控制中心作为系统的多媒体处理中心，基于 IP 网络通过多点控制单元（以下称 MCU）、视频终端与国家级、省级会场高清终端互联，实现多媒体数据双向互通；同时，通过光纤网络传输设备与部分国家级会场实现多媒体数据双向传输。

（1）国家级控制中心。

国家级控制中心机房配置 2 台互为热备份的 MCU，并配置会议管理平台，MCU 由会议管理平台管理，系统资源统一调度。高清 MCU 支持 1080P、720P、4CIF 和 CIF 视频会议终端接入，MCU 负责将所有会场的码流处理与转发。会议管理平台负责会议的召集、管理和结束等会议管理控制功能。会场最高接入带宽为 8M，4MIP 会场最高可接入 100 个。

（2）各级会场。

高清电视会商系统各级会场包括国家级控制中心会场 16 个，国家级 13 个，省级 31 个。各会场配置高清视频会议终端，视频会议终端通过局域网与国家及控制中心机房 MCU 连接，在上传信号时，音频、视频等数据经过视频会议终端编码后，通过网络传送到中心 MCU 进行转发、控制等处理；在接收信号

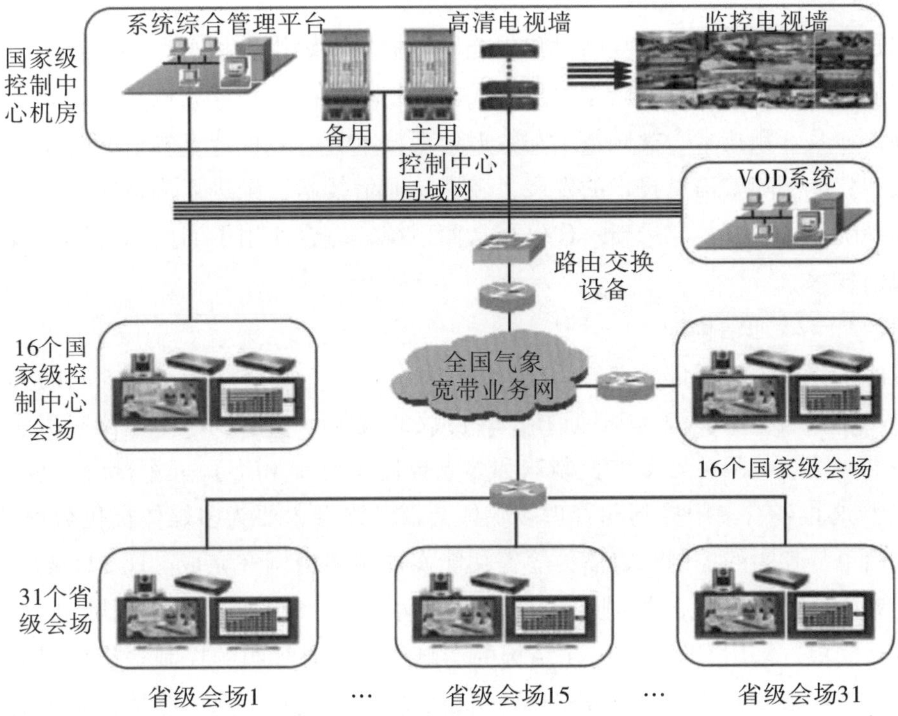

图 5－1　高清电视会商系统结构

时，视频会议终端通过局域网接收到 MCU 发来的数据，对音频、视频等数据进行解码。

（3）国家级控制中心音视频系统的实现。

国家级控制中心具备音视频信号的处理、分配、切换和中转传输的功能。系统视频部分采用全数字高清设备，视频信号输入源包括电视墙服务器、控制中心视频终端、国家级会场和控制中心高清摄像头等设备，可输出 84 路高清信号源。上述信号源接入控制中心的数字高清视频分配切换系统，通过该系统进行切换和分配，实现任何一路高清信号源都能输出到数字切换台、监视器、高清视频终端、录播和卫星广播系统等终端设备。根据实际需求选择两台 64 × 64 的 DVI 高清矩阵级联作为视频信号切换设备；选择 1 台 64 ×64 的 RGBHV 高清矩阵作为计算机信号切换设备。系统的音频分配切换配备 2 台数字调音台，采用储备冗余设计，2 套设备间通过信号倒换器进行切换控制，同时根据实际信号输入输出的数量分析，配备2 台8 路1 分4 音频分配器、3 台4 路1 分4 音频分配器及 2 台 20 路 2 切 1 主/备应急倒换器将音频切换分配到各会场。

2. 技术应用

多媒体通信是指在一次呼叫过程中能同时提供多种媒体信息，如声音、图像、图形、数据和文本等的新型通信方式。它是通信技术和计算机技术相结合的产物，涉及音频技术、视频技术和数据处理技术等，各种技术的核心为遵循的协议和标准。随着信息技术的发展，多媒体通信技术已经进入高清时代，电视会商系统作为中国气象局新一代电视会商系统，综合使用了当前最先进的多媒体通信技术。

（1）H. 323 通信标准。

当前主流多媒体通信标准有 H. 323 和 SIP。H. 323 标准属于国际电联的标准，以 TCP/IP 协议为基础。根据 H. 323 协议的规定，一个多媒体会议应用系统由终端、网守、网关、多点控制器和多点控制单元（MCU）五个部分组成。MCU 为核心设备，集中控制和管理多媒体会议。终端主要为多媒体提供数据，功能较简单。呼叫的控制和媒体传输等功能实现主要由网守完成。H. 323 系统是一种集中式、层次式的控制模式，适合构建大网。SIP 标准属于国际电联，协议相对简单，采用 Client/Server 结构的消息机制，对呼叫的控制是将控制信息封装成消息来实现传递，服务器负责定位、转发或接收消息，终端设备负责会议的控制、管理。SIP 系统是一种分布式的控制模式。由于中国气象局电视会商系统是一个大型的全国性会议系统，需要集中控制，更适合 H. 323 标准的会议模式，因此高清电视会商系统采用 H. 323 通信标准。

（2）H. 264 视频标准。

高清电视会商系统视频分辨率为 1080P（1920 × 1080，逐行），因此采用的视频编解码技术非常关键。当前，视频编解码标准有 H. 264、H. 263、MPEG - 4 和 MPEG - 2 等，其中 H. 264 采用可变块大小运动补偿、1/4 采样精度运动补偿和加权预测等算法，提高了编码效率，增加纠错功能和各种网络环境传输的适应性，可在较低带宽上提供高质量的图像传输。图 5 - 2 为几种编解码算法的比较，显示了测试序列“Tempete”四种解码器的峰值信噪比（PSNR）与比特率曲线。可以看出，在图像编解码效率上，H. 264 算法最领先，MPEG - 4 和 H. 263 算法基本相当，MPEG - 2 算法效率最低。当带宽较低时，采用 H. 264 编码协议，可以保证视频的传输质量，实现网络带宽的最佳利用。

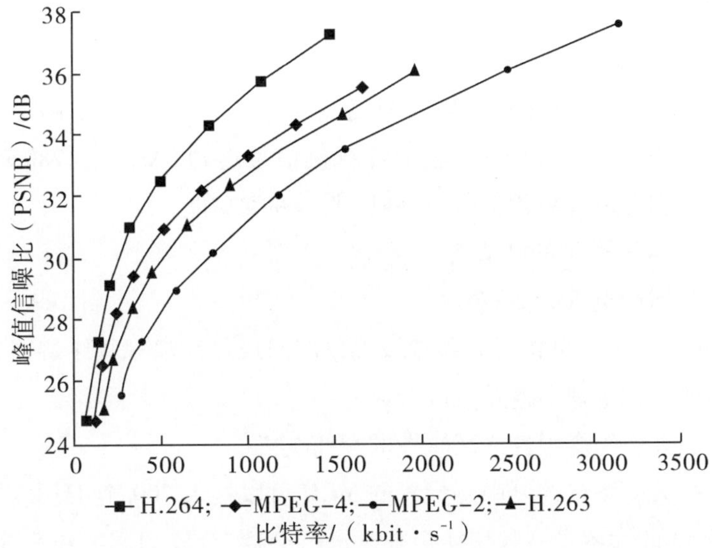

图 5－2 视频编解码性能比较

（3）AAC－LD 音频标准。

电视会商系统是 Internet 多媒体通信的典型应用，音频的编解码和传输是其中的关键技术之一。几种常用的音频标准比较如表 5－1 所示。AAC－LD 音频编码又称感知音频编码，是目前应用最为广泛的一种音频编码技术。对音频质量影响最大的是包丢失和时延波动，AAC－LD 采用模块化设计，可以在低码率下编码，支持 8～48K 采样率，在相同的采样频率下，AAC－LD 可以提供比 G. 722 等更好的音质，实现超宽频音频编码中最低的算法延迟，AAC－LD 算法延迟只有 20ms，并保证接近 CD 的音质，实现音质、比特率和算法延迟三者的最佳结合。

表 5－1 音频编解码性能比较

比较对象	采样频率/KHz	支持音频带宽/Hz	输出码率/kbps	最低算法延迟/ms
G. 711	8	300～3400	64	40
G. 722	16	50～7000	64	40
AAC－LD	48	20～20000	48～64	20

3. 系统主要功能

（1）视音频高质量传输。

实现主视频和计算机信号高清晰度分辨率。主视频流为 1080P（1920 × 1080，逐行）高清晰的分辨率、辅流计算机信号达到 SXGA（1280 × 1024）的分辨率，并实现辅流计算机信号 10 路以上的并发功能。

（2）召开各种类型的高清会商/会议。

①召开全国性电视会商/会议。

通过 MCU 调度，可将国家和省级气象部门通过高清视频终端连接在一起，召开全国性的远程电视会商及行政会议。

②同时召开 2 组全国性或区域性的会商/会议。

高清电视会商系统控制中心配置的 MCU 可以接入 100 个 4MIP 会场，并配备两台 64 × 64 的大容量视频切换矩阵，进行会商/会议的调度和管理；同时全国各省级气象部门具备 2 个会商室和 2 台高清视频终端，实现国家级会场同时召开 2 组全国性或区域性会商/会议的功能。

③资源统一管理。

多点资源管理中心（RMCC）对 MCU 资源进行集中管理和动态调度，主要内容包括资源集中管理、分级分权管理、会议统一调度、智能速率分配和维护

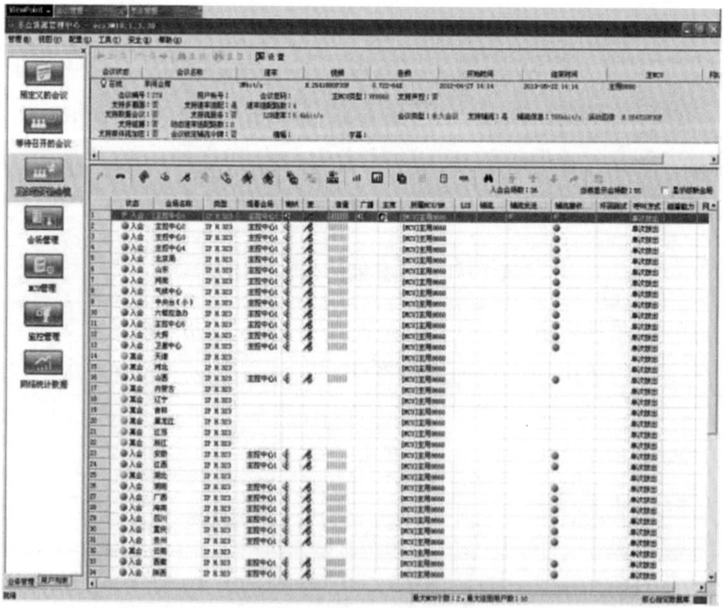

图 5 – 3　多点资源管理中心主界面

与诊断。实现会议调度、会议预约、会议管理、会场管理及故障诊断和排除功能。电视会商系统多点资源管理中心主要功能界面如图 5－3 所示。

4. 电视会商高清系统与标清系统比较

高清电视会商系统根据中国气象局的应用特点，采用先进的多媒体通信技术，系统的性能有较大程度的提高，高清电视会商系统在规模和会议的控制方式上没有改变，但是系统在视频分辨率、MCU 的能力及辅流并发等功能上有较大提升。高清电视会商系统和标清系统的比较如表 5－2 所示。

表 5－2　高清电视会商系统和标清系统比较

类别	高清系统	标清系统
系统规模	1 个控制中心 13 个国家级会场 31 个省级会场	1 个控制中心 13 个国家级会场 31 个省级会场
冗余备份	2 台具备热备份功能的 MCU 2 台主备数字调音台	没有冗余备份
会议速率	最大为 8 Mbit. s－1	最大为 2 Mbit. s－1
MCU 能力	100 个 4M 带宽会场	48 个 2M 带宽会场
分辨率	主视频 1080P（1920×1080，逐行） 辅流 SXGA（1280×1024）	主视频 CIF（352×288） 辅流 XGA（1024×768）
通信标准	H. 323	H. 323
视频标准	H. 264	H. 263
音频标准	AAC－LD	G. 711
双流标准	H. 239	H. 239
组会能力	同时召开 2 组以上会议	同时召开 1 组会议
辅流并发能力	具备辅流 10 路以上的并发功能	不具备辅流并发功能

5. 结论

（1）气象灾害及由其引发的次生灾害，已经越来越多地引起政府部门及各行业部门的重视。目前电视会商系统已成为中国气象局业务服务的重要支撑平台之一，为提高天气预报的准确率和减少灾害的发生做出重要贡献。系统在使用过程中得到气象部门各级领导的认可。各部门对每天早上八时在气象中心举行会商高度重视，每天的天气预报会商不但是技术人员交流的平台，同时也是气象工作人员了解天气的最直接窗口。

（2）远程的行政视频会议减少了差旅费，降低了碳排放，有效提高了工作效率。在全球提倡节能减排应对气候变化，中国提出中长期节能减排规划的大背景下，气象行业电视会商系统有积极的示范作用。

（3）近年来中国各地区气象部门之间和中国与其他世界气象组织之间的沟通正变得越来越紧密，异地远程电视会商将发挥更大的业务交流平台作用，在节省差旅费方面带来直接的经济效益，且在减排的生态效益上更有巨大的贡献。

六、通信技术在煤矿生产中的应用现状与发展趋势

我国是煤炭资源的生产与消耗大国。从 20 世纪 60 年代开始，我国的煤矿事业开始朝着自动化方向研究和发展，立足世界范围内的科学事业的高度发展，历经几十年的研究与实践，煤矿自动化控制已经从最初的利用庞大的继电控制器实现开关、闭锁控制的阶段发展到以晶体管与逻辑电路为主要控制器件的阶段，再到单片机的产生，彻底取代了传统继电器，大幅度提升了煤矿自动化控制的安全性与可靠性。新世纪，随着计算机网络技术的发展与信息技术的升级，信息的快速传递与各生产部门的实时监控成为煤矿控制与监测的新发展方向，煤矿自动化的水平也上升到了新的高度。

随着通信技术和自动化控制技术的不断发展与进步，以及高速信息通道的建立，煤矿生产过程通过电子监控和信息传输技术进行指挥成为必要且十分有效的指挥手段。通信技术的应用在煤矿的日常生产过程中扮演着重要的角色，通信系统也随着通信技术的发展不断升级。

1. 煤矿的通信技术现状

根据通信介质的不同，矿井中存在有线通信系统和无线通信系统两种系统。

通信系统在生产调度中的应用比较广泛，包括主机调度、安全隔离器调度等等。目前使用的矿用通信系统大都采用无线通信技术，相对而言具有无线信号覆盖广、使用便捷的优点，但也存在信道容量小、电磁干扰大、传输频率较低、信号弱、通话噪声大等问题。而且，矿用通信系统的调度功能尚不是十分完善，仍然存在诸多的限制，要积极进行开发和研究。常见的矿用通信系统包

括：矿用透地通信系统、载波通信系统、漏泄通信系统、感应通信系统、小灵通通信系统、矿用CDMA通信系统等。其中矿用CDMA通信系统的发展前景比较让人看好，其不仅可以实现双工通话、短消息发布、移动图像与数据传输，还具有井下巷道内无线电波覆盖较好、区域内同时通话数多、设备轻巧、使用不受限等优点。

井下光纤通信也是研究前景看好的通信技术之一，井下光纤通信系统具有强大的抗干扰能力和防爆能力，且其具有自动化检测功能，传输质量有保障，随着技术的发展，其传输能力与质量也会不断提高。井下光纤通信的主要问题在于使用高压放电熔接技术时产生的安全隐患，因而今后的完善与发展方向就是保证单模光纤机械连接装置不产生火花，损耗小，在保证安全的情况下提高性能。

2. 通信技术的未来发展趋势

要进行煤炭的自动化与通信技术的改进与完善，致力于高速监控网络与通信技术下的自动化控制系统的研发与应用是矿井综合开发的发展方向。作为煤炭资源的生产与消耗大国，在能源危机的大环境中，只有通过技术进步与技术改革，推进煤炭生产过程的自动化、信息化才是综合发展的趋势。未来的煤炭监控与自动化控制系统应该做到：全矿井自动化系统的集中控制、生产现场信息的自动化控制和集控中心的远程控制。

全矿井自动化系统的集中控制是指要引入先进的自动化开采与挖掘设备，在工业以太网技术的支持下，实现采煤操作过程与相关辅助控制过程的集中管理和控制，采用先进的软件平台，打造地面控制中心，对各类系统、相关工作设备进行在线控制，对故障进行远程诊断和处理，通过信号清晰、受干扰小的通信设备对井下人员进行管理，及时下达故障处理命令，对煤炭企业的资源进行集中化管理，实现煤矿各个级别、各个管理层的统一领导。改变旧有的煤矿安全生产方式，通过企业数据库的建立实现一体化控制。

生产现场信息的自动化控制是指将生产相关仪表信息、设备信息等高度集成，在各种科学技术高度发展的基础上，对煤矿的生产信息进行数字化、智能化管理，利用监控软件和传感器对采集到的现场信息加以整理和分析，对矿井内的多自动化因子进行集中式的管控，并且利用网络传输协议对获得的现场信息进行有效的连接，从而实现地面控制中心对生产设备的控制。生产现场信息的自动化发展目标是在设定的设备系统自动化运行的基础上实现矿井生产的信息化、网络化与机械化。

集控中心的远程控制是指利用中心软件和快速通信设备实现矿井自动化生产信息和安全信息的传输与控制，从而达到在线控制、远程操作的目的。远程控制的目的在于在生产故障发生的第一时间能够准确判断故障类型并能调派技术人员进行及时的故障排查和维修。还可以借助生产制造的执行系统与调度系统进行综合的生产计划制订与问题分析，确保在进行决策的时候能有一手的现场设备信息、生产的数据资料，提高判断与决策的准确性。

要达到上述的发展目标需要通过统一标准的建立、加快采掘自动化建设和软硬件的投资来实现。这一方面需要政府的大力支持与宏观调控，通过对煤炭企业的积极引导和相关扶持政策的制定来支持企业的技术发展和产品研发，另一方面也需要企业的积极建设，通过与相关科研机构和高校合作，解决生产运行中出现的问题，在现有情况的基础上积极创新发展。

将先进的自动化生产与控制技术、通信技术引入到煤矿的日常生产中是保证煤矿的信息流通、提高煤矿的生产效率、保证生产安全、促进煤炭生产企业智能化管理的重要保障。虽然我国的煤矿自动化与通信技术还比较落后，应用中也存在较多的问题，相信随着科学技术的不断进步，煤矿的综合自动化水平与通信水平也能得到有效的提升和发展。

七、计算机通信技术在配电网中的应用

1. 计算机通信技术特点

计算机通信技术本身就是计算机技术在实践中发展的结果，也是计算机技术和通信技术两者之间完美的融合。计算机通信技术是基于二进制数字信号的传递，具有数据信息传递快、响应时间短、数据安全性高、抗干扰能力强等特点，在现代化社会生活中得到广泛的应用，并发挥了重要作用。通过计算机通信技术能够进行远距离的信号传播，实现了即时远程通信，大大方便了人们的生活。信息处理是计算机通信技术最基本的应用，通过计算机通信技术对所接收的信息进行处理，促使信息符合要求，可以更好地进行与信息相关的活动。通常企业会应用计算机通信技术对所接收的信息进行处理，促使信息成为能够为企业所应用的信息，从而帮助企业做出正确的决策。随着计算机技术的发展和应用，计算机通信技术也能够对多媒体信息进行处理，促使处理后的多媒体符合自己的需求。计算机通信技术在我国的很多领域中都得到良好的应用，相

信随着我国科学技术的蓬勃发展，它将得到更好的发展。

2. 计算机通信技术的发展

随着我国科学技术的蓬勃发展，计算机通信技术也不断地进步和发展。计算机通信及其网络技术的发展已经取得非常瞩目的成绩。计算机通信因为引入了电子技术、光纤通信技术及编程软件等，大大提高了其应用性，促使计算机通信能够非常灵活地应用于各个领域中，并间接地推动这些领域发展。目前，计算机通信受光纤分布数据接口、微电子技术的影响，逐渐扩大其应用范围，相信在不远的将来计算机通信将会广泛地应用于广域网、局域网、校园、社区等主干网中。同时，多媒体通信技术在当前这个现代化社会中越来越重要，其能够有效地处理多媒体信息，促使多媒体信息合理而有效地应用。就当前多媒体通信技术的应用情况来看，多媒体通信技术的发展方向是逐渐形成“可视的、智能的和个人的”服务模式；优化和完善多媒体通信和多媒体通信网。随着多媒体通信的广泛应用，人们对多媒体通信技术提出新的要求，希望多媒体通信技术能够形成可视的、智能的和个人的服务模式，满足人们的需要，能够接收到其他地区的画面，并具有娱乐、休闲等功能。

我国经济水平的不断提高，以及科学技术的蓬勃发展，促使计算机通信技术更加广泛地应用于我国各个领域中，为广大人民群众过上高品质的生活创造良好的条件。

3. 计算机通信技术在配电网中的应用

计算机通信技术已经在很多领域得到广泛应用。计算计通信技术在配电网中的应用，可提升配电网运行的安全性和高效性，也可减少外界干扰因素导致的问题，保持配电的稳定性。因此，将计算机通信技术应用于配电网中，是实现配电网信息传送高效、经济的技术保障，也是实现配电网络系统自动化和智能化的前提条件。

（1）计算机通信技术在配电网中的应用技术。

①FB 技术。

FB 技术的含义及优势：

FB 技术就是开放式、多点通信的由数字化底层控制的一种网络系统，它主要用在生产现场中，是于微机化测量的控制设备间达到双向串行的多节点数字的一种通信系统。FB 具有以下这些优势：经济性较强；系统标准具备公开性及一致性的特点；系统设计与环境相符，可使用电力线、双绞线和同轴电缆等，抗干扰性较强；可对现场运行的数据实施远程传送，使其到达控制室，进而实现信息资源共享；具备差错控制的功能，可采集信息，控制算法，处理报文等；信息的集成能力较强。

配电网要求配电设备需具备以下几个功能：

远程控制的功能：配电设备可对所有子站实施远程断路器的储能、合闸和分闸等指令操作；远程测量功能：配电设备可以查看各回路的控制单元内的电量参数；信息查询功能：配电设备可查询系统内的所有信息资源；远程调节功能：可上传或者下载各子站远距离配电设备保护的设定值及特性曲线。而FB技术由于其自身具有信息采集、远程信息的传输、抗干扰能力较强和纠错控制能力较强等功能，因而能完全满足配电网要求配电设备需具备的功能，从而提高了配电网运行的安全性和高效性。

FB 技术的应用：

PROFIBUS：是 OSI 型 FB 的一个标准，它可以让数据实现快速传输，从而为配电自动化的早日实现奠定了技术保障。其组成部分有以下三种：PROFIBUS—DP 通信协议，使配电设备的自动化系统具备了高速数据的传输这一功能，并且它自身带有高性能诊断与组态，以及允许构成的单主站与多主站的系统功能，因此，它可以让配电自动化早日实现；PROFIBUS - PA 就是将传感器与执行器用一根线进行连接，将其当作数据传输与供电的总线。因为它是对现场设备的动作工位进行描述，并对参数 PA 行规数据进行传输的一种协议，所以其安全性较高，并且它还有经总线供电给现场设备的功能；PROFIBUS—FMS 通信协议的作用是为现场提供通信服务，其优势是在范围大、较复杂的系统中也能使用。它可为用户提供具有强大功能的、范围较广的通信服务。

ETHERNET：它本身有 OSI 性、实时性等特点，属于数字式的一种互联网络，其具有的优势如下：传输速率较高，因此在配电网中得到广泛应用；现阶段的 ETHERNET 还具备许多开发技术支持的优点，其开发工具和环境的选择较多；ETHERNET 网络系统配套的硬件选择也较多，并极具经济效益；可与计算机互联网技术实现高度融合。因此，ETHERNET 在电网的调度自动化中被广泛应用。

LonWorks：可集成传感器、设备及现场这三种网络，还可通过多种传输的介质实现通信传输这一功能；因 LonWorks 支持很多类型的拓扑结构，故可将其应用于复杂拓扑结构配电网中；LonWorks 是以电力线为介质，进行通信传输而控制信号的一种技术，其在配电系统内的应用比较广泛，从而大大提高了配电通信系统成功传输信息的概率。

②光纤通信网技术。

FCN

光纤通信可有效地解决电网中分散点较多，以及不能进行远距离通信等问题。

FCN 是一种高速率数据传输网络，其传输容量较大，可为配电系统中大容量的数据传输类通信提供技术支持；FCN 的抗外界的干扰性较强，具有较小的误码率，可使用在繁华区的配电网内，从而减少干扰因素导致的问题，保持配电的稳定性。

AON

AON 是基于 FCN 而逐步发展的全光纤通信技术，它不处理任何的信息内容，自己建成了业务透明性高的网络。AON 的优势有：开放性强，因此本质上可实现完全透明，并可同时兼容那些速率、协议、调制频率及制式均不相同的信号，更能让 PDH、ATM 及 SDH 存在于同一光纤的设施中；结构灵活，可随时增加新节点；传输质量较高，可高速扩增传输容量，从而为实现配电通信系统的大容量数据高速传输提供技术保障等等。

（2）应用优势。

计算机通信技术应用于配电网中，所具有的优势有：①可靠性较强：可增强配电网通信中的可靠性，计算机通信技术可解决传统的通信技术常常受到外界干扰等一系列的问题，其抗噪声、抗电磁、抗雷电等能力较强，从而实现配电网通信运行的安全性和稳定性；②灵活性较强：把计算机通信技术应用于配电网中，可增强通信灵活性，可让通信系统在安装、调试、运行及维护等工作上更加快捷方便；③实时性：计算机通信技术在配电网自动化中应用，可提高配电网通信的传输速率，进而增加了网络运行实时监控及在线分析等功能，增强配电网的通信实时性；④经济性：在配电网中采用计算机通信技术，能考虑利用原来主网通信的资源，实行主配网的合理规划，降低其投资成本，因此经济性较强；⑤双向性：把计算机通信技术应用在配电网中，可让配电自动化系统的各层次间实现双向通信，让通信系统可保持双向通信能力。

计算机通信技术在配电网中得到广泛应用，可提高配电网自动化和智能化的水平。把计算机通信技术与配电网通信技术进行融合，可增强配电网通信中的安全稳定性和可靠性，从而使其在配电网中占据重要地位。

第六章　我国通信产业发展状况与方向

一、我国通信产业发展状况分析

1. 我国通信产业发展现状特征

我国的通信产业，在经历了市场高速发展、运营商分拆与重组、3G 发牌和放号后，经过不断深化改革和企业重组，形成了中国电信、中国移动、中国联通 3 家全业务基础电信运营商和 2 万多家增值服务商的市场竞争新格局，广大消费者享受到更便捷、更实惠、更满意的通信服务。同时，电信体制改革也促使电信运营商在市场竞争中不断改进服务，以市场需求为导向，加强产品与服务支撑创新，形成了具有中国自主知识产权的第三代移动通信 TD－SCDMA 网络。特别是在"十一五"时期，我国通信业积极推动行业转型发展，3G 建设和业务发展稳步推进，移动互联网业务蓬勃发展，市场竞争格局进一步优化，全行业回升调整趋势明显，总体继续保持平稳健康运行，在推动两化融合和支撑国民经济社会发展中发挥了重要作用。2013 年年末，工信部正式向中国移动、中国电信、中国联通颁发 TD－LTE 制式的 4G 牌照，正式宣告我国通信行业进入 4G 时代。目前，3 大运营企业均已开展 TD－LTE 规模网络试验，TD－LTE技术完善和产业发展的成熟度已具备规模商用的条件。随着 4G 网络质量的改善，手机游戏、移动互联网开发企业也将赢得更多用户。因此，4G 商用，将开启通信行业新一轮市场格局的变更。

（1）通信业务量快速增长，对经济社会支撑作用显著提高。

根据国家工业和信息化部的最新统计，2013 年我国实现电信业务收入 11689.1 亿元，同比增长 8.7%，连续三年高于同期 GDP 增速；完成电信业务总量13954亿元，同比增长7.5%；全国电话用户净增10579万户，总数达到14.96亿户，增长7.6%，电话普及率达110部/百人，其中，移动电话用户净增11695.8万户，总数达12.29亿户，移动电话用户普及率达90.8部/百人，比上年提高8.3部/百人。全国共有8省市的移动电话普及率超过100部/百人，分别为北京、辽宁、上海、江苏、浙江、福建、广东、内蒙古，其中辽宁、江苏首次突破100部/百人。固定电话用户总数为2.67亿户，比上年减少1116.8万户，普及率降低至19.7部/百人。

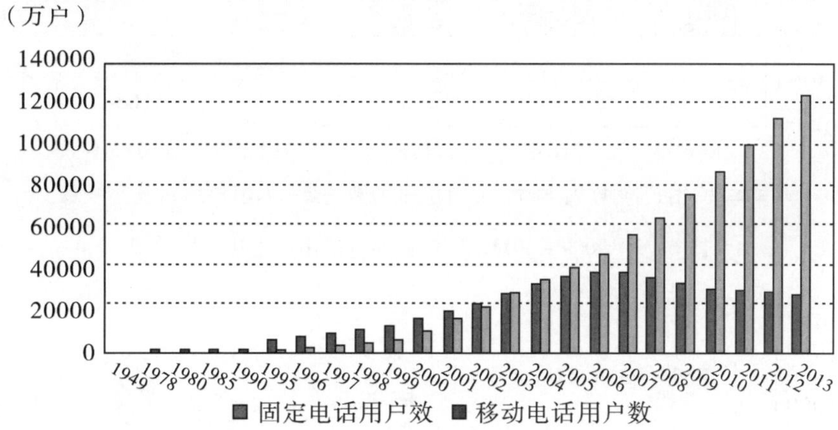

图6－1　1949－2013固定电话、移动电话用户发展情况

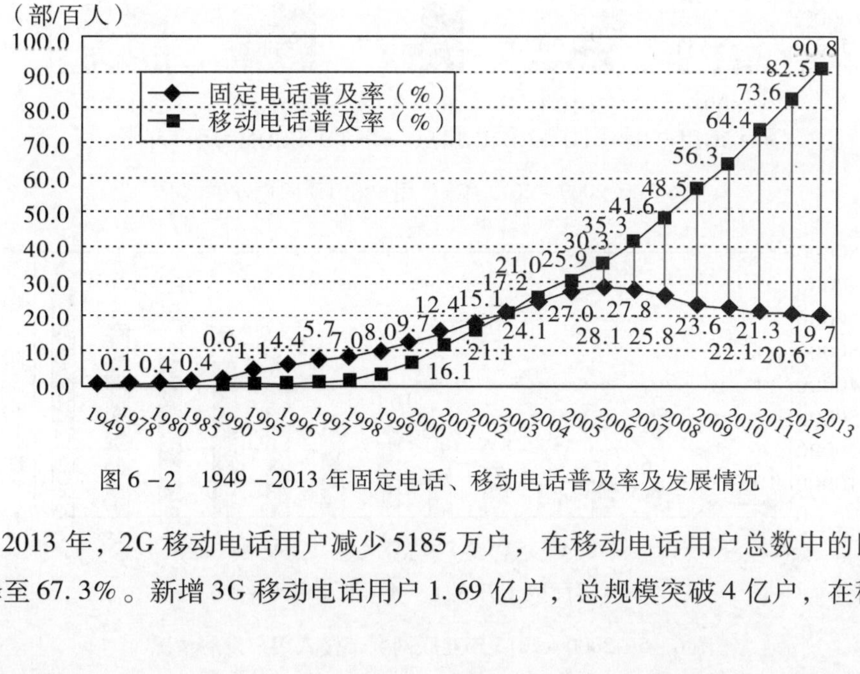

图6－2　1949－2013年固定电话、移动电话普及率及发展情况

2013年，2G移动电话用户减少5185万户，在移动电话用户总数中的比重下降至67.3%。新增3G移动电话用户1.69亿户，总规模突破4亿户，在移动

用户中的渗透率达到 32.7%，同比提高 11.8 个百分点。其中 TD - SCDMA 用户净增突破 1 亿户，达到 1.03 亿户，在 3G 用户增量、总量市场中的份额达到 61.2% 和 47.6%，分别比上年提高了 26.1 和 9.8 个百分点。

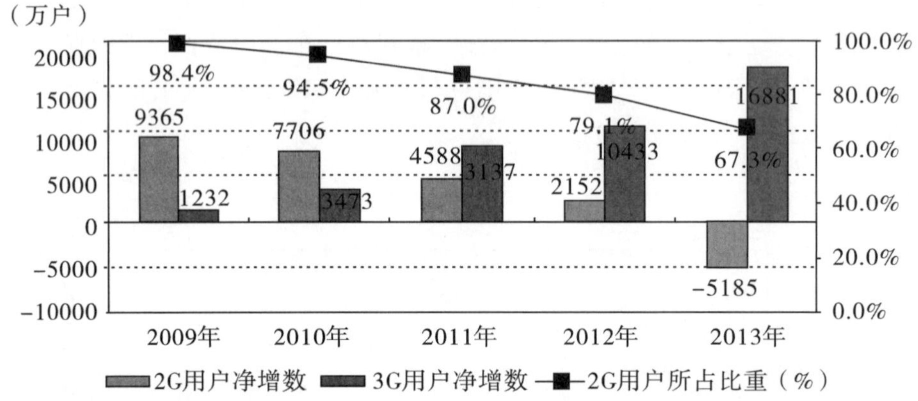

图 6－3 2009－2013 年 2G 移动电话用户占比发展情况

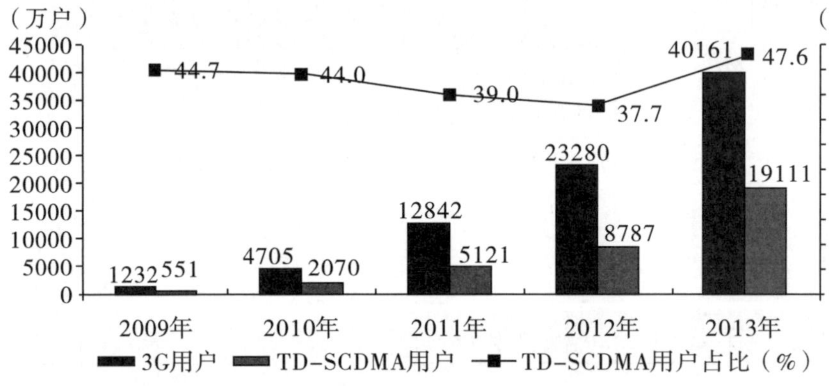

图 6－4 2009－2013 年 3G 用户和 TD 用户发展情况

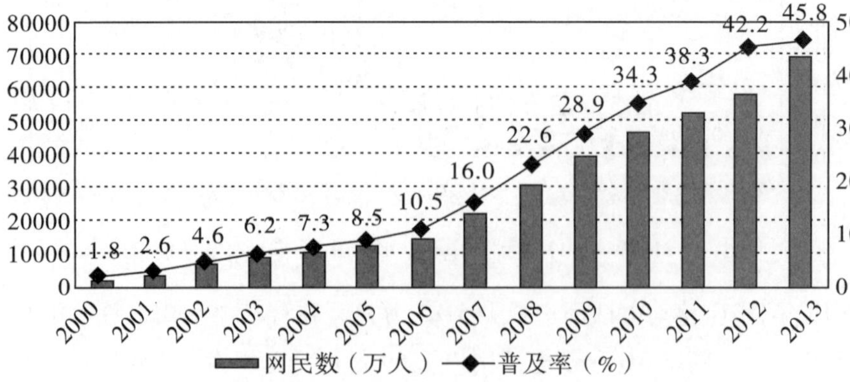

图 6－5 2000－2013 年互联网宽带接入用户发展情况

2013 年，基础电信企业固定互联网宽带接入用户净增 1905.6 万户，比上年净增减少 612.6 万户，总数达 1.89 亿户。其中，2M 以上、4M 以上和 8M 以上宽带接入用户占宽带用户总数的比重分别达到 96.2%、78.8%、22.6%，比上年分别提高 1.9 个百分点、14.3 个百分点、9.5 个百分点。

2013 年，我国互联网网民数净增 5358 万人，达 6.81 亿人，互联网普及率达到 45.8%，比上年提高 3.7 个百分点。手机网民规模达到 5 亿人，比上年增加 8009 万人，网民中使用手机上网的人群占比由上年的 74.5% 提升至 81%。手机即时通信、手机搜索、手机视频和手机网络游戏用户规模比上年分别增长 22.3%、25.3%、83.8%、54.5%。电子商务在手机端的应用发展迅速，手机在线支付用户在手机网民中的占比由上年末的 13.2% 上升至 25.1%。

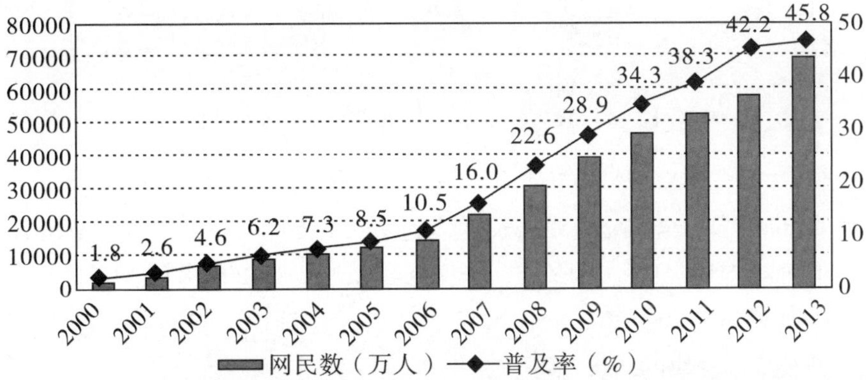

图 6－6　2000－2013 年互联网网民数和普及率发展情况

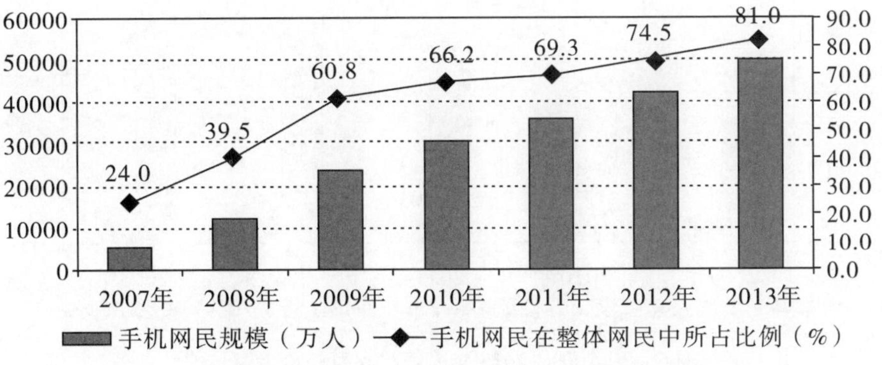

图 6－7　2007－2013 年手机网民规模和网民比例发展情况

数据来源：国家工信部。

（2）基础设施建设迈上新台阶，网络竞争力总体跃升。

“十一五”期间，全国电信业固定资产投资总额为14621.9亿元。2013年，全行业固定资产投资规模完成3754.7亿元，达到四年来投资水平的最高点。投资完成额比上年小幅增加138.5亿元，同比增长3.9%。伴随着固定资产投资的增加，覆盖全国、连接世界、技术先进的全球最大信息通信网络基本建成。

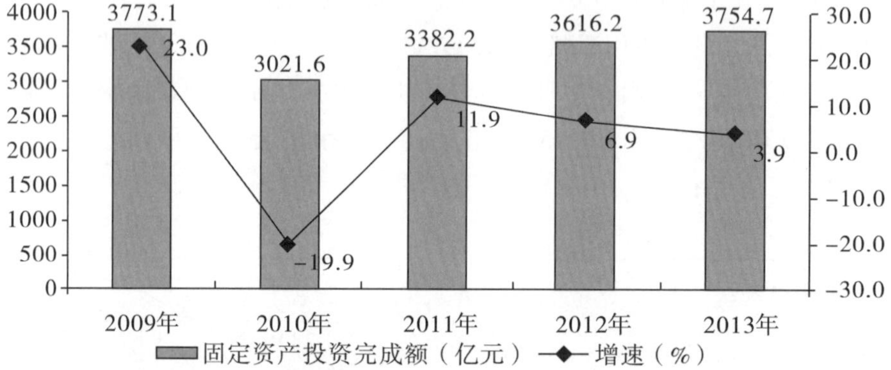

图6-8 2009-2013年电信固定资产投资完成情况

到2010年末，全国光缆线路长度达到995.1万公里，5年内新增587.8万公里，年均增长19.6%。2013年，全国新建光缆线路265.8万公里，光缆线路总长度达到1745.1万公里，同比增长17.9%，尽管比上年同期回落4.2个百分点，仍保持着较快的增长态势。

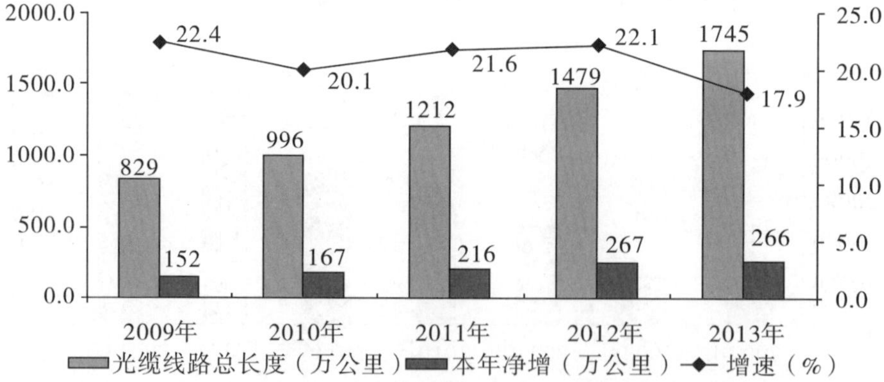

图6-9 2009-2013年光缆线路总长度发展情况

在全国新建光缆中，接入网光缆、本地网中继光缆和长途光缆线路所占比重分别为47.1%、47.8%和1.1%。接入网光缆和本地中继光缆长度同比增长22.6%和15.2%，分别新建152.7万公里和110.1万公里；长途光缆保持小幅扩容，同比增长 3.4%，新建长途光缆 3.0 万公里。

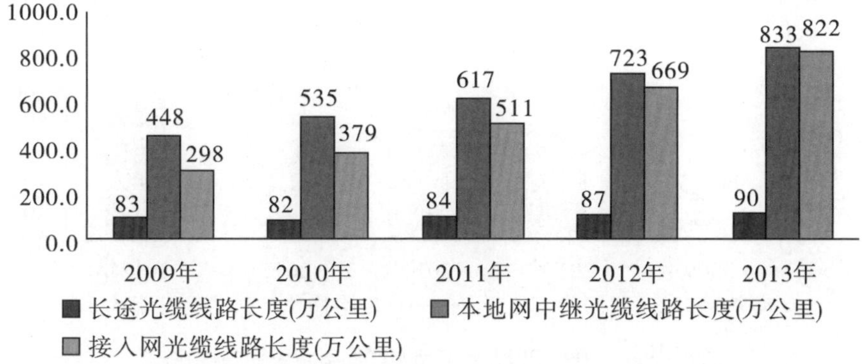

图 6 - 10　2009 - 2013 年各种光缆线路长度对比情况

2013 年，移动投资仍是投资的重点，总计完成投资 1346.4 亿元，同比下降 1.5%，占全部投资的 35.9%。数据通信和传输投资比重逐步加大，其中，互联网及数据通信投资完成 511.7 亿元，同比增长 23.0%，占全部投资的比重由上年的 11.6% 提升到 13.6%；传输投资完成 951.9 亿元，同比增长 14.9%，占比提升到 25.4%。

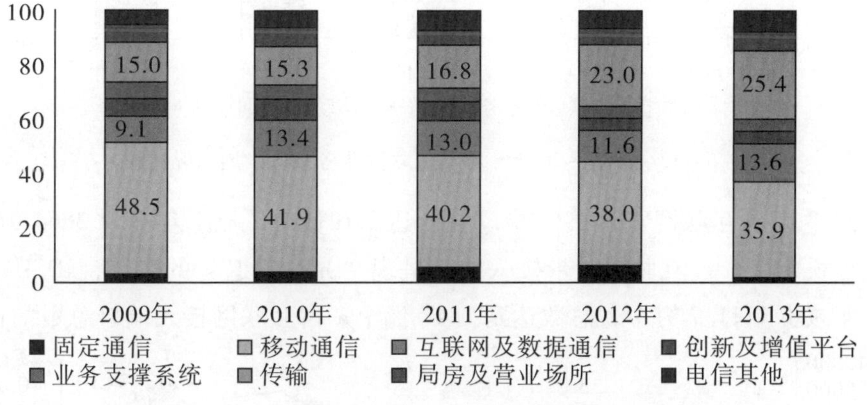

图 6 - 11　2009 - 2013 年固定资产投资主要业务投资变化情况

近年来，电信企业一直加大对宽带和互联网业务的投资力度，使互联网通信能力快速提高。2013 年，移动互联网流量达到 132138.1 万 Gb，同比增长 71.3%，比上年提高 31.3 个百分点。月户均移动互联网接入流量达到 139.4Mb，同比增长 42%。其中手机上网是主要拉动因素，在移动互联网接入流量总数中的比重达到 71.7%。移动互联网用户月户均 ARPU 值同比增长 47.1%，达到 20.4 元/月 · 户。

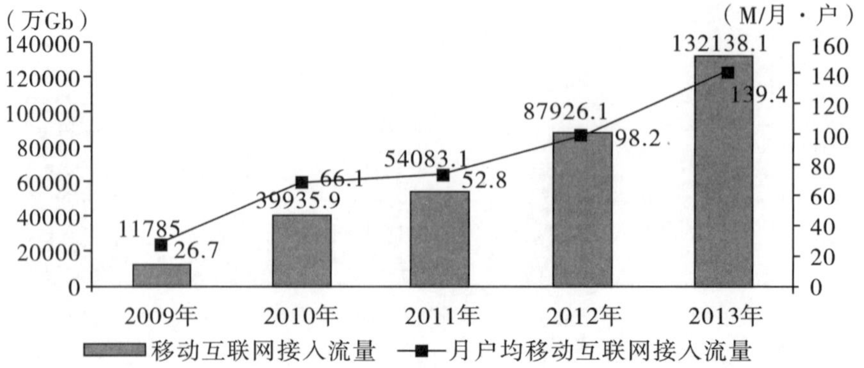

图 6－12　2009－2013 年移动互联网流量发展情况比较

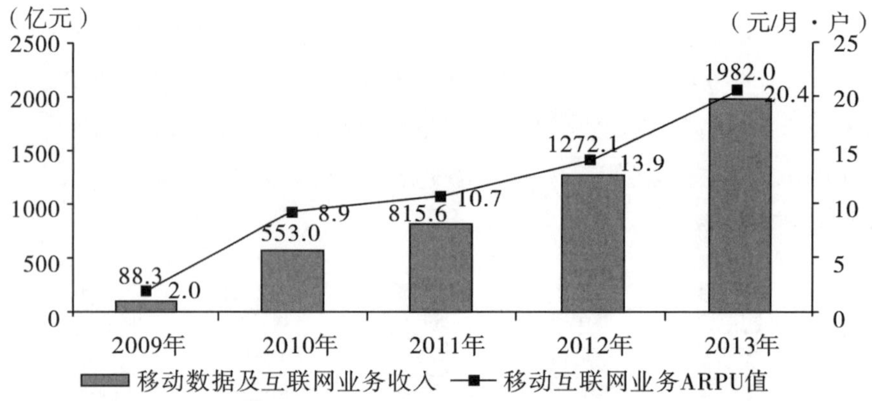

图 6－13　2009－2013 年移动互联网业务收入发展情况比较

2013 年，互联网宽带接入端口数量达 3. 6 亿个，比上年净增 3864 万个，同比增长 34. 0%。互联网宽带接入端口呈现“光进铜退”的态势，xDSL 端口比上年减少 1111. 7 万个，总数达到 1. 47 亿个，占互联网接入端口总数的比重

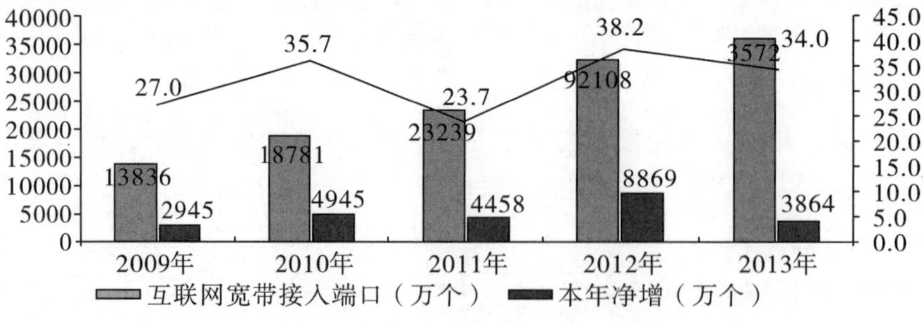

图 6－14　2009－2013 年互联网宽带接入端口发展情况

由上年的 49.4% 下降至 41%。光纤接入 FTTH/0 端口比上年净增 4215.2 万个，达到 1.15 亿个，占互联网接入端口总数的比重由上年的 22.7% 提升至 32%。

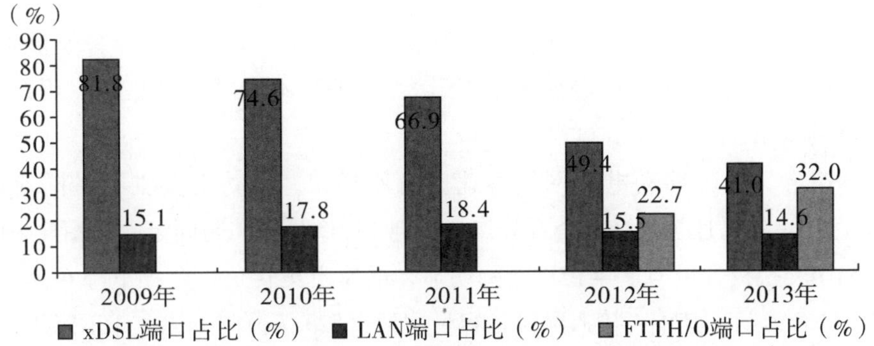

图 6-15　2009-2013 年互联网宽带接入端口各技术类型占比情况

数据来源：国家工信部。

（3）通信设备制造业取得长足进步，企业竞争力不断增强。

“十一五”期间，我国通信设备制造业在国民经济和社会生活信息化快速发展、市场需求持续旺盛、3G 进入商用化、手机产品出口势头强劲的多重因素推动下，继续得以持续、平稳、快速地发展，产业规模继续扩大，龙头企业和骨干企业作用凸显，企业科技创新能力明显提升，产业核心竞争力有较大增强。2009 年实现固定资产投资 508.6 亿元，增长 35%，行业实现销售收入 8640 亿元，同比增长 2.1%。传输设备制造业销售额为 611.4 亿元，交换设备制造业为 2716.1 亿元，终端设备制造业为 538.2 亿元，移动通信及终端设备制造业销售额为 4306 亿元，其他通信设备制造业销售额为 468.4 亿元。

以华为、中兴通讯等为代表的中国通信设备企业成功进入了各种通信产品的高端市场，在欧洲、拉美、亚太、北美等市场取得了一系列重大进展，全球市场份额不断上升。无论是技术含量、市场范围，还是订单的数额，均获得了突破性的进展。全球电信市场越来越认可中国电信设备制造商的技术实力和服务能力。

（4）市场竞争格局持续优化，行业转型取得积极进展。

全业务竞争的市场格局初步形成。2008 年，组建工业和信息化部，着力推进信息化与工业化融合，为通信业发展指明了转型升级方向，开辟了广阔新空间。基础通信业进行了新一轮重组，并适时发放了 3G 牌照，形成了中国电信、中国移动和中国联通全业务运营和竞争的新格局。互联网和增值通信企业竞争力提升。目前，互联网和增值通信业务市场已形成 2 万余家企业充分竞争的格局，造就了腾讯、阿里巴巴、百度等具有国际竞争力的优秀企业。

结构转型和优化升级初见成效。2009 年，非话业务收入占总收入的比重已超过 40. 0% 。互联网和增值通信企业效益不断提升。融合性新业务发展加快。截至 2009 年年底，上海已经成为全球最大的 IPTV 本地网并且是唯一用户规模过百万的城市。

2013 年，我国移动电话网扩容速度有所加快，移动交换机容量同比增长 7. 5% ，比上年增速提升 0. 3 个百分点，达到 19. 65 亿户。与固定电话用户下降对应，局用交换机容量与上年相比下降明显，增速由正转负，全年下降 6. 5% ，达到 41052. 2 万门。其中，接入网设备容量达到 22523. 7 万门，比上年下降 3. 8% 。

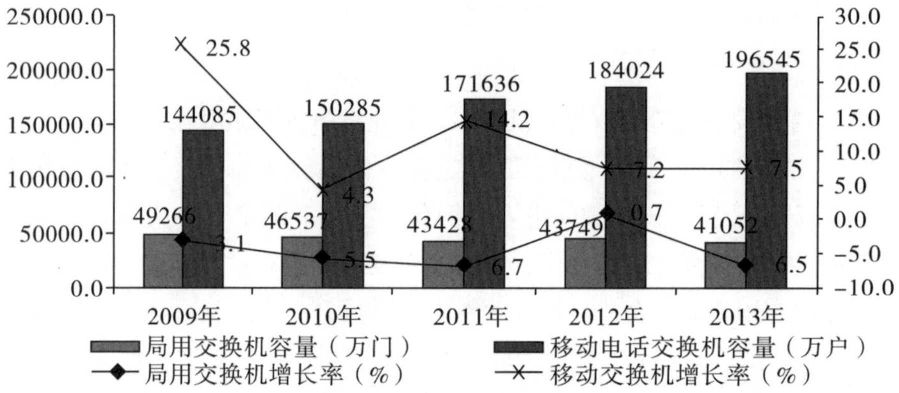

图 6 – 16　2009 – 2013 年局用及移动电话交换机容量发展情况

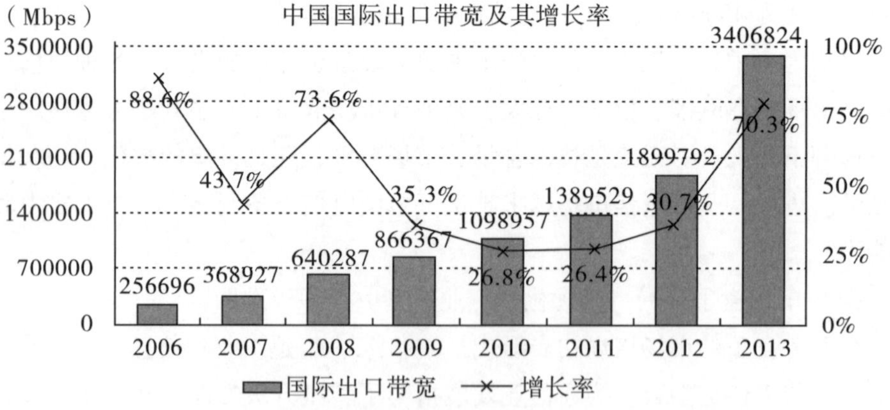

图 6 – 17　2006 – 2013 年网络国际出口带宽及其增长率

数据来源：国家工信部。

截至 2013 年 12 月，我国网络国际出口带宽达到 3406824Mbps，同比增长 79.3%，比上年提高 42.6 个百分点，创下近七年来增速的最高点。其中中国电信稳居首位，首次突破 2000G 大关，达到 2190878 Mbps。

（5）技术业务创新全面展开，TD－SCDMA 产业化进程明显加快。

20 世纪 80 年代，由于国内生产的电信设备难以支持严重拖国民经济发展后腿的电信服务业的快速发展，我国不得不选择向国外企业全面开放电信设备市场，结果造成中国的电信设备市场由跨国公司主导，中国电信服务业的发展也不得不受制于跨国公司的局面。这种情况从 20 世纪 90 年代初期开始有所改变，其标志是 1991 年底巨龙 HJD04 大容量数字程控交换机的研制成功。但是，实质性的变化是在近几年才出现的。

一个具体的表现是，华为、中兴、大唐等国内企业的崛起。比如，华为、中兴已经成长为世界一流的电信设备供应商。华为在 2009 年已经成为全球第二大设备供应商，虽然今年诺西与摩托罗拉的合并对华为有一些影响，但是影响非常有限。在今后几年内，华为、中兴稳步上升并成为行业领先者的基本趋势会越来越明显。

通信新技术蓬勃发展。技术创新实现重大突破，网络宽带化取得积极进展，IP 化演进成效显著，下一代互联网研究部署稳步推进，基础传输网向超高速、超宽带、智能化方向发展。

基于互联网的应用模式不断创新。物联网、云计算、移动互联网、三网融合等基于互联网的新技术、新业务、新形态不断涌现。3G 可视电话、手机视频等面向个人的应用，宽带上网、家庭网关等面向家庭的应用，无线城市、视频监测、移动办公等行业信息化的应用不断涌现，移动支付、手机阅读等新型业务得到开发。

我国拥有自主知识产权的 TD－SCDMA 大规模商用。建立了较为完整的产业链，形成了 TD－LTE 的国际演进标准，创造了我国信息通信技术领域自主创新的成功典型，为构建我国完整通信产业链、提升核心能力奠定了重要基础。

延伸阅读

2013 中国通信产业年度十大新闻

《通信产业报》、通信产业网编辑部评出 2013 中国通信产业年度十大新闻，分别是：

1. 十八届三中全会通过深化改革决定，通信产业面临改革新机遇

中共十八届三中全会通过了《中共中央关于全面深化改革若干重大问题的决定》，对未来中国经济社会的全面深化改革作出顶层设计和整体规划。《决定》明确要不断增强国有经济活力、控制力、影响力；积极发展混合所有制经济，允许更多国有经济发展成为混合所有制经济；自然垄断行业根据特点实行网运分开、放开竞争性业务，推进公共资源配置市场化；推进电信等领域价格改革，放开竞争性环节价格。作为国民经济基础性、先导性的通信产业，将面临新的改革机会。

2. TD－LTE 牌照发放，中国通信步入 4G 时代

12 月 4 日，工业和信息化部依据企业申请，本着“客观、及时、透明和非歧视”的原则，正式向中国移动、中国电信、中国联通发放基于 TD－LTE 制式的 4G 经营许可，三大运营商获得 4G 牌照，标志着中国正式进入 4G 时代。4G 将带来更高速的移动用户体验，带来产业链新的巨大的市场机会，将促进中国经济社会信息消费增长。

3. “宽带中国”战略出台，宽带国家战略路径明确

8 月 1 日，国务院印发《“宽带中国”战略及实施方案》，明确宽带网络国家战略性公共基础设施的定位，方案明确了宽带发展的指导思想、基本原则、目标、路线图和时间表、重点任务、政策措施。“宽带中国”战略的出台，第一次从国家战略高度定义了宽带发展路径，将促进国家宽带建设，促进宽带产业链发展。

4. 国务院发布促进信息消费若干意见，通信产业将长期获益

8 月 8 日，国务院发布《关于促进信息消费扩大内需的若干意见》，将信息消费提升为需要长期坚持的既利当前又利长远、既稳增长又调结构的重要举措。《意见》明确了发展信息消费的指导思想、基本原则、主要任务和政策措施，囊括了信息通信产业发展的主要方面，将为信息通信产业发展创造长期良好的市场与政策环境。

5. 首批移动转售试点批文发放，虚拟运营将为通信注入新活力

5 月 17 日，工信部发布《关于开展移动通信转售业务试点工作的通告》，细化了民资进入移动转售领域的路径，正式启动移动通信转售业务试点工作。作为鼓励民资进入电信业的主要举措，移动转售试点获得社会企业的积极响应和参与。12 月 26 日，首批移动转售牌照发放，11 家企业获得牌照，中国通信

市场虚拟运营时代正式开启，虚拟运营将为通信产业注入新的活力。

6. 微信沃卡、易信相继登场，电信运营商与OTT厂商的创新合作之路

长达半年之久的微信收费争论使电信运营商与OTT厂商陷入僵局。7月30日，中国联通与腾讯联合发布微信沃卡，首开运营商与OTT的破冰之旅。中国电信与网易宣布成立合资公司并发布易信又创新了合作模式。微信沃卡与易信的登场，是电信运营商与OTT厂商竞争合作的新探索，未来将促进电信运营商与互联网企业的融合发展，促进通信企业与新业态、新商业的合作创新。

7. 互联网并购风起云涌，BAT掌控移动互联平台

8月14日，百度宣布以18.5亿美元完成收购91无线，成为中国互联网有史以来最大的收购案。

除此之外，阿里巴巴、腾讯频开收购之旅，阿里巴巴入股了新浪微博和高德地图，腾讯投资美国电商网站Fab、入股搜狗搜索，百度收购了PPS等，以百度、阿里巴巴、腾讯（BAT）为代表的互联网巨头角力移动互联网市场，掌控移动互联网平台。

8. 互联网金融风生水起，运营商手机支付渐入佳境

6月13日，阿里巴巴旗下支付宝联合天弘基金推出了余额宝，随后微信5.0版本上线支付功能，百度推出互联网理财产品百度“百发”。与此同时，随着NFC标准的统一，移动支付迎来规模化发展，三大运营商相继推出了手机钱包等支付产品，手机支付特别是近场支付成为电信运营商进军互联网金融的差异化竞争力。网络与金融结合，创造信息通信业发展新空间。

9. “棱镜门”引发全球安全思考，中国网络信息安全升级

6月6日，媒体披露称，过去6年间美国国家安全局和联邦调查局通过进入微软、谷歌等九大网络巨头的服务器，监控全球各地的电子邮件等秘密资料。“棱镜门”事件爆发，网络信息安全再次引发各国政府反思，中国网络信息安全更受到重视。7月，工业和信息化部同时公布了《电信和互联网用户个人信息保护规定》和《电话用户真实身份信息登记规定》，进一步加强通信与互联网信息安全与隐私保护。“棱镜门”亦在催生中国信息安全审查制度建立。

10. 多模多频推动智能终端，高起点冲刺4G

针对LTE多模多频的特点，在2月的巴塞罗那MWC会议上，中国移动提出了“5模10频”和“5模13频”的目标，并在后续集采提出“3模”最低要求。运营商多模多频采购策略引发终端产业链积极跟进。高通推出LTE芯片100%支持“TDD/FDD双模”，支持40个频段。Marvell先后推出“5模10频”

和“5模13频”芯片。联发科于12月推出了“5模10频”八核芯片。刚刚被清华紫光收购的展讯也宣布推出“5模12频”单芯片产品。主要手机厂商先后亮相多模多频终端产品。多模多频，推动中国智能终端产业高起点向4G冲刺。

2. 我国通信产业发展存在的主要问题

（1）运营商业务创新能力不足。

当前，整个通信行业的发展亟待向效益型、创新型增长模式转变，通信运营商的创新能力直接影响到行业的转型和发展。面对日趋激烈的市场竞争，我国通信运营商业务创新能力明显不足。目前各通信运营商正大力发展3G，但3G的市场需求必须依靠大量优秀的3G业务来驱动和培养，尽管三大运营商都加大了对3G业务的研发和投入，相继推出诸如应用商店、电子书、移动支付等一系列应用，但是运营商开发3G业务的机制仍然是在对互联网企业和IT企业进行模仿、复制，自身并不存在真正的创新能力，这在一定程度上制约了3G产业发展。从目前移动通信技术的发展趋势来看，国家对移动通信产业投入增加而且我国本身就具备良好的市场需求环境，我国的4G发展空间很大，未来我国将会加快4G网络的建设，而抓住机遇占领市场是我国通信行业的共识，三大移动运营商需要加大4G移动通信技术的研究和开发，并且取得了实质性突破，从而在技术上实现图形影像、视频、语音的高速传输。

（2）通信业面临由大到强难题。

近年来，我国通信行业发展迅猛，基础设施建设投资巨大，各项业务量、通信产品设备生产量跃居世界前列，我国成为通信业大国已是不争的事实。但大而不强依然是通信产业的突出问题。国内三大通信运营商规模庞大，但其盈利收入主要还是依靠其集中在一些传统业务上的国内垄断地位，与国际上其他大型运营商相比，缺乏实质竞争力。此外，我国通信设备制造企业绝大部分都是规模以下水平，核心竞争力不足。

（3）关键技术标准争夺激烈。

20世纪80年代初，第一代移动电话技术开始应用，当时存在几种互不兼容的标准，用户的手机无法在其他标准的网络上使用，对于拥有众多国家的欧洲来说，这种不兼容成本更高。西欧国家开始考虑制定统一的下一代移动电话标准，以提供更多样的功能和让用户漫游更加容易。欧洲的诺基亚、爱立信、沃达丰等终端厂商和运营商提出GSM技术，欧盟及其成员国给予了充分的政治支持。在1986年11月召开的欧盟委员会会议上，正式形成了一封GSM推荐信和一份指示性文件，表明了欧盟对它的支持，并确保每一个成员国都保留首次演示所需的900MHz频带。欧盟政府的支持态度极大地激励了整个行业对GSM终端和基础设施的开发，促成了GSM的最终成功，先后在全球一百多个国家普及，使GSM成为2G时代主导的移动通信标准，占到全球市场份额的70%。诺基亚、爱立信等公司利用全球化的GSM标准实现了企业跨越式的发展，成为全球最重要的手机和移动通信设备制造商。

第三代移动通信技术简称3G技术，其特点是能够提供高速传输的数据业务，如可视电话、视频点播等。第三代移动通信技术主要有三大标准：一是TD—SCDMA，是由中国提出的。二是WCDMA，源于欧洲和日本几种技术的融合。WCDMA采用直扩模式，拥有较大的带宽，传输速度快，且与GSM网络有良好的兼容性和互操作性，Docomo参与了标准的提出，并极力加以推广，而且亚洲GSM系统已相当普及，相对来说市场基础较好。三是CDMA2000，是以美国高通北美公司为主导提出的，摩托罗拉、朗讯和三星等都有参与。发展路线是CDMA—CDMA1X—CDMA2000，技术的延续性强，但是CDMA2000的多载传输方式比起WCDMA的直扩模式，频率资源利用率偏低。第三代技术标准的争夺之所以日益激烈，其原因就是一个标准应用的范围越广，服务商的市场也就越大。

中国通信企业的研发实力与2G时代的企业自身相比，有了较大提高，类似于华为、中兴这样已经跻身国际市场的通信设备制造商，参与了以美国高通公司主导的CDMA2000标准及欧洲通信巨头主导的WCDMA标准制定过程，在基于中国企业的技术地位和专利积累，把相关专利技术推入到由国外巨头主导的标准这一过程中发挥重要作用。随着经济快速发展，人们对数据通信和多媒体业务的需求不断增长，移动通信技术正在逐渐改变人们的生活，中华人民共和国工业和信息化部《2013年6月通信业主要指标完成情况（二）》发布的数据显示，截止至2013年6月，我国移动电话用户数达到11.75858亿户，其中3G用户已突破3亿大关，达到3.1887亿户，6月净增1449.7万户，可见其发展迅猛。

2013年12月，中国移动、中国电信和中国联通均获得了4G牌照，正式拉开了4G商用的大幕，4G也走到了中国用户的眼前。相信各大运营商将积极采取有效策略，促进我国4G业务的大发展。

（4）企业国际竞争力不足。

与大型跨国电信公司相比，我国电信运营企业的差距较大。德国电信来自海外的业务收入已超过1/3，业务范围遍及欧美、亚太等地区。沃达丰在英国市场以外的收入占全集团业务收入的比例达90%以上。我国的电信运营企业这几年虽然开始了海外运营的尝试，但海外市场的经营收入微不足道，“走出去”参与国际竞争这部分还任重道远。部分通信设备制造企业虽然在海外取得不错的业绩，但大部分业务量是在非洲、南美洲等欠发达国家，业绩、收入等与世界一流企业相比较，差距还是明显的。

二、国内先进地区发展通信产业的做法

我国通信产业的发展呈现明显的区域化特征，形成了以珠江三角洲、长江三角洲、京津唐环渤海地区为代表的产业集群区域。

图6－18　中关村科技园区电子城

1. 北京：中关村打造中国“移动谷”

中关村是北京的高科技中心，中关村科技园区已经成为当今我国最重要的创新创业基地之一。中关村的软件、移动通信、光电显示等产业集群发展势头迅猛，其中移动通信产业集群发展尤为突出。[①]

中关村移动通信产业集群已形成包括标准、芯片、基站和网络设备、终端等较为完整的产业链，呈现出产业链整体发展的良好势头。更为重要的是，中关村移动通信产业凭借对核心技术和标准的掌握，已经位于国内产业价值链的高端位置，并计划打造中国的“移动谷”。中国 移动谷”建设项目位于电子城科技园西区和北扩区域，近年来，依托电子城西区形成的产业基础，包括爱

① 刘红果. 中关村七大产业集群势头迅猛. 新浪财经，2009。

立信、摩托罗拉、阿尔卡特－朗讯等20余家自主创新型企业迅速聚集，300余家中小型企业成长迅速，已形成建设“移动谷”的良好生态氛围。

目前，中关村在移动通信产业中以大唐为核心，由21家单位组成产业联盟，合力推动TD－SCDMA产业发展。大唐电信科技产业控股有限公司、恒基伟业、翔鹰投资股份有限公司入驻中关村科技园区电子城科技园西区。3家企业的入驻将进一步加快中关村电子城西区自主创新能力的提升，同时也将促进以移动通信为主的研发产业集群的形成。中关村电子城西区依托酒仙桥电子城产业基地雄厚的电子信息产业基础，将会形成国际研发转移与自主创新并重的产业格局，形成以新一代移动通信研发中心和总部为主的高技术产业群。

2. 上海：“城市光网”助推宽带网络建设

一个“开放、高速、泛在、智能”的新一代宽带网络是构筑智慧城市的基石。以光纤接入为载体的“城市光网”正在上海逐步铺开。“城市光网”行动计划是中国电信为响应国家信息化发展战略，配合上海建设“两个中心”和亚太信息枢纽而制定的重大发展计划，也是上海市政府和中国电信集团公司信息化领域战略合作框架协议的重要内容之一。①

图6－19　上海市与中国电信签订“城市光网”行动计划

① 金琳. 上海“城市光网”建设初具规模. 国际金融报，2011（4）。

（1）光纤直接拉到户，上海家庭享“极速”。

“城市光网”计划在2011年的发展目标是完成340万用户的网络覆盖，实现100万用户的开通使用，宽带用户平均带宽达到8M。到“十二五”期末，力争完成900万用户覆盖，基本实现城市光网全覆盖，开通使用用户达到450万，平均带宽达到50M。今后以光纤接入为载体的“城市光网”计划，将为全市家庭、企业、政府机构提供高达100M以上的带宽，让上海一跃成为全球宽带速率最高的城市之一，让各类信息应用的顺畅传输成为可能。

（2）携手电信逐个小区建光网。

有了百兆到户的极速带宽，互联网的一切应用都能游刃有余了。“城市光网”的正式应用，对于普通家庭上网用户来说，意味着以“K”为单位的网速时代将告别历史舞台，下载一部常规大小的电影所耗费的时间将从原来的几小时缩减至几分钟。目前上海电信已经与长宁、卢湾、浦东等12个区县政府签订信息化合作协议，共同开展光网建设。

（3）支撑物联网发展，建设智慧城市。

“城市光网”的发展还将为物联网提供网络支持。目前，中国电信已成立了物联网技术重点实验室，着重开展有线/无线宽带网及天翼3G网络与传感技术融合的研发，深度探索物联网市场化运作的商业模式，支撑物联网相关业务投入规模商用。城市光网全覆盖为信息服务提供坚实的技术支持，如智能远程抄表实现实时远程抄送，智能物流采用3G手机定位、二维码扫描等，实现货物发送、运输及投送全过程监控等，助力上海建设成为“智慧城市”。

3. 山东：多措施提速通信产业发展

“十一五”期间，山东省通信产业保持健康稳步发展，经济效益实现较快增长，产业布局和结构进一步优化。以青岛为龙头，以胶东半岛和济南都市圈为基地，沿胶济铁路线铺开的通信设备制造产业带已经基本形成，新一代通信及网络、第三代移动通信、射频识别等新兴产业加快发展，成为带动产业快速增长的新生力量。为进一步支持加快通信产业发展，山东省制定了以下多项保障措施：

（1）加强组织协调，加大政策扶持力度。加强通信业发展的政策指导、统筹协调力度，处理好“管理与服务”的关系。加大资金扶持力度，重点支持通信企业自主创新和技术进步，做好项目储备与推荐，积极争取国家新增投资对通信产业的支持，支持自主创新和技术改造项目建设。

（2）深化信息通信技术推广应用，拓展产业发展空间。继续深化信息通信技术和产品在传统农业、工业以及社会各领域的推广应用，紧抓物联网、“三网融合”等战略机遇，配合省内重点信息化工程建设，研究加大对通信产业发展的政策和资金支持。提升信息通信技术和产品在教育、金融、医疗、交通等领域的应用水平，为产业发展开拓发展空间。

（3）拓宽投资渠道，完善产业发展投融资环境。重视发挥财政资金对社会资本的带动作用，引导政策性银行和商业金融机构对通信产业的支持。积极推动优质企业上市，发挥创业投资、风险投资在通信企业融资和发展中的重要作用，建成以社会资本为主，政策支持、市场化运作的产业投融资体系。

（4）实施园区发展战略，促进通信产业聚集发展。充分发挥通信产业基地和国家级、省级电子信息产业园的比较优势，强化基础设施建设，优化发展环境，加大招商引资力度，做大做强产业基地园区。建立并完善以青岛为龙头，以胶东半岛和济南都市圈为基地，沿胶济铁路沿线铺开并向两翼拓展的产业格局。

案例分析

长三角通信一体化发展对策探讨

通信作为经济社会发展的命脉，是推动经济繁荣、社会进步和时代变迁的重要原动力。区域通信一体化既是区域经济一体化的基本组成部分，也是促进经济一体化发展的重要推动力。长三角一体化的快速推进，对通信一体化提出了更高更迫切的要求。

一、长三角通信一体化面临的障碍

长三角是我国通信业发展最为活跃、需求最为强劲的区域之一，广大通信用户对通信一体化的发展要求也甚为迫切。经过多年的发展，长三角通信一体化已进入到一个新的阶段，各大通信运营商之间的合作也已具备了一定的基础。然而，从目前的发展情况看，长三角通信一体化仍存在不少问题。

1. 行政区划和机制缺失阻碍一体化发展。由于苏浙沪两省一市分属于不同的行政区划，由此衍生的监管难题成为制约长三角通信一体化推进的现实障碍。而且各运营商合作机制不健全，区域通信一体化合作意识淡薄，这在一定程度上制约着长三角通信一体化深入、稳定的发展。

2. 长三角通信基础设施建设水平参差不齐。虽然长三角的通信基础设施建设取得了长足的进步，在全国总体处于领先地位，但两省一市之间、甚至各省市内部仍存在很大差异，这在很大程度上影响了长三角通信一体化的总体进程。

3. 通信业务运行的割据状态依然存在。目前长三角通信服务的一体化仍基本停留在一家运营商内部跨区域的充值缴费上，各大运营商在通信业务协作方面存在着较大的利益冲突和合作障碍，运营商之间的合作仍然比较少，这与通信一体化的发展要求还相距甚远。

二、促进长三角通信一体化的对策

1. 打破行政区域划分，实现思想统一。长三角区域通信一体化目前最重要的是实现三地思想的统一，既要保持网络的统一性、完整性、先进性，又要适应跨行政区域经济发展的要求，各地区运营商要不断加深对通信一体化的认识。

2. 建立多层面工作协调推进机制。健全区域通信一体化合作协调议事机制，建立长三角通信运营高层领导的定期例会制度；推动区域城市间网络建设和通信业务的交流，逐步培育多种形式的市场组织、合作联盟，促进区域性项目和业务的合作。

3. 实施区域通信服务一体化。各运营商要从长三角区域整体发展要求出发，加快通信服务变革，积极开展异地紧急补卡、异地求助、异地手机维修等区域通信一体化服务，努力满足客户异地出行可能出现的各种通信服务需求。

4. 天津：通信装备制造集聚地

天津作为环渤海地区的经济中心，是国家信息产业部授予的首批国家级电子信息产业基地，其电子信息制造业在全国占据举足轻重的地位。天津的电子信息产业主要集中于滨海新区，目前滨海新区实施“一核双港、九区支撑、龙头带动”的发展策略。

天津的通信产业目前已形成了以韩国三星通信、美国摩托罗拉、日本三洋通信公司三大品牌为主的制造基地，生产的产品始终紧跟世界移动通信终端设备的发展潮流，并直接带动天津开发区及其周边地区，形成了比较完整的产业链。天津的通信产业集群带动配套产业日趋完善，天津目前有200多家手机配套企业，400多种配套产品，形成了以三星、松下、罗姆半导体为代表的全国最大的片式阻容元件生产基地；以摩托罗拉、中芯国际为代表的集成电路生产基地；以力神、蓝天三洋为代表的绿色能源生产基地；以西迪斯、通用为代表的器件生产基地；以亚光耐普罗为代表的注塑生产基地等配套集群。

移动通信产业是天津电子信息产业的第一支柱产业。天津移动通信产业园是首批国家级电子信息产业园区，坐落于天津经济技术开发区内。天津通信产业园的规模化经济一直处于全国前列，同时，始终占据天津市电子信息产品制造业经济总量的1/3，成为拉动天津经济发展的主要增长点。规模经济带动了规模效益，天津通信产业园的经济效益和投资回报率均居全国前列。

天津的通信产业是以移动通信终端设备（手机）为主导产品的，基本形成了目前国内最大、最完整的手机及其零部件产业群，产业规模化特点尤为突出，效益优势尤为明显。天津素有“手机之都”之称，天津年手机产量历年来都居国家首位，约占世界手机生产量的10%。我国每年都在天津开发区召开的国内手机配套展示会，使天津成为世界手机配套供应商的集散地。

“十二五”期间，天津将积极加快电子信息产业优化升级，推进超算中心、RFID、传感器、传输设备等产业发展，谋划电子信息产业的二次创业，要把天津建设成为具有国际竞争力的国家级电子信息产业基地。

三、我国通信产业的发展趋势判断

1. 我国通信产业面临新的机遇和挑战

（1）机遇。

“国家宽带战略”的实施将带动通信产业大发展。国家工信部明确在“十二五”期间将大力实施宽带战略，加快推动新一代移动通信、下一代互联网发展，特别要支持TD加速向LTE演进发展并向4G过渡的目标。“国家宽带战略”的实施，将会推动我国基础信息网络基础设施的建设，并带动宽带通信相关产业的发展，进而促进社会生活及经济发展。

国家将进一步加快推进三网融合。2010年1月，国务院决定加快推进电信网、广播电视网和互联网三网融合的进程，明确提出了推进三网融合的阶段性目标和重点工作，第一批三网融合试点已在12个城市（北京、大连、哈尔滨、青岛、上海、南京、杭州、厦门、武汉、长株潭地区、深圳、绵阳）开展。三网融合的实质启动无疑为通信产业的加快发展提出了更高的标准和更广阔的需求。

物联网成为国家重点发展的战略性新兴产业。2010年年底，国务院出台了《关于加快培育和发展战略性新兴产业的决定》，物联网被列为战略性新兴产业，将获得扶持发展。物联网是继计算机、互联网与移动通信网之后的世界信息产业第三次浪潮。目前，我国的物联网在电力、智能交通、医疗卫生、家庭安防、工业控制、农业、环境监测等诸多领域开始初步应用。而行业应用将成为未来几年物联网产业发展的主要驱动力。

“云计算”的发展进入加速期。2010 年可以说是中国的“云计算”元年，政府企业积极跟进云计算发展。10 月 18 日国家发展改革委与工业和信息化部联合印发《关于做好云计算服务创新发展试点示范工作的通知》，确定在北京、上海、深圳、杭州、无锡等五个城市先行开展云计算服务创新发展试点示范工作。云计算的发展将会给通信运营商的服务方式和商业模式带来根本改变，也将带动相关的智能移动通信设备和服务规模的迅速扩大。

随着云服务越来越深入到消费者的生活中，消费者对云服务的需求及对云计算技术复杂度的要求与日俱增。根据工业和信息化部电信研究院发布的《中国公共云服务发展调查报告（2012）》，在过去的一年中，我国公共云服务市场总体增长较快，增长率达到 73%。云计算的发展是一个渐变的过程，各个厂商在其发展过程中起到了重要的推动作用。2014 年云计算呈现如下发展趋势：

企业云存储增长最快。根据诺达咨询 2012 年的调研来看，在接受调研的企业中，24% 的企业已经购买云存储产品，76% 的企业用户暂未尝试。到 2013 年在使用云计算资源的用户中，56.3% 的用户已经是云存储、云备份等存储资源租用的用户，行业发展速度较快。从数据来看，国内企业云存储产品落地集中于 2011 年，包括阿里云存储、电信 E 云存储、世纪互联的 Via cloud 等。对外服务从电信云计算来看，在中国电信云计算服务体系中，云主机和云存储是其发展最好的项目；在联通的云计算体系中，从规模来看，发展最好的是云存储（企业），然后是云主机。

垂直 PaaS 平台得以发展，PaaS 市场增长最快。不同的云平台以及它所支撑的应用有不同的特征。其中有些原因来自业务本身的特征，还有些来自不同机构的制度，比如企业、银行和政府以及隐私需求和性能需求的不同，所以垂直领域的 PaaS 更有机会发展。国内垂直 PaaS 平台发展较具规模的服务商，包括了专注企业通信的云通信平台以及行云等（新浪 SAE 早期也只对游戏行业用户开放）。预计未来垂直 PaaS 平台的增长重点主要集中在社区云、电子商务云、医疗云、教育云、金融云的发展上。

混合云认可度提高。混合云提供了融合两种服务的统一模式，企业可以按照不同的业务领域，来选择私有云或公有云模式。根据诺达咨询的调研，对于公有云、私有云、混合云的选择，企业用户的部署策略更多地偏向于公有云模式，共有 49.5% 的云计算用户选择这一模式，选择私有云模式的用户占整体用户比例的 29.4%，选择混合云模式的用户占整体用户比例的 21.1%。而根据另一项调研数据显示：超过 5% 的混合云用户部署云计算的路径是“先私有云，后公有云，最后混合云”。可见超过 46% 的私有云用户未来可能是混合云用户，越来越多的企业将把业务迁移到私有云环境中。从私有云增长的速度来看，预计到 2015 年混合云用户将占到整体云计算用户的 30% 以上。

云计算园区建设加快。继近几年发展热潮后，用户对云计算的认可度逐步提高，云计算产业在 2014 年将继续推进。云计算作为信息化基础服务平台，在智慧城市的建设中是关键的一环，因而各地将极其重视云计算产业架构，重点推进云计算应用、关键技术突破、云计算安全体系的建设，使得云计算更好地服务于城市发展。

运营商仍以基础设施建设为主，SaaS 应用开始拥抱虚拟化。IaaS 是中国电信运营商开展云计算服务的最佳切入点。开展 IaaS 服务需要构建大规模数据中心，需要在软硬件基础设施、网络、资金、用户和运营管理经验方面有相当的积累。因此，电信运营商可依托丰富的网络和 IDC 业务资源，结合新一代 IDC 演进，在对 SP 监管要求加强的大趋势下，优先发展 IaaS 业务。随着 SaaS 服务商在 PaaS 领域的拓展，2014 年 SaaS 应用会更多地部署在虚拟机上。

延伸阅读

三大通信运营商加速启动“云计划”

（1）中国移动“大云”计划。

经过 3 年多的努力，中国移动研究院在开源软件的基础上开发了“大云（Big Cloud）”云计算系统，在 2010 年 5 月 21 日召开的第二届中国云计算大会上，中国移动发布了“大云平台”1.0 版本。该平台可实现分布式文件系统、分布式海量数据仓库、分布式计算框架、集群管理、云存储系统、弹性计算系统、并行数据挖掘工具等关键功能。“大云”的软件技术架构分为资源层、平台层、能力层和应用层，资源层是指物理服务器和网络，以及虚拟机等等；平台层是研究工作量最大的，它在平台上建立了海量分布式系统，还有结构化海量数据管理系统。

中国移动还制订了“大云”产品演进计划，目前主要工作集中于数据管理和分析性业务方面，包括数据挖掘等。未来中国移动将会有越来越多的业务在云计算平台上运行。据介绍，中国移动“大云”1.0和2.0重点是在海量数据管理和分享上，1.0~1.5重点是在计算存储资源池上，未来2.0、3.0将通过云计算平台实现实时交易，其商业模式仍在探索之中。

（2）中国电信天翼云计算战略。

中国电信于2011年8月31日正式对外发布天翼云计算战略、品牌及解决方案，计划于2012年正式推出云主机、云存储等一系列天翼云计算产品。

天翼云计算体系框架包括资源云、能力云、云应用三个层面。资源云包括云主机、云存储等，是利用中国电信云数据中心、网络等为客户提供基础资源服务；能力云是把传统的通信能力和互联网应用能力结合起来，通过标准化接口，开放平台能力，为软件开发商提供开发测试运行环境，共同聚合、生成信息化应用；云应用则是基于中国电信云计算资源和智能云网络，将通信能力开放与行业信息化应用结合起来，包括行业和通用云应用，如云桌面等。

中国电信依托遍布全国的数据中心基础设施资源，统一建设部署覆盖全国、业内一流的云计算数据中心，“十二五”期间将具备提供数百万台高性能虚拟主机的能力。目前，中国电信云主机和云存储服务已尝试商用，将于2012年正式运营。依托研发团队，中国电信将重点聚焦异构云平台、网络云承载、移动云应用、行业云应用等课题，使云计算完全融入日常生产与生活，让网民享受更加便利的网络服务。

（3）中国联通“互联云”战略。

面对云计算的快速发展，中国联通提出了“互联云”概念。通过“互联云”，中国联通想要打造的就是第三代互联网络基础架构。这个基础架构不再是简单的软硬件的组合，更不是纯粹的一些类似主机托管的基础服务，而是一个集成了硬件、软件、网络、应用和服务的综合性的平台。将来面向客户的就是一扇“门”，一个类似于网站首页的界面，通过这个“门”，用户可以享受互联云时代所有高品质的IT服务。“互联云”将会让每个人感受到，信息不再是一个客体，而是与用户同生同长的共同体。

（2）挑战。

从外部环境来看，全球经济持续低迷对通信产业的影响还将继续。由于全球经济的一体化、美国经济的重要独特作用、中国经济的周期性增长趋势以及通信行业对于宏观经济环境的深度依赖，使得只要经济危机没有得到根本缓解，通信行业发展的外部环境就会继续恶化。金融危机对宏观经济环境的改变，直观地体现在 GDP 增速的单边回落走势上，通信业的发展与 GDP 具有较高的关联度和依存度，电信运营企业收入变动情况基本上与 GDP 发展相一致，但会呈现出 1～2 年的滞后性。就中国而言，增速下滑明显，影响已初步显现。主要表现为：受经济影响，中小企业经营困难，一方面企业经营活动在减少，另一方面外来务工人口在减少、失业人口在增加，最终导致电信消费需求不足。

从产业面来看，当前我国通信行业正面临由语音通信向数据通信转型的关键时期，产业格局和商业模式都在发生着巨大变化。近几年，随着信息技术的不断发展及网络的不断完善，我国各电信运营商的语音通信 ARPU 都在不可遏制地下滑，数据通信的流量呈爆炸式增长，数据通信业务成为我国电信领域增长最快的电信业务。移动互联网的迅猛发展也在推动我国广播电视、通信和计算机行业的全面融合，产业边界日渐模糊。同时，随着众多跨国厂商进入中国，我国通信行业竞争空前激烈。对我国的通信企业来说，转型时期既蕴藏着无数商机，也面临着重大的挑战。错失了转型机遇，企业就可能被对手甩下，逐步被边缘化甚至有走向衰亡的危险。

从企业层面来看，专利是一个不容忽视的重要外部因素。近年来，国际上大型通信企业不时引发专利纠纷。特别是 2010 年以来，诺基亚、苹果、谷歌等巨头间爆发了规模空前的专利大战。专利竞争已经成为国际竞争的新趋势和新利器。我国不少通信企业由于面临跨国公司在专利上的制约，无法发展壮大和参与国际市场竞争。加快创新，提高自主创新能力已经成为我国通信业发展不可回避的重大挑战。

2. 我国通信产业发展前景展望

（1）长远发展态势良好。

“十二五”期间，通信产业内外部环境的变化孕育着发展的新机遇。从宏观环境看，《中共中央关于制定国民经济和社会发展第十二个五年规划的建议》中提出，“十二五”时期要推动信息化和工业化深度结合，加快经济社会各领域信息化，这将为构建下一代信息基础设施、发展综合信息服务开辟广阔空间；随着国民经济“调结构、上水平”的不断深化，通信业深化战略转型也势必会提升到新的高度。从市场需求看，国家把扩大消费需求作为扩大内需的战略重点，并进一步推进经济结构战略性调整，推进城镇化，不断提高城乡居民收入，这必将进一步激发通信信息消费潜力。从产业政策看，国家培育发展新一代信息技术等战略性新兴产业，将推动通信技术产业做强做大。从技术发展看，物联网、云计算、IPv6 等新技术的逐步成熟和广泛应用，将在信息通信领域催生新业务、新应用。从自身条件看，通信企业对全业务发展规律的认识不断加深，在通信技术、电信运营方面的经验不断丰富，业务结构趋于合理，综合实力不断增强。因此，长远来看，我国通信产业的发展充满希望，市场前景广阔。

（2）短期发展增速趋缓。

近年来，我国固网等传统电信业务加速下滑，而新业务尚难以担重任，不足以维持通信业的高速增长。数据显示，2010 年，全国固定电话用户减少 1935 万户，剩下 29438 万户。固定电话普及率为 22.1 部/百人，同比下降 1.5 部/百人。固定通信业务收入为 2707 亿元，下降 3.3%。话音业务收入中，移动话音业务收入 4265 亿元，增长 9.4%；固定话音业务收入 922 亿元，下降 18.7%。预计 2011 年固定电话用户将降至 2.6 亿户，固定通信收入降低的趋势仍会进一步加深。行业收入增长出现下滑的主要原因在于随着用户普及率提升，电信综合价格水平持续下降，话音业务收入增长逐渐放缓。在传统话音业务收入逐渐下滑的情况下，非话业务收入增长出现滞涨，近三年来每年增量都保持在四百亿元左右的规模，不足以拉动行业恢复较高增长。

同时，在“十一五”期间发展较好的移动通信市场，也存在步入瓶颈期的危险。随着我国移动电话普及率的不断提高，传统电信市场日趋饱和，运营商面临增长的顶部压力。我国移动通信市场经过十年高速发展，普及率已经突破 60%。从国外市场经验来看，市场普及率突破 60% 后，收入增长率将降到 10% 以下。2010 年，我国最大的移动通信运营商中国移动的新客户、新话务、新业务三大驱动力均开始减弱，市场收入增速明显趋缓。

通信业收入增缓、利润下滑的趋势，直接导致运营企业投资能力的降低。由于运营企业处于整个产业链的上游，运营企业投资成本的降低将有可能带来整个产业链投资匮乏、后劲不足的恶性循环。尽管物联网、云计算、下一代互联网等新兴技术风起云涌，形势大好，但是这些新兴技术目前仍处在概念到应用过渡的初级阶段，还未能有效转化为实际生产力。综上所述，短期来看，我国通信行业的整体发展态势不容乐观。

延伸阅读

2014 中国通信产业十大技术趋势

《通信产业报》、通信产业网编辑部评出2014 中国通信产业十大技术趋势，分别是：

1. SDN，从梦想走向现实

未来的网络将会是动态发展的，同时也会越来越强调对网络功能进行虚拟化，网络与云计算的结合，IP 与 IT 的融合，将是未来网络技术架构方面的新发展。SDN 的目标是通过软硬件解耦隔离，实现网络虚拟化、IT 化以及软件化，非常符合 IT 低成本、多样化大趋势，即硬件负责性能，软件负责功能。

而在过去的一年中，SDN 从实验室走向市场的步伐开始持续提速，约二十家相关厂商被收购，交易金额近百亿美元，涉及 SDN 项目的风险投资公司在数量上及资本上都达到了新高。

2014，SDN 将褪去那层薄纱，从梦想走向现实，你准备好了吗？

2. 超 100G，走出实验室

当今，100G 传输网和相关设备已规模化商用，400G 的标准化进程也已正式开启。但从互联网业务与网络流量发展趋势来看，400G 仍然不能满足未来带宽持续增长的需求，以太网速率会进一步演进到 T 比特量级是业界的共识。

中国移动 2014 年初将启动 400G 网络测试工作，而前不久中国电信更是联合中兴通讯在北京完成了国内首个“单通道 T 比特超长距离实时光传输试验”，更夸张的是，武汉邮电科学研究院、光纤通信技术和网络国家重点实验室联合烽火通信科技股份有限公司完成了国内首个单光源 3. 2Tb/s2087 公里标准单模光纤超长距离实时光传输系统实验。

100G 都来了，超 100G 还会远吗？

3. VoLTE，开启语音 4G 时代

进入 4G 时代，我们还需要语音通话吗？答案是肯定的。VoLTE 是 4G 语音的终极解决方案，能提供不一样的语音通话。

VoLTE 和 3G、2G 语音通话有着本质的不同，VoLTE 是架构在 LTE 网络上全 IP 条件下的端到端语音方案，因为它采用高分辨率编解码技术，因此能够实现 HD（高清）级别的语音。同时，VoLTE 为用户带来更低的接入时延，比现在降 50%。

目前，VoLTE 已经成为全球运营商的共识，中国移动将于 2014 年第四季度全网 VoLTE 推出商用。4G 时代，人们将听得更清楚。

4. 载波聚合，整合频谱增强 4G

整合频谱，让 4G 网速翻倍？这并非天方夜谭。载波聚合，正是拥有这种魔力的技术。

载波聚合技术是 LTE - Advanced R10 标准中的代表性技术，通过将多个 LTE 频段载波聚合起来形成更大的带宽，实现上下行峰值速率、上下行边缘速率成倍的提高，同时实现小区容量的成倍提高。

2014 年，我国 LTE 将迎来规模商用，载波聚合技术对于运营商来说具有重要的现实意义。终端芯片的成熟度是决定这一技术部署进程的重要因素。

5. 5G WiFi，快 4G 一步

随着 4G 牌照发放，中国移动"4G，快人一步"的宣传口号也传遍了大江南北。既然有了 4G，我们还需要 Wi - Fi 吗？不少人提出了这样的疑问。

目前，TD - LTE 的速率可实现 100Mbps，FDD LTE 的速率可实现 140Mbps，这与运营商的 Wi - Fi 网速已经相差无几。但 5G Wi - Fi（802. 11ac）的部署将彻底改变这一现状。

5G Wi - Fi（802. 11ac）是指第五代 Wi - Fi 传输技术，并且运行在 5G Hz 频段，传输速度最高提升到了 1Gbps。5G Wi - Fi 因速率更高，覆盖更好，近两年引起了运营商很大的兴趣。在 2013 年的招标中，运营商提出了对于 5G Wi - Fi 的要求。2014 年，运营商将加大 5G Wi - Fi 的部署。

5G WiFi，快 4G 一步。

6. 64 位处理器，引领智能终端趋势

用户对高性能智能手机的需求是永无止境的。

目前，芯片厂商从解决方案的制程、主频和架构等多个角度提升手机处理器的性能，而将 CPU 通用寄存器的数据宽度提升至 64 位的升级方式，正在被众多厂商认可。该技术被应用在移动终端上，将让产品内存提升至 4Gb。

在兼容主流移动应用后，64 位处理器的性能表现将远超过 32 位处理器，让智能手机具备与个人电脑比肩的性能标准。苹果已经推出搭载 64 位处理器的智能终端 iPhone5s 和 iPad Air，高通也表示将于 2014 年推出 64 位移动处理器骁龙 410。

64 位处理器的出现，代表 IT 与 CT 的融合再次向前迈出一大步。

7. 可穿戴技术催熟传感器集成、低功耗芯片智能手机同质化发展的趋势，已成为用户集中诟病的环节。正因如此，众多厂商开始深入开发可穿戴技术。

可穿戴技术主要探索和创造能直接穿在身上，或是整合进用户的衣服或配件中的设备的科学技术，意在通过“内在连通性”实现快速的数据获取、传递和分享，保持高效的社交联系。因此，相应产品将带动传感器集成、低功耗芯片和屏幕等一系列技术的发展。目前，高通已针对可穿戴技术推出 Mirasol 显示技术，三星也表示将于2014 年推出第二代智能手表 Galaxy Gear。

2014 年，将成为可穿戴技术走向成熟的一年。

8. 大数据技术，应用无处不在

数据无处不在，经过两年的发酵，大数据技术从备受瞩目到走进应用，大数据技术的挖掘、分析、可视化，特别是在跨行业交叉领域的融合应用，未来将产生更加广泛而深刻的影响。

大数据产业的生态圈正在加速形成，数据采集终端逐渐多样，智能分析技术成熟，云计算存储和平台开始就绪。大数据的挖掘、处理、应用等技术的不断创新，推动来自互联网、公共网络、行业网络、科研网络的数据共享，支持信息、生物、节能、环保、制造、材料等传统及新兴产业的数据应用，创新相关产业的商业模式。

2014 年，让你真实感受大数据。

9. 去“IOE”技术，以开源促安全

网络数据安全问题令人忧心忡忡，信息产品国产化被提升到了政策的高度。无论是被业界戏称为“只喜欢出售软件”的微软低调亮相的全资子公司，专门负责开源项目的相关工作，还是高调的阿里巴巴宣布“去 IOE”运动，完成了从“商业软件”“开源软件”最终演变为自主技术和云计算服务能力，大软件公司采用的通过多年许可协议锁定客户的战略逐渐受到抵触。大量精明的企业客户已经采用了新的开源软件商业模式，回避对于大软件公司的依赖和“棱镜门”事件带来的网络安全恐慌，更多地聚焦开源。

在经济低迷的环境下，开源能帮助创建“IT 新经济”。拥抱开源，将成为包括运营商和设备商在内的更多通信企业在大数据时代的精明选择。

10. 增强现实技术，变革用户体验

增强现实 AR 技术（Augmented Reality）是利用计算机生成一种逼真的视、听、力、触和动等感觉的虚拟环境，通过各种传感设备使用户“沉浸”到该环境中，实现用户和环境直接进行自然交互的目标。

伴随着移动互联网的蓬勃发展，AR 技术正逐渐应用到生活中的诸多环节上。从酷炫的谷歌眼镜体验，到众多互联网公司尝试推出的家居、工作、学习、娱乐、医疗的融合 AR 技术的各种虚拟现实创意，再到运营商创新的 4G 增强现实应用，随着虚拟现实融合技术、即时互动技术、3D 定位技术的成熟，以及计算能力的提高、通信管道的畅通，AR 技术让使用者能够通过虚拟现实系统感受到在客观物理世界中所经历的“身临其境”的逼真性。

四、我国通信产业的战略部署

1. 我国通信产业的发展思路

“十一五”时期，我国通信业在建设与发展中取得的辉煌成绩，为“十二五”时期通信业的深入发展打下了良好的基础并积累了宝贵的经验。“十二五”时期，我国通信业要抓住历史的发展契机，进一步落实科学发展观，着力打造支撑经济社会发展转型的关键网络基础设施，发展壮大信息网络等战略性新兴产业，推动国民经济和社会信息化水平全面提升；着力提升服务“两化”融合的能力和水平，加速通信业结构调整和转型升级，实现通信业做大做强；着力缩小城乡通信水平差距，深化普遍服务机制和内涵，服务社会主义新农村建设；着力保障网络和信息安全，提升应急保障能力，维护社会稳定，为建设全面小康社会提供有力支撑，促进经济社会又好又快发展。

具体发展目标为：

（1）加快光纤宽带网络、下一代互联网和新一代移动通信基础设施建设，基本建成宽带、融合、泛在、安全的新一代通信基础设施。

（2）推动通信产业科技的整体性突破和跨越式发展，在重要的技术领域拥有大量自主知识产权的核心技术，基本建立较为完善的科技创新体系。

（3）推动电信普遍服务从“行政村通”延展到“自然村通”，普遍服务内容逐步从语音业务扩展到互联网业务，基本实现村村通宽带。

（4）突破网络信息安全核心关键技术，基础网络、重要信息系统和关键应用安全可控，应急通信保障能力和公众信息网络抗毁能力大幅提升，网络信息安全保障能力显著增强。

2. “十二五”时期我国通信产业的发展重点

（1）加快 3G 特别是 TD 网络覆盖，推进 LTE 的研发和产业化。加大 3G 网络的覆盖深度和广度，优化网络结构，提升网络质量。重点打造 TD－LTE 完整产业链，使整个产业链规模达到10000亿左右。国家重大专项支持要形成两个链，一个是产业链，从系统、基站芯片、射频芯片、终端仪器仪表到网规网优；另一个是创新链。产学研用结合的工信部TD－LTE工作组将通过技术标准、技术试验、规模试验，推动实现两个链的突破，最终通过标准、测试平台等的有序推进，促进整个TD－LTE的研发和产业化。

延伸阅读

TD－LTE：辉煌之旅，再启新航程

2010年10月13～20日，国际电信联盟无线通信部门第5研究组国际移动通信工作组第9次会议在重庆圆满落幕。本次会议对包括我国提交的TD－LTE－Advanced在内的6项技术提案进行了深入研究讨论，最终确定LTE－Advanced（包含我国提交的TD－LTE－Advanced）和802.16m为新一代移动通信（4G）国际标准。国际电信联盟将于2011年底前完成4G国际标准建议书编制工作，2012年初正式批准发布4G国际标准建议书。这是我国移动通信产业继TD－SCDMA成为国际标准后的又一重要里程碑。

多网融合发展，推动TD－LTE走向世界

在中国移动的积极推动下，LTE FDD/TDD的融合发展已经取得了很大的进展。在标准、产品和产业链等三大层面的融合，将使两者可以共享产业与市场机遇，并较WiMAX而言拥有更大的全球规模优势，从而大大增强了TD－LTE实现国际化拓展的实力。目前，几家国际主流设备商都选择了FDD/TDD LTE融合战略，尤其是爱立信、诺基亚、西门子等原本欧美FDD LTE市场上的领先者正在进一步推进FDD/TDD LTE融合产品解决方案的开发和商用验证，其在FDD LTE上的优势有望与TD－LTE实现互相分享与相互促进。

在TD－LTE的国际化之路上，TD－LTE最有希望成为新兴移动运营商的“宠儿”。其中的重要驱动力在于，该类运营商拥有TDD频段，并且希望一步到位地直接采用未来的主流技术向用户提供高速的移动宽带应用。对于传统的主流运营商而言，TD－LTE则有望作为满足非对称业务快速增长的需求，与FDD LTE一道应对移动宽带时代的到来。

产业阵营不断增强，揭示TD－LTE的光明未来

TD－LTE整个产业价值链，目前正在走向成熟与完善。一方面，产业链单个环节的力量在不断增强。例如，目前全球主流的设备制造商，从海外的爱立

信、诺基亚、西门子、阿尔卡特朗讯，到中国的华为、中兴、大唐移动等，都已经先后加入到TD－LTE阵营中来，并且积极参与了各项技术试验和组网测试。另一方面，整个TD－LTE产业价值链也在不断得到完善，各个环节之间的互动与协调发展也在不断得到强化。以相对比较薄弱的终端环节为例，高通、三星等传统芯片终端巨头的纷纷加入以及Sequans等新兴力量的快速成长，正在为TD－LTE终端实现突破积蓄能量。

得益于产业整体实力的不断增强，TD－LTE正在以坚实的步伐，一步一个脚印地迈向商用的明天。而随着被ITU顺利确立为全球4G标准，TD－LTE至此拥有了明确的演进之路，这无疑会大大增强TD－LTE产业化与市场化的信心，而TD－LTE的前途也必然会更加光明。

（2）大力推动下一代互联网及移动互联网技术的应用。推进下一代互联网发展，加快互联网从IPv4向IPv6协议转换，统筹规划和推进IPv6商用建设、网络过渡和业务迁移。牢牢把握战略机遇，加快推进移动互联网融合创新发展。坚持以市场需求为导向，加强移动互联网技术业务的创新，重点开发移动电子商务、移动广告、移动游戏、移动地理位置服务、移动视频、移动阅读等新应用，不断完善业务模式和商业模式。加强设备提供、应用服务、系统集成等环节的协作，打造移动互联网产业链。

（3）将宽带纳入国家级战略性基础设施范畴。工业和信息化部等七部委联合下发了《关于推进光纤宽带网络建设的意见》，要求努力肩负起信息新时代赋予的历史使命，大力实施光网城市建设，加快推进宽带网络的光纤化升级，建设超高速（100M）宽带接入网络，在扩内需、保增长、促就业、推进“两化”融合的同时，更要适应未来发展要求，提高国家信息化综合实力和自主创新能力，占领国际竞争制高点。

（4）统筹物联网的战略部署，在重点领域开展试点工作。我国将加快培育物联网产业，重点发展高端传感器、MEMS、智能传感器和传感器网节点、传感器网关；超高频RFID、有源RFID和RFID中间件产业等，重点发展物联网相关终端和设备以及软件和信息服务。重点建设物联网在公众服务与重点行业的典型应用示范工程，确立以应用带动产业的发展模式。设立支持物联网发展的专项资金，重点支持物联网领域的技术研发、产业化标准制定。

（5）加快三网融合的实施。受需求阶段变化的影响，国内三网融合涉及的网络和技术发展将分为近期和中期两个阶段。近期3～5年的重点是加快电信和广电业务双向进入与融合发展，要继续扩大试点范围，采取有效措施鼓励通信、广电等不同领域企业在内容集成、服务提供、网络建设等方面的互相进入。中长期将加速互联网与增值电信业务、广电业务的融合，进一步提升各项能力。

（6）大力发展网络增值业。培育网络增值龙头企业，以发展高端产品、强化产业链核心环节为重点，进一步促进通信服务业的快速发展。以移动互联网、云计算等新技术应用为切入点，加快开发互联网视频、手机阅读、手机游戏、移动电子商务、远程教育、网上远程医疗和数字家庭等典型应用，促进服务手段创新升级，提升网络增值服务水平，抢占产业发展制高点。

政策要点

《电子信息产业调整和振兴规划》的实施给通信产业带来新机遇

2009 年 4 月 15 日，国务院办公厅公布了《电子信息产业调整和振兴规划》（以下简称《规划》），《规划》的全面实施给通信产业带来新的发展机遇。《规划》明确提出，要以新一代网络建设为契机，加强设备制造企业与电信运营商的互动，推进产品和服务的融合创新，以规模应用促进通信设备制造业发展。加快第三代移动通信网络、下一代互联网和宽带光纤接入网建设，开发适应新一代移动通信网络特点和移动互联网需求的新业务、新应用，带动系统和终端产品的升级换代。支持 IPTV（网络电视）、手机电视等新兴服务业发展。建立内容、终端、传输、运营企业相互促进、共赢发展的新体系。

《规划》还提出了促进通信产业发展的相关政策措施，主要包括：

一是落实扩大内需政策。结合国民经济和社会信息化建设以及其他重点产业调整和振兴规划的实施，进一步拓展电子信息产业的发展空间，引导推进第三代移动通信网络、下一代互联网、宽带光纤接入网络建设，拉动国内相关产业发展。

二是加大国家投入。国家新增投资向电子信息产业倾斜，加大引导资金投入，实施 TD - SCDMA 第三代移动通信产业新跨越、下一代互联网应用等重大工程，支持自主创新和技术改造项目建设。鼓励地方对专项支持的关键领域和重点项目给予资金支持。

三是进一步开拓国际市场。继续保持并适当加大部分电子信息产品出口退税力度。采取综合措施为企业拓展新兴市场创造条件，支持企业“走出去”设立研发、生产基地，建立境外营销网络。拓展与国外政府、企业间的合作，大力推动 TD－SCDMA 等标准技术在海外市场的拓展和商用。

四是强化自主创新能力建设。加快实施国家科技重大专项，推动产业创新发展。加强移动通信等领域的创新能力建设，完善公共技术服务平台。大力推进 TD－SCDMA、WAPI（无线局域网安全标准）等标准产业化进程，加强 RFID 等关键标准的制定和推广工作。

延伸阅读

三大通信运营商面临的 4G 业务竞争格局[1]

2013 年 12 月 4 日，工信部发布公告，向中国移动、中国电信和中国联通颁发“LTE/第四代数字蜂窝移动通信业务（TD－LTE）”经营许可，三家运营商都获得了 4G 牌照。至此，三家运营商正式拉开了 4G 商用的大幕，4G 也走到了中国用户的眼前。那么，三家运营商将面临怎样的竞争格局以及将各自采取何种策略呢？

中国移动：千呼万唤始出来

在 3G 时代，由于技术等原因影响了中国移动对 TD－SCDMA 的发展，截至 2013 年 11 月，中国移动 3G 总用户数为 1.75 亿，仅占全体用户数的 23%，余下的 62%，即 5 亿多用户还在使用 2G 网络。在 4G 之前，中国移动算是一个被 2G 拖累的巨人，所以迫切需要 4G 为其调整网络结构。

中国移动发展 4G 有如下有利因素：

一是政策支持。从牌照发放之前的频谱资源划分就可以看出，中国移动得到的频谱资源比另外两家运营商多，而且国家在政策及产业扶持上明显倾向于 TD－LTE，为中国移动发展 4G 提供了强大的动力。

二是雄厚的资本投入。2013 年 3 月，中国移动公布了年度资本开支计划，计划中资本支出明显向 TD－LTE 倾斜，在 1902 亿元总投资中，有约 415 亿元、近 22% 的投资用于 TD－LTE 网络建设，相比之下联通 4G 投入仅为移动的 1/5。

三是 6 个月的牌照先发优势。TD－LTE 牌照首先发放，联通与电信更青睐的 FDD 牌照发放至少要等 6 个月，这 6 个月让移动占尽首发优势。

当然除上述优势之外，中国移动发展 4G 也有着诸多的风险与限制因素：

一是产品收入结构不合理。现阶段中国移动的重要收入来源依然是传统话

[1] 孟祥龙、沈拓. 4G 对运营商及产业格局的影响. 中国电信业 2014（1）：157。

音与短信收入，这种结构不合理造成的后果早已显现，从2013年上半年财报中可以发现，中国移动上半年的各项指数都创下新低，数据业务营收占总营收的比例远远低于竞争对手。众所周知，4G的收入重要来源之一就是数据业务收入，语音与短信收入占比较低，如果盲目快速发展4G可能会对现有的收入造成冲击，甚至可能造成收入负增长。

二是网络组合问题。根据移动的网络升级计划，现有的2G基站添加4G模块即可完成网络升级，而TD－SCDMA的3G基站需要更加复杂的升级措施，未来可能会发生用户在没有4G信号的地方直接降级使用2G网络的情况，TD－SCDMA的网络软肋依然存在，直接从2G升级为4G的门槛没有完全跨过。

移动若想在4G运营中制胜，需贯彻一个字——快。即网络建设速度加快，在最短时间内完成网络升级，尽快为用户提供服务；终端合作速度加快，尽快完成4G终端产品线布局，3G时代移动终端不足的劣势必须去除。

中国联通：稳定现状再谋发展

中国联通相对于中国移动积极发展4G的态度显得比较冷静，是什么让联通如此淡定?

一是客户资源。作为3G时代最大的赢家，中国联通不仅建成了最成熟的3G网络，同时也收获了大量的忠诚用户，截至2013年10月，联通3G用户数达到1.15亿，占联通手机用户总数的比例（渗透率）高达41.7%（1.15亿/2.76亿），远高于移动的23%（1.75亿/7.59亿）。

二是网络优势。得益于WCDMA的特点，联通从3G向4G的演进路径非常平滑，这也成为联通的一大竞争优势。现阶段联通的网络速度达到了42Mbps，用户体验接近4G，网络优势依然存在，以WCDMA的特点即使未来升级成为4G，联通的投入也相对较少。

三是等待FDD牌照。联通最中意的FDD牌照并没有发放，现在得到TD－LTE牌照也只是因为国家政策不得已而为之的结果。

综合上面几个方面因素，联通选择了利用现有成熟的3G进行小成本升级为准4G，与竞争对手不成熟的4G进行竞争。另外，在等待FDD牌照发放的同时，建设4G网络，为未来发展奠定基础。

但如何长期留在用户的视线之内，不被移动抢尽风头是联通需要解决的问题。

中国电信：左右为难的“中间者”

在3G时代，中国电信拿到了CDMA2000的牌照，在网络成熟度和终端丰富程度上，比移动好，比联通差。而实际经营数据也是如此，电信在3G时代的用户渗透率达到了54.4%（0.99亿/1.83亿）。3G业务同样比移动好，比联通差。

在4G时代，中国电信要面临CDMA2000无法直接升级为4G的技术难题，因为CDMA2000不足以支持电信在4G时代的正常运营。

面对难题，电信的解决办法是在4G牌照发放后，一方面等待FDD牌照的发放，另一方面开始了自己的TD－LTE网络建设计划，同时寻求与移动合作建网的机会。将鸡蛋放在两个篮子里，边观望边前行，谋定而后动。

附录1　广东通信产业发展现状与趋势

一、广东通信产业发展现状

改革开放以来，尤其是电信体制改革以来，广东通信产业得到了前所未有的发展。作为我国改革开放的前沿阵地，依靠雄厚的产业基础、良好的发展环境和广泛的用户群，广东成为我国的通信大省和通信强省。

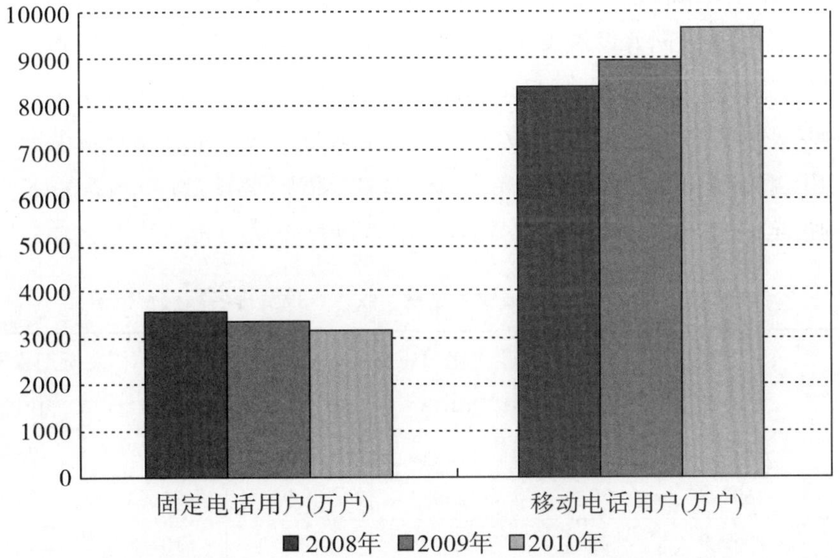

图附录1－1　2008－2010年广东省通信发展情况（一）

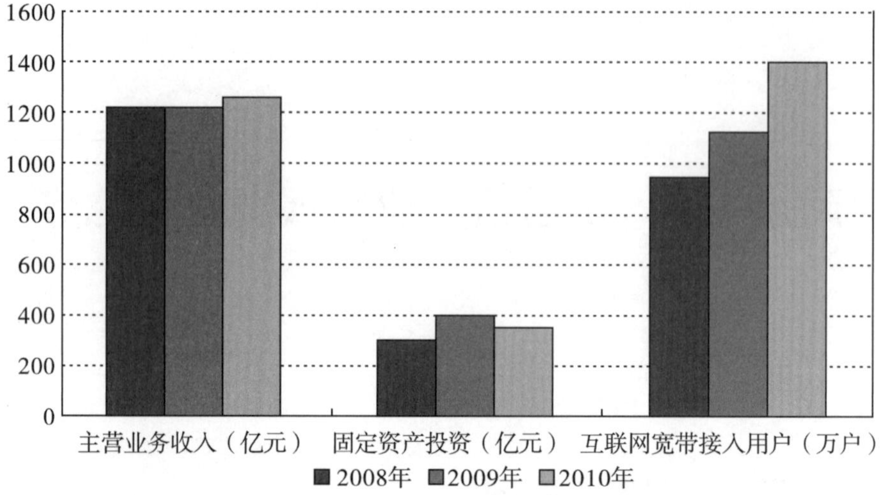

图附录 1－2　2008－2010 年广东省通信发展情况（二）

数据来源：广东省通信管理局。

1. 多项电信业务指标排在全国首位

多年来，广东省各项主要电信业务指标一直名列全国之首。2010 年广东省通信业保持了平稳向好发展态势，主要电信业务指标仍排在全国首位。全省全年累计完成电信业务总量 4697.8 亿元，同比增长 22.1%，约占全国的 15%；完成电信主营业务收入 1258.3 亿元，约占全国的 14%。电话用户规模进一步扩大，2010 年年底全省电话用户达 1.28 亿户，电话普及率达到 133 部/百人，电话用户约占全国的 1/9。固定互联网宽带用户达到 1399.7 万户，约占全国的 1/9。

表附录 1－1　2010 年电信业务总量、收入、投资排名靠前省市情况

	电信业务总量		电信主营业务收入		电信固定资产投资	
	2010 年（亿元）	比上年（±%）	2010 年（亿元）	比上年（±%）	2010 年（亿元）	比上年（±%）
广东	4697.8	22.1	1258.3	3.9	356.3	－10.8
北京	1069.9	21.2	430.6	6.9	107.8	－21.6
江苏	2006.3	21	687.1	7.3	212.7	－7
浙江	1922.9	18.4	616.7	5.6	183.9	－19
山东	1926.2	20.1	538.4	6	154.3	－22

数据来源：国家工信部。

表附录1-2 2010年部分省市电信用户情况

	固定电话用户		移动电话用户		互联网宽带接入用户	
	2010年（万户）	比上年（万户）	2010年（万户）	比上年（万户）	2010年（万户）	比上年（万户）
广东	3169.1	-197.5	9624.6	701.4	1400	276
北京	885.6	-7.5	2129.8	304.3	498.4	46.4
江苏	2498.8	-163.6	5923.1	982.8	1048.4	93.7
浙江	1985.5	-145.5	5047.3	591.1	869.5	50.2
山东	1992.3	-225.1	6190.4	855.9	966.9	207.6

数据来源：国家工信部。

表附录1-3 2010年部分省市电信能力、电话普及率情况

	光缆线路长度（公里）	互联网宽带接入端口（万个）	局用交换机容量（万门）	移动电话交换机容量（万户）	固定电话普及率（部/百人）	移动电话普及率（部/百人）
广东	761532	2184.8	5334.5	14766.9	32.9	99.9
北京	123530	633.4	1412.9	4134	50.5	121.4
上海	153365	819.1	1338.6	3995	48.7	122.9
江苏	814464	1806.3	4288.2	8795.1	32.3	76.7
浙江	646457	1316.5	3061.4	8666.2	38.3	97.4
山东	452552	1424	2737	10484.7	21	65.4

数据来源：国家工信部。

2. 3G业务及移动互联网产业发展全国领先

广东抓住3G牌照发放的契机，做好政策扶持加快发展3G产业，开发基于无线宽带网的增值业务。在3G领域，广东在基站、终端和内容服务等方面都有较大优势。中兴、华为等企业是3G系统设备的国内领军企业，在终端方面，广东手机产能占全国的1/2，广东也具备发展3G产业的市场基础。借助3G的良好发展势头，2010年广东省3G移动电话用户已突破800万，广东移动、广东电信、广东联通3G移动电话用户市场份额分别为42%、30%、28%。各大运营商和内容服务商也纷纷推出手机视频、微博社交、手机游戏、手机阅读等丰富多彩的3G服务，不断提升用户体验。

此外，广东拥有较为完备的移动互联网产业链，在移动互联网软件、网络设备及终端制造、互联网应用等多个领域具备优势。其中，珠三角地区是中国移动互联网产业发展的领先者，凭借其移动终端制造业的巨大优势，2010年珠三角移动互联网产业产值为1298.1亿元，占当年中国移动互联网产业整体规模的44.2%。位于珠三角核心区的广州是全国移动互联网产业的南方基地，运营商资源优势明显，手机上网率全国最高，移动互联网的发展具备先天优势。深圳在移动互联网产业领域也拥有像华为、中兴等实力较强的通信设备制造商，且拥有众多的手机制造商，是中国最重要的手机制造基地，其2010年出货量占全球规模的1/4左右。在移动软件和应用方面，深圳拥有腾讯等移动互联网领军企业。

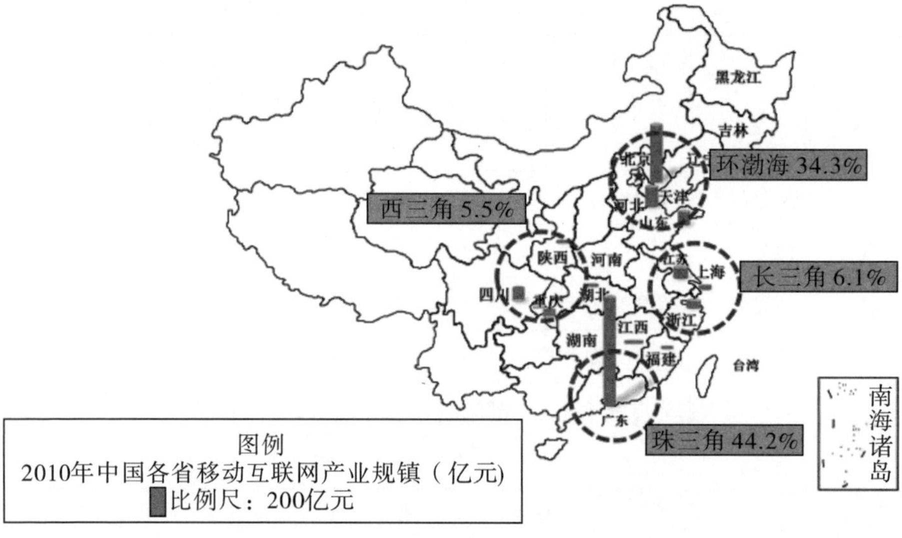

图附录1－3　中国移动互联网产业区域分布格局

资料来源：赛迪顾问。

3. 以华为、中兴为代表的通信设备制造商确立行业地位

目前，广东在通信综合设备、移动通信设备、光纤通信设备等领域，已形成一批较有实力的企业。其中，华为、中兴成为国际主流的通信设备制造企业。现在华为的业务涵盖了移动、宽带、IP、光网络、电信增值业务和终端等领域，其通信产品和解决方案已经应用于全球100多个国家，服务全球运营商

50强中的45家以及全球1/3的人口。2010年，华为销售收入达1852亿元，同比增长24.2%，进一步稳固了全球第二大综合通信设备提供商的地位。中兴通信则凭借在无线产品（CDMA、GSM、3G等）、网络产品［xDSL、NGN（下一代网络）、光通信等］、手机终端和数据产品（路由器、以太网交换机等）四大产品领域的卓越实力，成为中国电信市场最主要的设备提供商之一，并相继与包括葡萄牙电信、法国电信在内的众多全球电信巨头建立了战略合作关系，不断突破发达国家的高端市场。

案例分析

华为的创新之路给中国通信企业带来的启示

通信领域的创新具有很强的积累和衍生性，基础性专利具有较宽的保护范围。这决定了通信技术创新是一项更为艰巨的系统工程，需要高成本的资金、技术、人才、经验的积累，充满了风险和挑战。中国通信业发展30年，取得了全球瞩目的成就，通信业的创新也走在了所有行业的前面。历程中虽然充满艰险，典型例证有巨龙的消亡、凯明的轰然倒下，但也成就了像华为等在国际通信舞台上崭露头角的中国企业。2009年华为跻身成为全球第二大通信设备商，通信专利申请量也位居全球前列。在新的市场形势下，在“走向行业领导者”的道路上，华为给我国通信企业带来的启示总结来看，大致包括以下几个方面：

以“市场需求为导向”的创新策略

技术驱动型在通信业发展早期一度盛行，企业往往是先行研发出来产品，然后再去向客户进行推销，华为早期也习惯于这种模式。但技术驱动模式在通信市场日益成熟，市场竞争日益加剧之后，常常显现出技术与市场脱节的短板。华为早期就有过这样的遭遇：在CDMA技术研发方面一直遥遥领先的华为，认为IS95只是过渡产品，最终一心一意研究1X。在2001年中国联通宣布CDMA IS95招标时，华为措手不及、痛失订单。中国联通CDMA订单失手，让华为痛下决心开始了从“技术驱动”向“市场驱动”的彻底转型，进一步强化IPD“市场需求为导向”的技术创新策略。以“市场需求”推动项目研发的前提是要充分了解客户的需求。为此，华为采取的措施包括：规定每年有5%的研发人员去做市场，每年有5%的市场人员去做研发。“以市场需求为导向”的创新策略就像华为前进道路上的火车头，带领华为一路赶超。

不断强化的资金、人才积累

作为一个高科技企业，而且是一个后来者，华为从公司成立起，就持续坚持将每年超过销售额10%的资金投入到技术研发中，并且将研发投入资金的10%用于前沿技术、核心技术及基础技术的研究和跟踪，以使自己能在高手林立的通信市场取得核心竞争力。除了资金的大投入外，华为还非常重视对研发人才的培养。华为员工总数的48%被公司投放到研发部门，研发部门一直是华为公司最大的部门。为了激发员工的技术创新积极性，华为出台了“多阶段奖励政策”等一系列专利创新鼓励办法，保证发明人全流程地关注其专利申请，每项重大专利可获得3万~20万元的奖励。

不断优化的创新管理

在技术研发组织和创新管理方面，华为从自己摸爬滚打到引进消化外来经验，已经形成了一套非常规范化的创新管理流程。从2000年至今，华为将从IBM引入的IPD项目集成管理经过优化后，逐渐固化为华为技术创新的核心理念，形成华为规范化的技术创新流程。华为技术研发职能组织分为企业管理平台，技术平台，运作支持平台三大类部门，开始实行从立项，到开发，到将产品推向市场，再到量产的全面项目管理。IPD技术管理体系强调的核心思想：如技术开发是一项投资行为；基于市场的技术研发；业务分层管理；跨部门团队技术研发；结构化的研发流程；开放式创新等等，今天已经固化为华为技术创新管理体系的一种文化。

4. 物联网、云计算等新兴产业发展良好

物联网的发展在广东起步较早。2004年广东省信息化主管部门就引入了“物联网”的概念，并得到省政府领导的重视，先期开展了“物联网”粤港合作项目。2010年12月，广东省出台《关于加快发展物联网建设智慧广东的实施意见》，更是促进了物联网在广东的进一步发展。广东目前已形成紧跟世界发展动向、结合本地应用需要、总体布局行业突破、融合创新和产业聚集的发展模式，2010年广东物联网相关的产业产值已达800亿元，物联网发展取得一定成效。

在云计算方面，广东省也及早做了部署。目前，广东的云计算能力走在全国前列。广州已开始启动“天云计划”，深圳抓紧建设国家超级计算（深圳）中心，东莞、佛山等地也都建立了云计算中心，汕尾、茂名等地市则结合自己的产业特点、行业特点来部署云计算。同时，广东在传感器、光线传感器等领域的研发走在全国的前列，华南理工大学研制的光线传感器达到国际先进水平，并已试点推广应用。

延伸阅读

广州加快推进“天云计划”

“天云计划”是广州市力推的重点项目，其目标是建设一批世界领先的云计算平台，构建国际云计算中心：如广州超级计算中心、中国电信亚太信息引擎等。“天云计划”将实施一批云应用示范试点项目，电子政务、医疗卫生、文化教育、城市管理等重点领域，都将示范带动、以点带面地建立云计算公共服务平台。为加快推进“天云计划”，广州市做了如下部署：

一是建设一批国际先进的云计算基础设施。发挥国家信息通信枢纽优势，大力推进“光网城市”、下一代广电网、第四代移动通信网和传感网络建设，实施“千兆进企、百兆到户”的宽带工程，全面推进泛在宽带网络建设。大力发展高效、节能、低碳的云计算基础设施，优化布局，规划建设一批集计算、存储、平台、服务于一体的新一代云计算中心，提供多层次云计算服务。

二是发展一批高水平的云计算服务。着力推进云计算技术与物联网、下一代互联网、移动互联网等融合，创新服务模式，面向移动电子商务、移动互联网、网络游戏、网络教育、网络文化、数字家庭等，整合内容资源，发展集约化云计算服务。大力推进城市应急管理、智能电网、节能减排、视频监控、智能交通等城市建设管理云服务。

三是推广一批需求驱动的云计算示范试点。选择需求迫切、服务模式清晰的公共服务和重点行业，率先推进云计算应用试点，探索云服务模式和运营管理经验。重点推进电子政务、安全服务、城市安防、医疗、教育等五大云计算服务试点，形成示范引领效应，提高公共服务水平。着力推进金融、保险、电力、通信、地铁、数字媒体、电子商务、物流等主导产业骨干企业开展云服务试点，优先支持电力、金融、电子商务等需求大、基础好的企业率先试点应用。

四是突破一批具有自主知识产权的云计算关键技术。全面跟踪、重点突破、前瞻布局，瞄准一批关键技术领域，争取国家重大专项支持，组织联合攻关，突破一批国际领先的关键技术。重点推进低功耗高性能计算机芯片、虚拟化技术、高性能存储技术、海量数据管理和保护技术、新一代搜索引擎、云安全技术等自主研发，形成具有国际领先水平的自主知识产权技术和产品。

五是构建一条优势突出的云计算产业链。围绕产业链的关键环节，选择优势领域，以培育骨干企业为重点，大力发展云平台、云软件、云服务、云终端等产业链环节，形成每个产业链环节百亿级产业规模，打造完整的云计算产业链。

六是布局建设一批各具特色的云计算产业基地。选择天河、从化、增城、广州开发区、南沙开发区等，根据云计算产业特点，规划建立布局合理、各具特色、优势互补的云计算产业集聚区。

5. 通信业发展惠及农村用户

广东在2000年就实现了行政村“村村通电话”，之后始终没有放松对农村信息化建设的推动和投入，“十一五”期间广东基础电信企业投入“村村通”工程的资金就达136亿元。2007年，广东提前实现全省“20户以上自然村100%通电话”的目标；2008年3月，又提前实现了全省19516个行政村100%通宽带的目标，并具备了视频传送能力。“十一五”期末，广东100%的行政村已经通上了光纤，2011年还将全部升级到4M光纤，并对省内全部乡镇、行政村和138051个自然村实现无线覆盖。

近年来，广东基础电信运营企业积极开展“信息下乡”活动，努力推进广东省农村信息化建设，打造和推出了一系列的信息化服务平台和很多适合当地农民群众需求的信息服务产品。如广东电信在广东农村地区推出固话、移动、宽带融合的一系列惠民套餐，资费相对城市用户下调15%～20%，以及固话省内任打优惠的农村全家e天翼套餐等；广东移动则把面向农民工的定向长途资费叠加包由每分钟0.16元下调至每分钟0.08元；广东联通也推出了农村用户

图附录1-4 广东提前实现“家家通电话，村村通宽带”

宽带、固话优惠政策。

6. “无线城市”平台覆盖全省

“无线城市”是指使用高速宽带无线技术覆盖城市行政区域，向公众提供随时随地接入、超高速、大容量、高智能的无线传输网络服务。2008 年，《珠江三角洲地区改革发展规划纲要》明确提出要分区域、按步骤推进“无线宽带城市群”建设，通过新一代移动互联网技术将全省 21 个数字化城市串联起来，构建“随时、随地、随需”的信息服务体系，确保城乡居民通过无线终端便捷也获取政务公开、电子商务、社会民生等相关信息服务。

历经 3 年多的努力，到 2011 年，广东“无线城市”建设已初步成型，主要表现在以下三个方面：一是从单个城市到城市群，广东的无线城市建设已覆盖整个珠三角地区；粤东、粤西以及北部山区等泛珠三角城市，这些区域已实现“TD + WLAN + EDGE”的无线宽带网络覆盖。二是从通信网络到多网融合，广东全省已完成“无线城市”平台建设，这一平台是全国第一个实现云计算的平台，是融合了移动互联网、物联网、三网/三屏融合、移动电子商务等技术的综合平台。三是从网络层面到应用层面，与国外无线城市偏重于免费使用 WLAN 不同，广东的“无线城市”主要是围绕“电子政务、数字民生、信息兴业、社会管理、网络文化”五大领域，开发多项精品应用服务于政府、企业、民众三大群体。

二、广东发展通信产业的优劣势分析

1. 优势分析

优势 1：起步快、产业链完整。

广东通信业起步比较早，整个行业配套完善，早已形成了一个成熟的市场竞争环境。通信产业集群已初具规模，产业链较完整，企业之间形成产业联盟，存在交流与合作，不同部门开始形成组织结构。在国际新一轮分工形成和产业转移时期，政府积极改善软、硬件环境，根据本地区位优势，采取相应的优惠政策，做好了承接方的充分准备。因此，广东吸引了众多通信企业，使通信产业集群规模日益壮大，发展更迅速。通信运营商方面，广东移动、广东电信、广东联通等企业，面对广东庞大的市场不断开拓新业务、新应用，在体制改革、管理创新方面走在了全国运营商前列。设备制造商方面，广东拥有中兴、华为等国际化龙头企业，通过产业聚集效应带动了整个行业的发展。广东还有一大批服务提供商、内容提供商，通过提供各种通信服务和创新应用，较好地支撑了广东通信行业的发展。完整的产业链也是广东省发展通信产业的一大市场优势，能吸引更多的企业加入到广东的市场中；而广东通信产业的繁荣也能不断地吸引新用户、开拓新市场。

优势2：产业基础雄厚、配套完善。

目前，广东省通信产业已经积累了相当雄厚的物质基础，在电信业务收入、固定投资、移动用户数目等方面，广东均名列全国第一位。广东通信产业发展具有一定的产业配套优势：蓬勃发展的高新技术产业开发区、经济技术开发区、工业园区和产业集群，初步形成了专业化分工和产业链，结成生产、研发、市场营销和现代服务的网络。通信产业链较为完善，从上游的研发、内容提供、服务提供，到中游的通信运营，再到下游的终端设备、网络设备，广东省都拥有众多企业，配套基础较好。

图附录1－5　产业配套完善的广州信息港

优势3：毗邻港澳台的区位优势明显。

广东毗邻香港、澳门两个特别行政区，临近台湾，加强与各区域的新兴通信产业领域合作，主动参与国际竞争与合作，对广东通信产业发展将会发挥较大的促进作用。目前广东通过与香港、澳门特区政府签署的CEPA（关于建立更紧密经贸关系的安排），已初步形成“大珠江三角洲”的格局，并与港澳联手走向东南亚、走向亚洲和世界，广东这种独特的区位优势，使通信产业的提高与发展具有很大潜力。

优势4：与国际通信商的合作发展势头良好。

当前一些跨国通信公司正在将研发中心向海外拓展转移，而广东已经具备了良好的产业基础，正在积极抓住机会，深化国际通信科技合作，有效引导和推动跨国公司在粤投资，转移新技术、新产品和建立研发中心，承接国际产业的转移。如思科、爱立信等国际大型通信商相继与广东省展开合作，思科在广东建成中国地区最大的制造基地，爱立信收购了广东北电，并与广东展开了从方案解决到技术、设备供给等全方位的合作。广东正处在加快经济结构调整和产业转型升级的关键时期，迫切要求加快信息化与工业化的融合，以促进现代服务业发展，和思科、爱立信这样的全球500强企业展开合作，将有效促进广东在通信产业技术创新实力方面的提升，加快广东经济和产业升级转型的步伐。

2. 劣势分析

劣势1：通信科技支撑能力不足。

企业强、高校弱的技术发展格局仍较明显，研究开发活动基本集中在通信企业。但广东大多数通信企业的技术创新重点在集成创新，新产品开发主要靠引进与仿制，缺乏具有自主知识产权的核心关键技术，标准和专利发展相对滞后。目前广东通信技术企业对外部技术的依存度在60%以上。广东本地高校和科研机构的产业技术积累不足，创新能力不强，尚不完全具备引领产业技术发展方向和支持产业技术升级的能力。

劣势2：产业发展软环境有待进一步改善。

随着改革开放的深入，国内各省市尤其是沿海城市在发展观念和政策优势上已经与广东没有落差，广东原有的政策优势正在逐渐弱化和丧失，同时生产成本也在逐渐上升，管理和服务有待进一步完善。另外，广东省科学教育总体水平落后于经济和产业发展的要求，科研机构和研究型大学数量偏少，教育和再教育体系不完善，人才资源结构性矛盾突出，高层次人才储备严重不足，难以支撑通信产业的快速和可持续发展。

劣势3：与国际领先的通信企业的差距较大。

与爱立信、思科、朗讯－阿尔卡特这样历史悠久的跨国巨头相比，广东省内的华为、中兴、TCL等公司在业务规模、品牌影响力、企业文化等方面仍有差距；与有着丰富跨国运营经验的沃达丰、西班牙电信等国际运营商相比，广东电信、广东移动等在国际化营销、管理、品牌等方面差距巨大；而与正在取得产业链话语权的国际内容提供商如媒体巨头FOX等比起来，广东省的内容提供商更显稚嫩。

三、广东通信产业的发展趋势判断

1. 广东通信产业面临的发展环境

(1) 国内外环境的新变化。

全球经济复苏动力不足，宏观经济形势不确定因素较多。一是全球经济复苏动力不足，在“十二五”时期世界经济将可能处于低速增长阶段，与“十一五”时期相比，发展的外部环境将进一步趋紧。二是我国宏观经济平稳运行将面临复杂形势，国内输入型通胀和结构型通胀压力明显，国家财政政策趋紧，将直接影响通信企业的资金供应和融资成本。

国家出台多项有利于通信产业发展的重要政策。一是党的第十七届中央委员会第五次全体会议通过的《中共中央关于制定国民经济和社会发展第十二个五年规划的建议》指出要“推动信息化和工业化深度融合”，明确了“十二五”时期“两化”进入“深度融合”阶段，这无疑将拓宽通信产业的需求空间。二是全球经济结构的大调整、大重组、大变革，催生出一批新兴产业，特别是“三网融合”“物联网”等新兴技术业务的发展已上升为国家战略，国务院发布的《关于加快培育和发展战略性新兴产业的决定》中指出，要重点培育发展“新一代信息技术产业”等战略性新兴产业，以3G、三网融合、物联网、云计算等为代表的新兴信息技术的发展必将为通信行业开辟新的“蓝海”。三是《中共中央关于制定国民经济和社会发展第十二个五年规划的建议》中提出“构建宽带、融合、安全的下一代国家信息基础设施”，对通信基础设施建设提出了更高要求。

（2）广东省内环境。

“十一五”时期，广东认真贯彻国家宏观调控政策，全面落实省委十届六次、七次全会精神，深入实施《珠江三角洲地区改革发展规划纲要》，大力推进“三促进一保持”，加快转变经济发展方式，应对国际金融危机冲击的成果进一步巩固，经济结构继续优化，民生保障进一步改善。各项经济指标稳步增长，全省经济持续向好，综合实力又上新台阶。

为努力实现转变经济发展方式的新突破，2009－2011年广东省政府相继出台了《促进战略性新兴产业加快发展行动方案》《电子信息产业调整和振兴规划》《促进物联网发展建设智慧广东行动方案（2011～2012年）》《广东省发展高端新型电子信息产业行动计划》《珠江三角洲地区现代信息服务业发展规划（2010－2020）》等通信业发展有直接或间接关系的政策文件，这些都为通信产业进一步繁荣发展提供了重要政策支撑。

2. 广东通信产业的发展趋势

（1）通信产业仍将长期呈现平稳较快增长态势。

近年来，广东省通信业的增速趋缓，增长率低于全国平均水平，电信业务收入增幅也渐渐低于GDP的增幅，通信产业对经济社会发展的贡献作用的途径和方式正在发生变化。短期内，广东电信业增长将处于低速运行状态；长期看，行业发展将从依靠个人用户的刚性通信消费需求拉动转变为更多依靠经济发展所带来的综合需求拉动。预计在经济复苏、行业重组效应的释放、3G、宽带业务的拉动，以及物联网和云计算加快部署等因素的影响下，广东通信产业增长与经济发展的差距会缩小并逐步趋近，亦可能反超国民经济增长。

（2）通信产业业务发展模式的转变呈现加速趋势。

长期以来，广东通信产业的业务发展模式以提供传统的电信业务为主，虽然多年来强调进行业务转型，发展数据业务，但是效果有限。由于一系列技术、政策因素的影响，这种情况正在发生变化。一是新技术、包括3G技术的发展，为数据业务、包括移动互联网业务的发展提供了重要的技术支持。二是产业重组增强了广东各大运营商发展新业务的紧迫性和积极性。三是随着个人用户高速增长的放缓，出现了更多面向组织和企业的业务探索。四是“三网融合”政策的推进，从多个方面进一步加速推动模式转化。这一系列变化的一个重要特点是，差异化、个性化服务的地位和作用日趋重要。

（3）通信市场竞争将日趋激烈。

全业务运营商在传统通信业务市场的份额日趋饱和，随着“三网融合”政策的进一步推进，广电也将参与电信业务的竞争，市场竞争环境将更加复杂，竞争态势日趋激烈。在互联网迅速兴起的大背景下，广东电信增值业务蓬勃发展，预计将成为通信业发展的重要增长极。华为、中兴等大型通信设备制造商将进一步发挥产业集聚效应，拉动行业整体的发展。按《中共中央关于制定国民经济和社会发展第十二个五年规划的建议》要求，民营资本将更深入地渗透电信业，未来几年广东将加强民营资本在增值电信和通信建设、维护、共建共享第三方等领域的开放经营，无疑将为行业发展注入新鲜活力。

（4）物联网、云计算、移动互联网的加速应用渗透将成为通信行业发展的新增长点。

为进一步推进物联网的研发应用，广东省政府专门出台了《促进物联网发展建设智慧广东行动方案（2011－2012年）》。方案提出：到2012年，智慧城市建设取得实质性进展，智慧广东架构基本形成。物联网技术在生产、生活、公共管理等领域得到广泛应用。物联网产业产值达到1000亿元，规模以上企业超过1000家，发明专利和技术标准超过1000项，机器对机器（M2M）应用终端数量超过1000万台。这将为广东的通信运营商、设备制造商及服务提供商带来难得的发展机遇。

同时，为拼抢云计算布局，广东省委省政府等相关部门已将云计算产业提高到战略层面，并提出《珠三角联云计划》。按照《珠三角联云计划》，云计算产业的重点发展方向为：云计算信息基础设施上下游产业；云计算新型信息服务；云计算在金融、在线支付、企业信息化等领域的应用。由此将形成一个全新的产业链，拓宽通信产业的发展空间。

随着3G的发展和移动通信及Web2.0技术的提升，未来十年将是移动互联网发展的黄金十年。广东将利用互联网和3G应用的优势，抢占移动互联网产业制高点。其中，广州将扩大资金支持促进移动互联网发展，加快建设广州互联网产业园等园区；深圳也抢先发力移动互联网，率先成立移动互联网产学研资联盟，将从整个产业链上进行整合，努力打造移动互联网创新的龙头城市。广东移动、广东电信、广东联通等运营商也将加快投资和布局，推动移动互联网业务的快速发展。

延伸阅读

广东移动加快布局移动互联市场

2011年8月，广东移动宣布将在未来五年投资20亿元打造30个IDC（互联网数据中心），并通过开放平台的模式和相关企业共同“掘金”移动互联市场。

随着智能手机的普及，微博、网购等移动互联应用的火爆，移动互联网市场加速发展的大势已然不可阻挡。针对这种趋势，广东移动提出以IDC升级服务为契机，打造移动互联网“生态圈”，其全新的移动互联网数据中心依托中国移动南方基地，按照行业领先标准建设。未来5年内，广东移动将投产7个五星级独体数据中心，以及不少于21个的三星级市级数据中心，形成全国级和省级两级数据中心架构。

与此同时，广东移动还从整合价值链角度出发，提出建设无线互联网产业园区的理念。未来广东移动将加快整合移动互联网各方资源，全面推动移动应用商场、移动社区、手机通宝等众多移动互联网能力平台、合作平台的建设和运营工作，建立新的合作共赢的合作模式，为移动互联网企业打造从创意、产品研发、业务建设到用户推广，贯穿整个价值链的移动互联网生态园区。

（5）3G 应用带来巨大商机，4G 启动的步伐也在加快。

在第二代移动通信技术（2G）时代，西方厂商依靠先发优势，占领了国内外包括广东在内的绝大部分市场。第三代移动通信技术（3G）时代的到来，对于广东电信设备制造商、终端厂商乃至于整个通信产业链而言是一个巨大的机遇。目前，TD - SCDMA 自主标准的提出，部分广东本土企业对于 3G 技术、3G 终端的前瞻性研究都给相关企业带来了巨大的发展契机。如华为、中兴不仅在国内获得 3G 相关设备的巨大订单，在海外一些已经发放 3G 牌照的市场上也成功建成 3G 网络，网络质量优异；而 TCL 等企业也纷纷投入巨资进行 3G 终端的研发。广东电信、广东移动、广东联通等电信运营商也都抓住 3G 用户数增速空前带来的巨大商机，加快提高网络覆盖面，并与智能手机厂商合作，不断推出各具特色的 3G 应用服务。

同时，随着 TD - LTE 试验网的正式启动，中国移动的 4G 步伐加速前进，并将在广州、深圳各开展 220 个站点的建设，预计 2011 年广州、深圳两地的 4G 试验网将达到商用水准。广东移动将以“TD - LTE + WLAN”为目标，完善广东“无线城市群”建设，让市民可以用手机、笔记本电脑、游戏机、平板电脑等电子设备，免费体验无线局域网 WLAN 上网服务，尽享无线网上冲浪的乐趣。此外，广东的中兴、华为等设备商入围移动 TD - LTE 规模组网测试，并在 LTE 全球竞争中提前进行市场卡位，力争在 4G 时代实现对西方同行的赶超。

附录2　广东通信产业发展思路与重点

一、广东通信产业的发展思路

“十二五”时期是全面建设小康社会、实现科学发展的重要时期，也是“加快转型升级、建设幸福广东”的关键时期。广东通信产业要树立和落实科学发展观，进一步转变行业增长方式，加快技术和业务创新，增创产业发展新优势，在广东经济社会发展中充分发挥通信行业先行先试和示范带动的作用，围绕通信产业中的缺失或薄弱环节、关键领域进行重点攻关，以完善产业链条，形成较强的产业创新能力，努力实现通信产业由大到强的战略性跨越，促进产业转型升级和经济发展方式转变。

1. 加速业务与服务的融合，推进通信产业的战略转型

围绕“加快转型升级，建设幸福广东”的核心任务，在保持广东在通信设备制造、通信运营和网络增值服务等方面原有优势的基础上，进一步向产业链上下游延伸、拓展，加快向综合信息服务业转型。积极创新，加速业务、网络乃至产业的融合，提升服务层次，扩大服务领域。着力引导电信运营企业实现由网络提供商向综合电信及信息服务提供者的角色转变，强调以完善综合信息服务为核心手段，以创新为企业发展的核心动力，通过优异的综合服务模式、高效的内部资源配置以及价值链的有效整合和打造，促进通信行业增长模式由粗放式、规模型向集约化、价值型、创新型模式转变，建立稳健、可持续的增长模式。

2. 加强技术和业务创新，提高通信产业核心竞争力

密切跟踪世界信息通信技术演进和业务发展，坚持以市场需求为导向，推

进信息通信技术、业务、服务和商业模式创新，提升创新能力。进一步扩大3G的网络覆盖，优化网络结构，提升网络性能，充分利用已有的网络资源，引入增强型技术，保障网络平滑过渡。加强3G业务的研发与应用，满足消费者的多元化需求。加强后续研发，做好向TD－LTE以及未来4G技术的演进工作，力争在4G超前布局中取得竞争优势。进一步推进“三网融合”，促进“三网融合”网络及接入设备、智能终端、芯片等产品的研发及产业化。

3．提高通信行业应用层次，促进“两化”融合和产业转型升级

紧紧围绕广东产业结构转型升级和经济发展方式转变，提升通信业服务“两化”融合的能力和水平。要大力发展基于宽带互联网、移动互联网、移动电子商务、云计算、物联网等的各种新兴应用，努力推进广东制造业的信息化以及生产装备过程的自动化，提高企业的生产能力和生产效率，推广普及面向传统产业改造的信息技术。通过建立标准化的公共信息服务平台，切实为中小企业的兴旺发展服务，为中小企业提供包括企业电子商务平台、企业内部管理平台、企业信息安全平台等在内的系列产品，积极协助中小企业在市场竞争中创新和发展。特别是在配合建设南方现代物流基地、率先发展“物联网”等工作方面，广东通信行业更应积极参与并发挥推动作用。

4．提升通信服务能力，坚持服务社会服务民生

要围绕民生需求和公共服务热点问题，不断提高通信服务质量。各通信企业应以可持续发展为指引，以市场竞争为导向，以客户需求为推动，不断推出跨区域办理业务、查号服务、缴费充值等一系列便民服务。搭建一体化的“城管通”“医疗通”“社保通”“交通信息化平台”等，为广东各地人民群众提供跨地市的社保、医保、法律咨询、交通管理等信息化支撑服务，在推动公共服务均等化方面发挥积极作用。综合利用多种通信网络手段，助力电子政务网络平台、业务应用平台和网络公共服务体系建设，努力支撑政府综合社会管理与公共服务。

要继续加强广东农村地区的通信基础设施建设，巩固“村村通电话工程”成果，进一步提高农村地区的通信网络覆盖面，推进全省乡镇互联网接入能力的建设，并在珠三角等较发达的农村地区加快宽带进村的步伐，全面推进“村村能上网”工程，提升农村地区的信息基础设施水平。积极配合社会主义新农村建设任务，推出各项适合的终端、资费与服务，整合农业资源信息，为广大农民群众提供丰富适用的信息，真正做好“信息下乡”，缩小城乡“数字鸿

沟”，努力实现广东城乡通信服务待遇均等化。

5. 适度超前推进通信基础网络建设，为经济社会发展提供基础支撑

把握网络技术发展的契机，结合广东信息服务需求，适时引入通信网络新技术，不断提高网络能力和技术水平。基于无处不在和多媒体化的通信需求特征，加快构建宽带、融合、泛在、安全的新一代信息基础设施，加快光纤宽带网络建设和应用创新，务实推进物联网的发展，推动网络转型。进一步提高信息基础设施特别是宽带接入网络的覆盖率，并逐步向农村地区延伸。注重网络的协调发展，大力优化现有网络，积极挖掘现网潜力。鼓励通信运营企业通过联合建设、租用、购并等方式实现资源共享，协调开放紧缺资源，促进网络资源的整合利用。在此基础上积极推动网络融合，提高社会各行业网络资源的综合利用水平。

二、广东通信产业的重点发展领域

1. 新一代宽带移动通信

以第三代移动通信建设为契机，开发适应3G网络特点和移动互联网需求的新业务、新技术，加强4G核心技术研发，加快“无线城市群”建设，带动新一代通信设备制造业发展，打造新一代通信产业链。

重点方向：

（1）进一步扩大3G设备和终端产品制造领先优势。加大新一代通信网络系统设备、终端和关键芯片的研发和产业化力度，扩大广东3G设备制造领先优势，加强3G增强型设备的研发制造，带动通信设备、芯片和终端产品升级换代，打造新一代移动通信产业链。

政策要点

《关于促进第三代移动通信产业发展的若干意见》解读

为贯彻落实《珠江三角洲地区改革发展规划纲要（2008－2020年）》，支持自主创新技术发展，构建便捷高效的信息网络体系，建设现代产业体系，推动经济社会科学发展，广东省相关职能部门制定了《关于促进第三代移动通信产业发展的若干意见》，其中以下几点措施将有力促进广东省3G产业聚集发展：

（1）搭建公共服务平台。研究制定相关扶持政策，支持符合条件的企业或联合体搭建服务3G技术发展的公共服务支撑平台。大力引导和支持企业与科研院所共建开放式实验室，建立3G业务开发增值研发平台，整合行业资源，推动完善信息服务产业链。充分发挥产业基地、科技园区成果转化平台的作用，提高科技成果转化率。

（2）推动3G信息服务业健康发展。充分发挥我省在通信网络设备生产制造及市场消费方面的优势，通过大力发展3G、下一代网络（NGN）等新一代信息传输服务业，促进设备制造商、网络运营商和服务提供商互动合作，加快产业化发展步伐。促进3G技术与文化产业融合，鼓励发展基于3G的音乐、视频、动漫、游戏等信息服务业。

（3）实施新一代宽带无线移动通信网国家重大专项。强化对技术及产业发展的规划指导，加强市场引导，组织动员企业积极参与新一代宽带无线移动通信网国家重大专项。组织相关企业形成产业联盟，聚集国内外研发和创新力量，推动产业资源整合。完善并推进承担国家重大专项的资金政策，加大投入力度，形成以政府投入为引导，企业投入为主体，其他投入为补充的投融资机制。

（4）构建移动通信产业基地。按照政府推动、市场运作、整合资源、创新发展的原则，加强政企联动，建设一批移动通信产业基地。支持建设中国电信广东IDC数据中心和数字音乐运营中心，率先发展3G和宽带互联网等新兴信息服务业。支持建设中国移动南方基地，构建“电子商务、终端创新、移动互联、手机邮箱、应用下载”五大子基地。支持中国联通在广东建设全国音乐平台，建立3G商务运营中心，带动移动互联网内容服务产业发展。

（5）提供良好服务。各地、各有关部门要为3G产业发展开辟绿色服务通道，在指配试验频率、测试场地建设、3G产品入网认证测试、无线电发射设备型号核准测试、3C强制性认证测试等方面，提供便捷高效的服务。

（2）大力推动移动互联网产业的发展。以移动互联网产业基础软件为突破口，形成完整的内容、应用和服务集聚平台，鼓励开展移动电子商务、移动视频、移动定位服务等移动互联网增值服务，大力推动相关国际、国家标准的制定。

（3）进一步推动无线宽带城市建设。继续实施珠三角无线城市示范工程，支持电信运营商积极开展3G网络建设，采用3G＋WLAN（无线局域网）组网方式，加快无线城市热点覆盖。实现无线宽带业务在城市政务、商务和民生等领域的较广泛应用。

政策要点

《广东省无线城市发展的指导意见》提出的主要任务

为贯彻落实《珠江三角洲地区改革发展规划纲要（2008－2020年）》的有关要求，加快构建便捷高效的信息网络体系，促进我省无线城市健康发展，打造数字广东，占领经济社会发展制高点，广东省信息产业厅于2009年出台了《广东省无线城市发展的指导意见》，其中提出了几项主要任务：

（1）完善光纤骨干传输网。在统一规划和资源共享的基础上，整合现有光纤网络资源，继续完善我省光纤骨干传输网，优化网络结构，推进城域网的高速互联，推进有线接入网络的宽带化改造，加快光纤到户建设，提高宽带网络接入覆盖率，通过建设和完善光纤骨干网，为无线城市发展奠定良好的网络设施基础。

（2）加快实施无线宽带网络覆盖。在符合国家相关规定的前提下，分区域、按步骤加快建设部署无线宽带移动通信网络。重点采用Wi－Fi＋WAP＋3G（或含WiMAX）的组网方式，以满足各类用户各种场合的应用需求，加快实施无线城市的无线宽带网络广度和深度的覆盖。在公共安全和应急联动的业务场所，还可考虑借助数字无线集群网络接入。

（3）率先推动政府应用。推动无线宽带业务在各地政府部门的率先应用，购买合适的无线宽带业务应用服务，提高政府公共管理和公共服务效率。购买服务时优先考虑安全性能要求较低、群众使用较普遍的服务，在交通安全、应急指挥、城市管理等方面，以无线城市业务系统作为有力的、方便快捷的信息载体，最大限度地提高效率、方便群众。

（4）推进试点建设。抓好无线城市试点示范建设，及时总结和推广无线城市建设示范成果。尽快启动需求迫切、条件较好的重点区域开展典型应用示范建设，在会展中心、大学校园、科技园区等地先行推进，各级政府有关部门可根据职责在方案指导、政策扶持、专家咨询、应用开发等方面给予一定的支持。待条件成熟后，在珠三角地区及全省范围内推广应用。

（5）推进无线宽带业务的社会化应用。大力推进无线宽带业务在金融保险、科技教育、社区管理、医疗卫生、现代物流、业务咨询等现代服务业的应用，大力推进电子商务模式创新，提高企业对市场的反应速度，加强企业对市场的应对能力，增强企业市场竞争力。以无线城市的无线宽带网络为载体，大力推进信息能力培训，开展全民信息素质教育。

（4）突破4G核心技术。开展LTE及4G关键技术的研发，鼓励开展下一代通信关键设备、终端设备研发和网络安全研究，建立完善的4G技术核心标准体系，抢占4G技术制高点。

重点技术：

组织开展3G关键技术以及LTE（长期演进技术）、4G等后续技术的研发及产业化建设，重点突破移动蜂窝网络、新一代宽带无线接入（UWB）、短距离无线互联、无线传感器网络等关键核心技术。

重点项目：

继续抓好新一代宽带无线移动通信网国家科技重大专项在广东的实施工作，重点推进新一代通信系统网络设备、智能天线及配套覆盖系统、智能终端、射频功率放大器芯片、核心芯片以及关键元器件等重点项目的建设。

2. 网络增值服务业

结合网络升级，大力拓展网络增值服务，为公众提供文化教育、休闲娱乐等多样化信息服务。发展基于新一代移动通信网络的移动通信增值服务；建设有线电视网络信息服务平台，积极推动“三网融合”相关业务创新。面向下一代网络、移动互联网、物联网等开发新型增值服务，拓展服务范围。

重点方向：

主要发展可视电话、移动办公、移动商务等新型移动通信增值服务、高清电视和视频点播服务、移动多媒体广播电视、IPTV、手机电视、双向数字电视，以及以互动电视为平台的娱乐、商务融合新业务。

重点项目：

加快推动中国移动南方基地、中国电信“亚太信息引擎（IDC）”、中国联通国家数据中心、珠海南方数字娱乐公共服务中心等重大项目建设，发展数据管理、网络通信和应用外包等高端电信服务。大力推进信息通信技术、业务、服务和商业模式创新。加快3G业务创新和推广应用。

3. 物联网

通过重大应用项目试点示范，突破物联网关键技术，做大做强物联网设备制造业和物联网信息服务业，推动物联网在经济社会各领域的广泛深入应用，建设智慧广东。

物联网设备制造业：

重点方向：主要发展嵌入式芯片、RFID（射频识别）、传感器和网络设备等物联网设备制造业，加快形成从材料、技术、器件、系统到传输网络等较完整的物联网产业链。

重点技术：重点开展物联网芯片、RFID 技术、光纤传感技术、各种传感器融合技术、嵌入式智能装备技术、物联网 IP 组网技术等关键技术攻关，推动物联网标准、交换接口、信息安全、云计算协同等共性技术研发及产业化。

重点项目：推动华南理工大学与光越科技（深圳）有限公司新型分布式光纤传感系统设备的研发与产业化等项目建设。以东信和平、杰赛科技、远望谷等企业为重点，着力打造一批物联网国内领先企业，力争在芯片、传感器及无线传感网络设备研发制造领域取得突破。

物联网信息服务业：

重点方向：发展物联网服务运营业、物联网软件和技术服务业，培育具有创新商业模式的网络运营和服务企业。以 M2M（机器对机器）业务为核心，加快发展各种传感器和互联互通商用物联网络系统。大力发展电力、交通、水利、物流、环保、家居、医疗、安防等领域的 M2M 业务，促进物联网新业务、新应用等增值服务发展。

重点项目：加快推进南方现代物流公共信息平台建设。支持电信运营商建立 M2M 公共服务平台。支持广东省数字广东研究院、广东省嵌入式公共技术服务中心、广东省 RFID 公共技术支持中心和广东省 RFID 标准委员会等公共技术服务机构发展，部署建立物联网产业联盟、物联网应用孵化基地。

政策要点

《促进物联网发展建设智慧广东行动方案》解读

为贯彻落实《广东省人民政府办公厅关于加快发展物联网建设智慧广东的实施意见》（粤府办〔2010〕66 号）文件精神，广东省经济和信息化委员会制定了《促进物联网发展建设智慧广东行动方案（2011－2012）》（以下简称《方案》）。《方案》对抓住机遇做强做大物联网产业，推动物联网技术广泛深入应用，带动广东产业转型升级，全面推进智慧广东、幸福广东建设将起到重要作用。

《方案》提出了以下几项主要任务：

（1）开展智慧城市建设试点，推进物联网综合应用。《方案》指出，将重点推动智慧广州、智慧佛山、智慧云浮、智慧石龙等试点建设，并取得实质突破。物联网技术在试点示范城市（镇）的主要经济社会领域广泛应用，城市管理水平和人民生活水平显著提升，初步形成“智慧广东”的基本框架。

（2）加快重点领域应用，推进物联网技术的广泛普及。《方案》提出，选择具备一定应用基础的重点领域，分期分批建设物联网应用示范工程和智慧广东应用项目。力争到2012年，在重点应用领域实施20个以上试点示范项目，智慧物流、智能交通、智能安全监管和智能电网等四大领域应用示范工程取得显著成效，力争将广东打造成为全国物联网应用示范先行区。

（3）加强物联网技术研发和产业化，做大做强物联网产业。《方案》提出，依托重点高校、科研机构和优势企业，率先突破RFID、传感器、短距离无线通信等三大关键技术。加快发展物联网设备制造业和服务业，打造一批具有核心竞争力的物联网骨干企业，建设国内领先、具有国际影响的物联网产业基地，基本建立起较为完善的物联网产业体系。

《方案》还提出了包括加强组织领导、加大资金扶持、落实人才政策、加强宣传推广、强化目标考核等在内的保障措施，为推进广东物联网产业的发展保驾护航。

4. 云计算

重点方向：

促进云计算信息基础设施即服务（IaaS）、平台即服务（PaaS）、软件即服务（SaaS）等上下游产业联动发展。加快发展云计算新型信息服务，推动云计算在金融、在线支付、企业信息化等领域的应用。积极发展面向制造业的云计算服务，以及基于云计算的电子商务、电子政务。

重点技术：

突破云计算平台、云计算中间件、云安全，以及基于云计算的企业ERP服务等核心技术，提升产业自主创新能力。

重点项目：

加快国家超级计算深圳中心、广州超级计算中心和肇庆市超算中心项目建设。建设广州、深圳、珠海、佛山和东莞的云计算中心和服务平台。加快广东“公共云”基础服务设施建设。支持电信运营商构建支持中小企业信息化应用的云计算服务平台。

5. 三网融合

到2012年，珠江三角洲地区宽带用户接入速率达到10～100Mbps，互联网普及率、家庭宽带普及率和无线宽带网络覆盖率分别达到80%、71%和70%，广州、深圳等中心城市逐步实行光纤到户，企业客户实现千兆接入。

重点方向：

大力推动基于有线电视网络的互联网接入业务和传送增值业务发展。重点发展基于广播电视网的视听节目信号传输、IPTV（网络电视）传输服务，以及移动多媒体广播电视、手机电视、移动互联网、双向互动数字电视、移动支付、手机邮箱、手机出版物等业务。

重点项目：

认真做好深圳市三网融合试点工作，争取国家将我省更多的地区（城市）纳入下一批试点。促进“三网融合”网络及接入设备、智能终端、芯片等产品的研发及产业化。支持各类运营支撑平台、基础软件和中间件的开发。探索构建“三网融合”相关行业标准体系。

6. 下一代互联网

重点方向：

积极推进下一代互联网由试验向商用转型，以优化CNGI（下一代互联网示范工程）骨干网、驻地网基础设施为重要手段，大力推动下一代互联网在科研、商业以及其他重要行业的广泛应用，加快标准化进程，逐步形成包括核心网、接入设备、终端、测试仪表等在内的完整的产业链。

重点技术：

积极推动支持IPv6规范的G比特无源光网络（GPON）和以太网无源光网络（EPON）的光线路终端（OLT）、光网络单元（ONU）等产品的研发和产业化。重点推进基于分布式多核技术的IPv6高端路由器、电信级以太网交换机、基于万兆高性能IPv4/IPv6的下一代互联网关等关键产品的研发和产业化。

重点项目：

推动固定、移动融合的多媒体子系统（IMS）设备的产业化。建立以政府为主导，运营商为核心，设备商、信息内容服务商和信息技术服务商共同参与的产业联盟，推动IPv6的整体逐步过渡。鼓励企业、科研机构积极参与我国CNGI关键领域的国家、国际标准的制定和验证工作，占领行业发展制高点。

表附录2－1　广东省高端新型电子信息产业重大项目（新一代通信部分）

项目名称	建设单位	建设内容及预计产值	总投资（亿元）	所在地区
中兴通讯河源生产研发基地	中兴通信股份有限公司	建设中兴通讯河源生产研发基地，推动3G、4G等新一代通信的研发和产业化，预计年产5000万台，产值超过1000亿元以上，年税收10亿以上	100	河源
中国移动南方研发基地三期	中国移动	构建“电子商务、终端创新、移动互联、手机邮箱、应用下载”五大子基地，建设10个国际级技术研发中心，带动500家信息服务企业发展	60	广州
中国电信广东IDC数据中心、呼叫中心和数字音乐运营中心	中国电信	建设中国电信广东三大中心（IDC数据中心、呼叫中心和数字音乐运营中心），率先发展3G和宽带互联网等新兴服务		广州
中国联通广东全国音乐平台和3G商务运营中心	中国联通	在广东建设全国音乐平台，建立3G商务运营中心，带动移动互联网内容服务产业发展		广州
TD－LTE商用基站研发及产业化	广州新邮通、华为技术、中兴通信	先进TD－LTE预商用设备研发及产业化	22.8	广州深圳
射频及LTE FDD终端基带芯片研发及产业	深圳中兴微电子	射频及LTE FDD终端基带芯片研发及产业化	3.8	深圳
TD－LTE终端基带化	深圳海思半导体	TD－LTE终端基带研发及产业化	3.8	深圳
TD－SCDMA/TD－LTE移动通信终端研发和产业化项目	TCL集团	开发TD－LTE/TD－SCDMA双模面向商用手机，所提供设备应能够满足3GPP R8、R9和国内标准主要指标的要求	7.7	惠州

（续表）

项目名称	建设单位	建设内容及预计产值	总投资（亿元）	所在地区
卫星导航、无线通信产品技术升级改造	广州海格通信集团股份有限公司	建设北斗导航设备产品的测试和生产硬件环境，建设微波暗室，面向华南地区提供检测鉴定服务，预计产值5000万元	1.05	广州
通信网络规划设计优化与运营支撑平台及多媒体信息发布系统	广州杰赛科技股份有限公司	建成基于通信网络的多媒体信息发布系统的研发和生产基地，形成年建设多媒体信息发布系统信息发布点5万个和年产显示屏控制卡30万张的生产能力	1.61	广州
移动通信数字射频拉远系统产业化	京信通信技术（广州）有限公司	形成年新增GSM－RRU/TD－RRU/WCDMA－RRU 3万套的生产能力	0.5	广州
3G无线微波功率放大器RFIC芯片封装测试生产项目	深圳市高昇移动技术有限公司	建设3G无线通信微波功率放大器RFIC芯片封装测试生产基地	3.73	深圳
射频SIM（RFSIM）产品研发及产业化	东信和平智能卡股份有限公司	年产射频SIM卡产品1020万片	0.39	珠海
微波通信传输设备	中山通宇通信技术有限公司	形成年产射频器件70万套的生产能力	3.85	中山
移动通信系统手机、基站、交换设备及数字集群系统设备制造（富士康博罗项目）	鸿富锦精密工业（惠州）有限公司	研发新型电子元器件、电子专用设备、精冲模、非金属制品模具及模具标准件及上述产品的零配件、移动通信系统（含GSM、CDMA等）手机、基站、交换设备及数字集群系统设备制造	6.5	惠州

（续表）

项目名称	建设单位	建设内容及预计产值	总投资（亿元）	所在地区
新一代移动通信终端射频功率放大器芯片开发与产业化项目	惠州市正源微电子有限公司	突破 TD－SCDMA/WCDMA/CDMA2000 类移动通信终端射频功率放大器芯片设计与开发的核心技术，形成自主知识产权的射频功率放大器产品	0.8	惠州
高端移动通信终端天线项目	惠州市硕贝德通信科技有限公司	实现产能由目前年产天线 7200 万支，提高到 3 亿支的生产能力	2.47	惠州
智能手机	珠海魅族科技有限公司	实现智能手机应用处理平台，支持多种移动通信网络制式，支持 3G 数据上网/Wi－Fi 局域网/有线数据同步上网方式之间优选无缝切换，支持高清视频和高保真音频的播放和输出	1	珠海
基于 3G 无线网络的 e－health 家用健康终端及其产业化	深圳市理邦精密仪器股份有限公司等	研究低成本低功耗高性能的适合家庭使用的集心电、血氧、血压、体温、血糖及胎儿胎心等的家用健康终端	1.2	深圳
TD－LTE 路测仪研发	珠海世纪鼎利通信科技股份有限公司	TD－LTE 路测仪表的研发和商用化，带动更多终端企业开发和支持具有路测功能的商用终端	0.4	珠海
智能多媒体移动通信终端项目	东莞宇龙通信科技有限公司	形成年产 15 万～20 万台 TD－SCDMA 增强型智能终端的生产能力，实现产值约 105000 万元，整机产品市场份额占有国内市场的 15% 以上	1.2	东莞
第三代移动关键技术研发及产业化	西可通信技术设备（河源）有限公司	开展 TD－SCDMA、WCDMA 等第三代移动通信技术的研发及产业化，形成年产新一代高端手机 1200 万部的生产能力	2.67	河源

资料来源：《广东省发展高端新型电子信息产业行动计划（2010－2012 年）》。

政策要点

广东省现代产业鼓励发展指导目录（与通信产业相关部分）

1. 基于第三代移动通信和下一代互联网的关键设备、终端产品研发和产业化，包括：2.5Gb/S 及以上光同步传输系统建设，155MB/S 及以上数字微波同步传输设备制造及系统建设，网管监控、时钟同步、计费等通信支撑网建设，数据通信网设备制造及建设，32 波及以上光线波分复用传输系统设备制造、10GB/S 及以上数字同步系列光纤通信系统设备制造等。

2. LTE、4G 等移动通信后续技术研发及产业化。

3. “物联网”关键技术与产品。

4. “三网融合”关键技术与产品。

5. “云计算”应用平台及服务。

三、广东通信产业的空间布局

1. 产业总体布局

依据现有通信产业发展基础和企业分布状况，坚持规模化、集聚化、协同化发展，以广州、深圳两大中心城市为核心，依托“广佛肇”“深莞惠”“珠中江”三大经济圈及粤东西北三大片区，全力构建覆盖全省、产业链体系健全、配套能力强的“两核三圈三带”通信产业发展格局。

（1）两核。

在广州、深圳率先布局高端先导型通信产业，建设以广州、深圳为轴心的新一代通信、物联网、云计算、下一代互联网技术研发及应用产业基地，形成引领和辐射带动全省通信产业发展的产业高地。广州要依托国家中心城市和创新型城市的定位，优先发展新兴高端通信制造业及网络增值服务业，打造具有国际影响的通信产业研发和服务基地。深圳要围绕全国经济中心城市、国际化城市和国家创新型城市的定位，利用成为首批国家三网融合试点城市的契机，发展通信产业新型业态，增强通信技术自主创新及高端服务功能。

（2）三圈。

广佛肇经济圈：以广州为中心，依托区域产业和资源集聚优势，共享产业创新资源，在通信增值服务、通信设备制造等方面扩大和深化合作，推动区域

“两化融合”，合力打造国际现代通信设备高端制造基地，形成国际知名通信服务品牌。

深莞惠经济圈：以深圳为中心，依托区位、产业和技术创新优势，优化资源配置，加强信息平台对接，重点发展支撑通信产业调整升级和技术创新的基础设备制造，共同推动“物联网”“移动互联”等新兴技术的发展，合力构建国际现代通信设备，制造创新型城市群，培植一批创新型内容服务提供商。

延伸阅读

广东惠州入选国家通信高新技术产业化基地

近年来，惠州市不断加强通信产业及电子信息产业的发展，2010年惠州市获国家科技部认定为国家通信高新技术产业化基地。仲恺高新区作为惠州市电子信息产业基地和通信产业最集中的区域，在建设国家通信高新技术产业化基地中起着举足轻重的作用。区内的一大批电子信息企业的自主创新意识不断增强，成为惠州通信产业的主力军。TCL、德赛等企业连续入选全国电子百强企业，华阳入选“2008广东省企业100强”。目前，仲恺高新区已经初步形成具有高成长性和强竞争力的通信产业集群，已孕育了3G通信产业发展的核心优势，着力向通信产业高附加值的研发、设计、内容服务方向优化升级。据统计，2009年，全区高新技术产品产值达791.5亿元，占全市的60%，其中电子信息产品产值占全市的50%；全区年产手机8490.9万部，同比增长55.8%；年产电话机993.9万部。惠州国家通信高新技术产业化基地将助推惠州及珠三角东部地区的通信产业向新型、高端特色发展。

珠中江经济圈：以珠海为中心，深化珠海、中山、江门三市的现代通信产业协调和合作，重点发展通信行业应用软件、内容提供及服务提供，对接港澳、服务粤西，打造区域通信服务中心，带动特色通信服务产业优化提升。

（3）三带。

突出区域特色，充分发挥粤东西两翼、粤北地区的自然资源、劳动力要素和环境优势，发展和形成新兴特色通信产业带，重点发展与珠三角通信产业相配套的零配件和延伸产品制造加工业，形成区域型、专业型的特色通信产业园区和制造基地，鼓励发展基于“三网融合”“云计算”的新型网络增值服务。

2. 重点产业布局

（1）新一代通信产业。

发展新一代通信设备制造、终端产品研发、内容服务等高附加值环节，形成以广州、深圳为中心，珠海、中山、惠州和东莞、河源等为配套的宽带通信产业聚集区，带动其他地市消费电子产品等产业联动发展。在珠江三角洲地区加快实施无线宽带城市群建设，并扩展到环珠三角的其他地市。

（2）物联网产业。

物联网设备制造业

建设以广州、深圳为轴心的传感网、RFID、嵌入式技术应用产业基地，重点支持广州、东莞两大省级物联网产业基地的建设，推进广州天河软件园、广州科学城、广州南沙资讯科技园、珠海软件与数字娱乐产业专业化园区等区域率先开展物联网应用示范。争取在珠三角建立国家级物联网试点示范区。

物联网信息服务业

依托广东省 RFID 产业（番禺）园区与（佛山）园区、中国移动南方基地、中国电信亚太信息引擎（IDC）、中国联通国家数据中心、东莞松山湖云计算科技产业园、广东华南家电研究院等重点园区和研究机构，加快形成广东省物联网基础设施和接入服务承载体系。

延伸阅读

东莞大力打造物联网产业基地

物联网在传统产业升级改造、数字城市、智能交通、智能家居、环境监控、公共卫生、健康监测等众多领域有着广泛的应用，产业空间巨大，是广东省当前重点发展的战略性新兴产业领域之一，也是东莞市信息产业未来发展的战略支点。东莞高度重视发展物联网产业，积极谋划、及早部署，力争抢占产业发展先机。

东莞市财政每年投入 10 亿元用于建设物联网产业基地，实施物联网创新技术与服务、物联网通信、物联网器件与装备产业等项目。到 2012 年，初步建立创新能力强、产业链完整、集聚度高、拥有关键核心技术的物联网产业，巩固东莞电子信息制造业、物流业的领先优势，打造世界级物联网产业基地和运营服务平台。预计 2012 年实现物联网产业产值 500 亿元，2015 年产值超过 2000 亿元。

东莞物联网产业基地将坚持“政府引导、市场配置、企业自主、合作共赢”的原则，以现有物联网创新中心和物联网企业为基础，实现“一个基地，一个平台，一个中心，三大应用园区”的布局。具体为打造松山湖物联网创新产业基地、打造松山湖物联网公共运营服务平台、建设一个智能制造应用中心、建设一个智慧港口物流应用园区、一个智慧陆路物流应用园区和一个智慧数字园区，并重点实施虎门港/常平智慧物流示范工程、智能制造示范工程、数字松山湖智慧园区示范工程、物联网核心技术与设备产业化工程等建设项目。

（3）云计算产业。

重点部署国家超级计算深圳中心和广州超级计算中心建设，加快佛山、东莞、肇庆的云计算中心项目建设，启动广州“天云计划”和深圳国家云计算服务创新试点。支持中国电信亚太信息引擎、中国移动南方基地、中国联通广州数据中心等一批重大云计算应用示范工程建设。

（4）“三网融合”服务产业。

在基础条件较好的地区，加快推进广电和电信业务双向进入。按照国家统一部署，积极支持深圳市开展“三网融合”试点工作。支持珠三角电信网、互联网和广播电视网各运营商加快网络升级改造，积极推动各类增值业务融合。支持云浮建设“三网融合”试点示范区，探索广电、电信和互联网“三网融合”的新路。

案例分析

云浮市积极打造“三网融合”新模式

广东云浮市于2009年3月在全省率先启动“三网融合”项目，该市以有线广播电视网为主通道，融合联通、移动等网络，在家庭数字电视方面实现电视、电话、宽带上网、政务公开、信息服务等功能，可以为用户提供70余套数字电视、10套音频广播、20多套互动频道、近两万小时的电影电视剧点播以及政务公开信息、商务服务信息，开通了可视电话、网络电话以及快速上网等业务，目前已有8万多用户接入“三网融合”业务和数字电视。云浮摸索出一条三网融合的新路，成为全省山区市唯一的省级战略性新兴产业（三网融合应用示范产业）基地，并获得“中国电子商务三网融合创新示范城市”称号。作为欠发达地区，云浮的三网融合模式具有代表性，对广东省乃至全国同类地区开展“三网融合”工作有着重要的借鉴意义。

主要做法和经验

云浮模式的主要经验是建立党委、政府主导机制；建立优势互补、融合共赢机制；建立开放兼容、先易后难机制和建立公众参与机制。

(1) 创建高效的组织协调机构。创设“三网融合”联席会议制度，由市委书记亲自担任联席会议总召集人，合作方主要领导为召集人，并各指定一名负责同志为联席会议执行召集人，负责“三网融合”的具体组织与协调工作。联席会议下设联席会议办公室与运营协调办公室，具体落实和执行联席会议的决定事项。

(2) 创建统一的“三网融合”技术体系。南方广播影视传媒集团、云浮广播电视台等单位共同编写《云浮“三网融合”双向互动电视网络改造总体规划方案》，并通过了省广电局组织召开的专家论证会论证，统一规范高标准规划建设云浮有线电视网络。

(3) 创建共赢的运营模式。合作四方共同制定《云浮市“三网融合”项目业务运营方案》和《云浮市“三网融合”项目营销服务方案》，进一步明确了“三网融合”项目运营原则、运营模式、资费标准、优惠组合、分成办法和营销服务等事项。

(4) 创建“三网融合”应用与产业培育基地。云浮市与原省信息产业厅签订了《共建“三网融合”应用与产业培育基地协议》，在营造“三网融合”应用和产业培育发展环境、招商引资、创新技术和产品、培育信息服务业、促进政务与民生应用、争取国家支持等六个方面加强省市合作。

(5) 创建以“三网融合”为平台的公众参与渠道。云浮市以“三网融合”双向互动数字电视为基础，利用有线电视网络畅通民意表达和民意调查渠道，融合了阳光政务、农村党员干部现代远程教育网和农村“廉政直通车”信息服务平台。

下一步工作思路

云浮市“三网融合”跨出了实质性步伐，但也碰到不少困难和问题，如在国家和省这两个层面上对“三网融合”的政策导向仍未清晰；统一的国家标准体系亟须建立；云浮市的人才资金短缺问题较为突出；等等。这些都需要云浮在今后的探索、试点中切实加以解决。下一步，云浮市要从以下方面做出努力：

(1) 加快“三网融合”业务进家庭的步伐。总结试点的组织形式、技术标准、商业模式，确定“三网融合”的云浮模式、云浮标准。

(2) 加快网络整合。按照国家和省的要求，加大力度，加快网络整合的步伐，尽快形成全市、全省一张网。

（3）加快拓展业务。鼓励更多的运营商结合云浮当地实际，加快发展电子商务、远程医疗、远程教育、物联网等“三网融合”应用业务，同时充分发挥云浮优势，动员、鼓励和引进全省重大行业在云浮建立灾备中心。

（4）加快应用与产业培育基地建设。协调已在云浮市落户的企业厂商研发“三网融合”的设备和终端产品，建立互联协议和终端技术标准体系，率先在国内形成有规模的市场效应。

表附录2-2　广东重点产业基地和项目布局——通信产业类

地区	重大项目和基地
广州	◎广州物联网产业基地 ◎广东省（番禺）RFID产业园 ◎中国移动南方基地 ◎中国电信“亚太信息引擎（IDC）” ◎中国联通“中国联通国家数据中心”
深圳	◎国家超级计算深圳中心 ◎国家“三网融合”试点城市
珠海	◎珠海软件与数字娱乐产业专业化园区
佛山	◎广东省RFID产业（佛山）基地 ◎佛山南海云计算中心
江门	◎江门市RFID技术应用示范基地
东莞	◎东莞松山湖云计算电子信息创新平台 ◎东莞物联网产业基地
中山	◎中山市RFID技术应用示范基地
云浮	◎广东省战略性新兴产业云浮“三网融合”基地 ◎“三网融合”试点示范区

四、促进广东通信产业发展的对策措施

1. 加强规划引导，加快前沿技术研发与应用创新

（1）坚持规划指导，形成发展合力。

加快广东通信产业发展“十二五”规划的编制及实施工作，强化规划的先

导作用。在编制规划时，要注意与国家和省级有关规划的衔接。各地要结合本地的具体情况和产业优势，抓紧制定市级通信产业发展规划，按照差异化梯度发展原则，实行错位发展、优势互补。加强与国家发展改革委、工业和信息化部等国家部门的合作，推进通信产业强省建设。加强省各有关部门之间的统筹、协调与合作，完善工作机制，形成推动通信产业发展的合力。充分发挥行业协会的作用，加强产学研合作，推动建立通信产业协调与合作平台。

（2）提高创新能力，促进通信产业跨越式发展。

适应新技术、新业务发展趋势，以创新驱动通信产业战略转型，带动产业整体规模增长、效益提升。实施产业前沿技术重大攻关计划，开展新一代宽带移动通信、物联网、云计算、移动互联网等关键领域的自主创新。激发行业主体的活力，推进业务创新。积极推进“三网融合”、物联网、云计算等新技术的应用，培育新的消费热点；加强信息服务商、设备制造商、系统集成商之间的合作，通过跨平台业务提供更加丰富的应用服务，构建更加开放、更具价值创造活力的产业链。

2. 加大政策支持力度，扶优扶强

（1）优化产业发展环境，健全产业政策体系。

研究完善广东省通信产业重点园区、企业、产品的认定办法和相应扶持政策，制定促进通信产业基地发展的政策措施，重点引导产业基地进行重大项目引进、重大技术突破和重大平台建设。各地政府和省有关部门要认真贯彻落实国家和省在招商引资、技术改造、人才引进等方面的优惠政策和措施。省税务部门要抓紧牵头制定落实有关通信企业税收优惠政策的具体操作办法。鼓励各地因地制宜出台相应的通信产业激励政策和措施。

（2）落实产业扶持政策，加大财政支持力度。

积极争取国家相关重大专项扶持资金的支持。充分利用广东战略性新兴产业、现代信息服务业等相关专项资金，加大对现代通信业发展的支持力度，推动通信产业重大项目建设和企业发展壮大。根据产业发展需要，保持财政投入的连续性，强化财政投入的导向性。鼓励有条件的地级以上市设立产业发展专项资金。

3. 强化行业管理，营造健康市场环境

（1）企业自律、社会监督和政府监管相结合，建立高效有序的竞争格局。

强化“合作共赢”意识、“产业链”意识，企业要服从电信改革重组大局，强化均衡市场竞争格局意识，理性竞争，加强自律，保障消费者的合法权益，处理好企业发展与市场竞争的关系，靠服务制胜、靠创新制胜。

通信主管部门要提高监管水平，通过准入政策、股权多元化、引入外资等策略，平衡市场竞争主体，形成本地、长途、移动、增值等重点业务的有效市场竞争格局。同时依靠社会和政府的合力，通过资费管理、资源管理、互联互通管理、服务质量监督等手段，保证有效竞争格局的有序运作。加强统计分析，逐步建立及完善通信产业统计和评估体系，加强产业宏观运行数据的采集、跟踪、监控与分析，为制定和实施通信产业政策提供科学依据。

（2）加强网络与信息安全管理。

坚持发展与管理并重的原则，继续做好互联网站备案、网络安全等级评定、手机短信息治理等基础管理工作；加强网络与信息安全的风险评估和检查；逐步实行手机用户实名制，完善网站实名制，推进域名注册实名制。要加强互联网的安全治理，做好网络信息安全顶层设计，加强改进互联网行业自律；积极探索3G时代网络信息安全工作的规律，建立新技术、新业务网络信息安全评估机制。

4. 促进新兴业态集群式发展，大力培育龙头企业

（1）着力抓好重大项目和基地建设，引导新兴通信产业集聚发展。

加快重大通信产业项目和基地建设的步伐，大力建设中国移动南方基地、中国电信“亚太信息引擎（IDC）”、中国联通国家数据中心、国家超级计算深圳中心、广州物联网产业基地、东莞松山湖云计算科技产业园等一批重要产业基地和园区。引导技术、人才、资金和重大项目向基地集聚，促进新兴通信产业形成产业集群，实现产业集聚化、规模化发展。加强电信运营商与设备提供商、终端制造商、系统集成商、内容提供商、中介机构以及投资商等的交流与合作，实现优势互补、良性互动，建立一体化的通信产业链，打造新的经济增长点。

（2）着力培育重点骨干企业，在增强企业竞争力上下工夫。

实施骨干企业培育计划，加快培育一批自主创新能力强、拥有核心竞争力的通信产业骨干企业，省战略性新兴产业发展专项资金等优先支持骨干企业开展新一代通信领域重大关键核心技术攻关和建设技术研发平台。支持企业通过多种形式和途径进行重组、兼并、收购，整合资源，形成一批技术领先、产业化能力强、带动面广的大型通信集团。积极推动通信产业大中小企业，尤其是

上下游设备制造商、通信运营商、网络服务提供商之间的合作，促进建立长期战略合作伙伴关系，提高企业的市场竞争力。

5. 密切粤港澳通信产业合作，努力开拓国际市场

（1）积极推进粤港澳在通信产业领域的更紧密合作。

深化落实内地与港澳更紧密经贸关系的安排（CEPA）力度，强化广东特别是珠三角地区与港澳在通信服务领域的更紧密合作，进一步完善珠三角与港澳在信息基础网络层面的对接。鼓励珠三角地区通信企业就运营管理、业务拓展、人才培训等多方面内容与港澳业界开展交流互动，利用粤港澳三地的互补优势，共同参与国际竞争。各通信企业应积极配合并主动参与广州南沙新区、深港边界区、珠海横琴新区等合作区域的规划建设，为粤港澳共建“优质生活圈”提供优质的信息通信服务。

（2）实施“引进来，走出去”相结合战略，提升国际竞争能力。

充分利用金融危机中全球产业分工格局大调整带来的机会，主动参与国际通信产业分工，把引进外资与调整通信产业结构、促进技术进步紧密结合起来。着力吸引世界500强的跨国通信企业到广东投资，设立新兴通信制造基地以及研发中心、采购中心和地区总部。推进与环大西洋地区特别是欧美发达国家的新一代通信产业高位对接，力争获取引领产业升级导向的前沿产业技术创新和商业模式创新支持。

选择一批资金、技术力量雄厚的大中型通信企业，重点进行扶持，鼓励企业跨地区、跨行业的兼并和扩张，扩大企业的规模，提高企业走向国际通信市场的能力。鼓励和支持华为、中兴等龙头企业建立海外生产体系、营销网络和融资渠道，开展跨国经营。支持通信企业在欧美等发达国家设立境外研发机构，提升创新能力。进一步扩大跨国经济合作，加快向外进行产业转移和参与国际通信市场竞争的步伐。

案例分析

广东省通信行业国际化策略

广东省通信产业近年来发展成效突出，电信业务收入、移动用户数、3G用户规模等均位列全国第一，但放眼国际，与先进国家和地区的通信业相比仍有不小的差距。在面向国际化的大背景下，面对日趋激烈的市场竞争，要推动广东通

信产业走向国际，提升产业国际竞争力，需要从以下几个方面加以改善：

(1) 必须大力鼓励企业技术创新和业务创新，引导企业提高核心竞争力。

尽快转变观念，转换机制，改进经营管理，提高网络资源利用率，减员增效，从而进一步提高市场竞争能力，弥补在营销手段和国际化管理上的差距。同时要进一步提升创新企业的管理水平。广东设备制造商在华为、中兴等龙头企业的带领下，每年投入的研究开发额度居全国前列，已经具备一定的创新能力及核心竞争力，但在科学管理、品牌建设、客户忠诚度几方面与国外老牌设备制造商仍有较为明显的差距。因此，要提高科学管理水平，优化管理体系，加强全球范围的品牌建设，以提供优质的产品和服务来提高客户忠诚度。

(2) 要有意识地引导国内运营商、设备制造商、终端厂商、服务提供商更紧密地结合起来，以共同面对国际化挑战。

目前，广东省电信产业链的四个环节（包括运营商、设备制造商、终端厂商、服务提供商）在全国范围内都处于比较先进的水平，并形成了较为成熟的产业链条。作为产业链的四个环节，这四个产业虽然分别处在不同的国际化阶段，但如果能在国内加强合作，甚至形成合力以完整产业链的形式走出国门，将会极大地增强广东省整个电信行业的国际竞争力。在这方面，政府应该有意识地加以引导。

(3) 要鼓励跨国电信巨头到省内投资，将开拓海外市场和引进外资并重。

广东省应该将“引进来”与“走出去”并重。在境外，可以利用全球不同地区所具备的比较优势，提高企业的核心竞争力。例如华为、中兴在莫斯科、硅谷等地设立研发机构，就是想充分利用当地技术资源方面的优势。另外，可以继续开辟资源性项目，建立生产加工基地，解决能源等资源瓶颈的制约，转移成熟技术和过剩的生产能力，加快本省产业结构的转型和升级。与此同时，引进外资，鼓励跨国巨头落地广东省，从而有效提高本土企业的管理水平和活力。

(4) 创造优良企业文化环境，防止人才流失。

对于广东省电信企业而言，防止人才流失非常紧迫。要防止人才流失，就必须为人才创造一个良好的工作、发展环境，要在企业内部营造一种公平合理的竞争氛围，给予大家平等的发展机会；同时要引入激励机制，以培养个人对企业的感情，激励员工积极进取，达到为公司创造巨大效益的目的；此外，还要塑造优秀的企业文化，让员工具备一种主人翁精神，对自己的企业拥有一份自豪感，从而增强企业的凝聚力。

附录3　缩略语（英汉对照）

ADSL　Asymmetric Digital Subscriber Line　非对称数字用户环路

CDMA　Code Division Multiple Access　码分多址

C P　Content Provider　内容提供商

FMC　Fixed Mobile Convergence　固定网络与移动网络融合

GSM　Global System for Mobile communications　全球移动通信系统

IPTV　Internet Protocol Television　交互式网络电视

LTE　Long Term Evolution　长期演进

NFC　Near Field Communication 近距离无线通信技术

NGN　Next Generation Network　下一代网络

PDA　Personal Digital Assistant 个人数字助理

RFID　Radio Frequency Identification 射频识别

SCDMA　Synchronous Code Division Multiple Access　时分同步码分多址

SP　Service Provider　服务提供商

TD　Time Division　时分

UWB　Ultra Wideband　超宽带

WAP　Wireless Application Protocol　无线应用协议

WAPI　Wireless LAN Authentication and Privacy Infrastructure 无线局域网鉴别和保密基础结构

WCDMA　Wideband Code Division Multiple Access 宽带码分多址

WLAN　Wireless Local Area Networks　无线局域网

参考文献

第一章

[1] 闫小培. 信息产业的概念与分类. 地域研究与开发，1998（4）

[2] 吴化民. 通信产业价值链有关问题探讨. 内蒙古大学，2004

[3] 张晖，陈国汉. 电信产业的经济特点及其改革重组. 中国集体经济，2008（7）

[4] 孔晓波. 通信产业商业模式的生态学研究. 北京邮电大学，2009

[5] 张鸿，万芳芳. 基于网络融合下的电信产业价值链趋势分析. 西安邮电学院学报，2009（4）

[6] 李忠全，王良元. 发掘机会迎接挑战. 通信企业管理，2009（3）

[7] 杜惠英，吕廷杰，常恒. 基于组织生态视觉的通信产业组织变革初探. 信息通信技术，2009（3）

第二章

[8] 殷月明. 2011 年通信业发展趋势展望. 通讯世界，2011（1）

[9] 梁建君. 竞争全球化　融合创新高. 广东通信技术，2011（1）

[10] 孟小峰，慈祥. 大数据管理：概念、技术与挑战. 计算机研究与发展，2013（50－1）

[11] 刘金权. 浅谈卫星通信的概况及发展. 黑龙江科技信息，2013（4）

[12] 李宏. 移动通信技术的发展趋势分析. 企业技术开发，2013 年 7 月

[13] 林丹. 4G 移动通信技术的现状与发展趋势探讨. 科技信息，2013

[14] 陈语，任栩蝶. 4G 移动通信技术要点分析及发展趋势探究. 信息工程，2014（5）

[15] 洪泳河. 4G 移动通信系统的技术及趋势. 中国高新技术企业，2013（26）

[16] 李强. 刍议 4G 移动通信技术与安全缺陷. 通信设计与应用，2014（1）

[17] 沈靖瑞，霍艳艳. 以微信为例探究未来移动通信的发展趋势. 通信观察，2014

[18] 孟祥龙，沈拓. 4G 对运营商及产业格局的影响. 中国电信业，2014（1）：157

[19] 赵克河. 光纤通信技术在铁路通信系统中的应用. 信息技术

[20] 张磊磊. 刍议我国光纤通信技术的发展现状及趋势

[21] 彭鹏．光纤通信技术的特点及其发展应用．信息通信，2014（2）
[22] 刘志刚．光纤通信技术的现状与发展趋势探究．网络与通信
[23] 彭丽，张霞．论光纤通信技术的特点和发展趋势．技术研究，2014（3）
[24] 刘鼎，李琼，曹森．浅析光纤光缆最新趋势．网络通信，2013（7）
[25] 张爱杰，包行太．我国光纤通信发展现状及其趋势探讨．信息通信，2014（1）

第三章

[26] 殷月明 . 2011 年通信业发展趋势展望．通讯世界，2011（1）
[27] 梁建君．竞争全球化　融合创新高．广东通信技术，2011（1）
[28] 孟小峰，慈祥．大数据管理：概念、技术与挑战．计算机研究与发展，2013（50 – 1）
[29] 刘金权．浅谈卫星通信的概况及发展．黑龙江科技信息，2013（4）
[30] 李宏．移动通信技术的发展趋势分析．企业技术开发，2013 年 7 月
[31] 林丹 . 4G 移动通信技术的现状与发展趋势探讨．科技信息，2013
[32] 刘芳．浅谈第四代移动通信发展趋势．中国证券期货，2013
[33] 张茹芳．浅析 4G 移动通信技术的要点和发展趋势．信息通信，2013（1）
[34] 董爱先，王学军．第 5 代移动通信技术及发展趋势，通信技术，2014，47（3）
[35] 张磊磊．刍议我国光纤通信技术的发展现状及趋势
[36] 刘志刚．光纤通信技术的现状与发展趋势探究．网络与通信
[37] 彭丽，张霞．论光纤通信技术的特点和发展趋势．技术研究，2014（3）
[38] 刘鼎，李琼，曹森．浅析光纤光缆最新趋势．网络通信，2013（7）
[39] 张爱杰，包行太．我国光纤通信发展现状及其趋势探讨．信息通信，2014（1）
[40] 王余涛 . 2013 年全球卫星通信产业发展综述．卫星应用，2014 年（2）

第四章

[41] 喻世华．美国宽带移动通信发展对我国的启示．移动通信，2008（4）
[42] 郑有强．全球 3G 向后 3G 时代过渡，未启动国家上马 HSDPA．通信世界，2006（23）
[43] 陈仕俊．日本 3G 市场现状及发展预测．泰尔网，2007
[44] 王学人．印度电信业发展扫描．国际市场，2010（4）
[45] 夏明．日本无线通信产业 90 年代的迅速崛起及其原因探析．现代日本经济，2005（1）
[46] 徐琦．日本 4G 产业发展观察及启示．现代传播，2014（2）
[47] 孟祥龙，沈拓．4G 对运营商及产业格局的影响．中国电信业，2014（1）

第五章

[48] 谭艳丽．4G 移动通信技术的特点及应用探讨．信息工程，2014（1）
[49] 李默颖 . 4G 无线通信技术背景下油田专网建设分析．硅谷，2014（3）
[50] 刘权．电力通信中光纤通信技术的应用和影响探究．科技创新与应用，2014（2）
[51] 赵克河．光纤通信技术在铁路通信系统中的应用．信息技术

[52] 廖先贵. 超宽带无线在通信技术领域的应用. 应用科技
[53] 梁小雨，陈永涛，黄珣，等. 多媒体通信技术在中国气象服务体系中的应用. 气象与环境学报，2014（2）
[54] 汪昱宸. 浅谈铁路通信技术的应用及发展趋势. 民营科技，2014（1）
[55] 张智宇. 煤矿自动化和通信技术现状与发展趋势. 学术交流
[56] 孙莉娜. 计算机通信技术在配电网中的应用分析. 网络通信
[57] 姜宁波. 计算机通信技术的发展趋势分析. 科技向导，2014（8）

第六章

[58] 刘红果. 中关村七大产业集群势头迅猛. 新浪财经，2009
[59] 金琳. 上海“城市光网”建设初具规模. 国际金融报，2011（4）
[60] 袁敏，姚国章. 长三角区域通信一体化对策研究. 江苏通信，2009（2）
[61] 王艾青. 金融危机下中国通信产业发展态势分析. 经济纵横，2009（19）
[62] 聂秀英. 融合为信息通信产业带来新机遇. 中国新通信，2009（5）
[63] 高旭东. 中国通信产业的技术创新：形势判断与政策战略选择. 移动通信，2010（23）
[64] 孟祥龙，沈拓. 4G 对运营商及产业格局的影响. 中国电信业 2014（1）：157
[65] 温建旺. 2014 年云趋势：PaaS 市场迎来规模化发展

附录 1

[66] 秦京. 广东通信业何以在全国独领风骚. 通信世界，2005（32）
[67] 于泰山，张红梅. 广东电信打造通信强省之路. 决策与信息，2005（12）
[68] 王庆鹏，李丽. 面向国际化的中国通信产业发展与广东的策略. 深圳大学学报，2007（11）
[69] 谢文新，严永怡. 华为公司国际化战略分析. 国际经贸探索，2010（9）